徐开才
李淑兰

◎著

射术与射道
对中国射箭运动术与道的探索

Chinese Archery
Art and Dao

射道并重

射箭之本

哲学所三秒

从心所欲

调控训练

中庸之道

中国农业科学技术出版社

图书在版编目（CIP）数据

射术与射道：对中国射箭运动术与道的探索 / 徐开才，李淑兰著. --北京：中国农业科学技术出版社，2023.11
ISBN 978-7-5116-6543-0

Ⅰ.①射… Ⅱ.①徐…②李… Ⅲ.①射箭—运动训练—研究 Ⅳ.①G887.2

中国国家版本馆CIP数据核字（2023）第226910号

责任编辑	朱 绯
责任校对	马广洋
责任印制	姜义伟 王思文
内容整理	张国权
插图绘制	宋美玉

出 版 者	中国农业科学技术出版社
	北京市中关村南大街12号　邮编：100081
电 　话	（010）82109707（编辑室）（010）82109702（发行部）
	（010）82109709（读者服务部）
网 　址	https://castp.caas.cn
经 销 者	各地新华书店
印 刷 者	北市科信印刷有限公司
开 　本	148 mm×210 mm　1/32
印 　张	9.375
字 　数	235千字
版 　次	2023年11月第1版　2023年11月第1次印刷
定 　价	128.00元

版权所有·侵权必究

《射术与射道：对中国射箭运动术与道的探索》序

余觉中

人类发明弓箭很早，考古发现，中国在距今28 000年前的旧石器时代就在使用弓箭了。当然，最初发明弓箭的目的大抵是通过打猎而获取食物。当食物不足时，为了争夺食物，人群之间就会暴发战争，弓箭是很强的远距离杀伤性武器。到了和平年代，弓箭又可用于比赛及各种娱乐活动。弓箭的以上用途虽然不一，但基本上同属功利范围。

只有中国，到了春秋时代，弓箭从功利性用途中解放出来，成为帮助人们修身的六艺之一。尤其孔子，通过教学使射箭活动升华为一种道艺，弓箭也就同时成为一种道器了。这种文明的改造，对中国文化的影响是巨大而深远的，它也间接地影响着世界文明的走向。

但近年来，随着西方文化的普及与深入，中国的传统文化受到冲击，有的甚至在全面衰落，射箭文化正是典型的代表。

单从射箭比赛来讲，由于引进了西洋射法作为现代射箭运动，中国传统弓箭的比赛在1957年就中止了。后来有很长一段时间，在北京，人们甚至连一张中国传统弓都难以找到，更遑论找人学习中国的传统射法了。这种情形，比起古琴来，其衰落的程度可谓有过之而无不及。

但近年，这种情形有了很大的转机。在中国射箭史上，在当代能扭转乾坤的代表性人物是曾多次蝉联全国射箭比赛全能冠军,打破两项射箭世界纪录,长期担任国家射箭队总教练,现任中华弓箭文化保护委员会主任的徐开才先生。其夫人李淑兰先生曾先后17次打破7项射箭世界纪录,为祖国的射箭事业作出了特殊的贡献。在耄耋之年,这对被誉为"神箭侠侣"的中国当代射箭运动的奠基者与开拓者,又是中国当代射箭运动发展的参与者与见证者。他们不顾年老体衰、重病在身,怀着对射箭运动的挚爱、恢复中国传统射法的热情与普遍提高人们文化修养和身体素质的情怀,到处走访,挖掘射箭的妙法,探寻射箭的真谛,成立射箭协会,组织射箭比赛,举办射箭讲座,引领射具研发,将射箭文化带进许多高等院校、民间团体,甚至寺院道观。而现在,他们的著作《射术与射道:对中国射箭运动术与道的探索》就要出版了。这本书浓缩了他们一生射箭所积累的宝贵经验,也是一部资料翔实的中国当代射箭发展史,尤其是书中谈到的道术并重、哲学三秒、调控训练的射箭理念,必将对中国的射箭运动起到引领归正的作用。因此,将此书看作是中国射箭史上的一座里程碑,我想并不为过,因为此书出于射艺巅峰高手对射道的迫切需求与真切体悟,所谈的多是体验性的领悟与实践,而不是空头讲理论,隔靴搔痒。这更像是一部中国式的《学箭悟禅录》,同样将射箭运动从功利系统引向修身系统。

要将射箭从功利系统转为修身系统,实在是难之又难之事。弓箭的发明、运用好像天经地义就是功利性的。所谓功利是指人们想从外在获得什么好处。人的生存自然需要从外界获取生活资料,这种功利是无可厚非的,也是避免不了的。但人的需求不仅有物质的,更有精神的。如物质的富足造成了精神的贫乏,人的生活就会失去幸福感,甚至不想活。因此,人类在物质条件基本满足生存需

《射术与射道：对中国射箭运动术与道的探索》序

要以后，最重要的便是如何升华自己的精神。孔子在教学中重视六艺，其用意便在于此。六艺本来就是生活的六种基本技能，是人们生活、交往中不可或缺的，但如在六艺中注入提升精神的元素，那么物质生活与精神生活便圆满地兼顾了起来，这也是孔子教学中施行的下学而上达的修身之法。

箭术与修身如何结合？《礼记·射义》中有一小段说得简明而精要："故射者，进退周还必中礼，内志正，外体直，然后持弓矢审固；持弓矢审固，然后可以言中，此可以观德行矣。"

没有规矩，不成方圆。随心所欲地乱射一通，对身心怎能有益？所以一开始就谈到进退周还必中礼的问题。进退，指上步搭箭扣弦，举步开弓，射毕收弓退下等过程。周还即周旋，指唱名应对，揖让行礼等环节。礼是天理之节文，人事之仪则，以恭敬辞让为本。中礼即合乎礼。《弓箭谱》将中礼分为十二容述之："足容重，貌容恭，目容端，声容静，头容直，身容正，气容肃，立容德，步容舒，色容庄，颜容和，对容敬。"都做到了，全身上下内外就都合乎礼了。不正与散乱正是致病之因，只有依礼除去此病，射箭才能真正有益于人的身心健康。这跟从事一般的体育活动就有了本质的区别。

接着讲射箭时的身心要求。首先是内志正。志，指我们的内在动机与心态意念。如为名利而射，即是志不正。私欲最能扰心，心动则气乱，气乱则不定，不定如何能中？只有心正气和，神聚身定，才有射中的可能。

然后是外体直。体直是志正的外在体现。诚于中，形于外。外体直的决定因素还是在于内志正。但初学时，内志正不见得能一步到位，故其不正亦往往体现在外体不正上。外体不正易于指认，因为内外本来一体相关，故通过纠正外体的不正亦有助于内志归正。

外体正的要领，古人用"五平三靠"来概括。《武经集要》中有一篇对《西江月·射箭》中"五平三靠是真（一作'其'）宗"的解释，上面说："两肩、两肘、天庭俱要平正，谓之五平；翎花靠嘴，弓弦靠身，右耳靠弦，谓之三靠。"天庭指头面，头是全身的引领，头正全身即正，头歪全身即歪。太极拳讲"虚领顶劲"或"顶头悬"，就是因为此要领是做到中正安舒的关键，所谓"尾闾中正神贯顶，满身轻利顶头悬"是也。两肩是支撑头的，头正，两肩自然容易平正。肩一歪也会导致头不正。故以两肩的平正来促成头正亦可。如将两肩看作一横线，脊柱看作一竖线，则在全身形成了一个十字架，此十字架一正，身体就自然正直了，所以头平正与两肩平正是外体正直的根本要领。至于两肘平正和下面说的三靠是为了解决拉弓时身体如何保持正直以及如何才能容易射中的问题。

　　实际射箭中，两肘不大可能在一个水平面上，但两肘如下垂而不平正，则弓不能开满，弓不满，力不足，自然不容易射远或射中。要想达到满弓，前手臂自然要推直，肘也就平正了，后手肘要弯曲，但肘如下垂，就只能主要靠前臂用劲，胸背的力量就很难用得上了。中国传统射法要求大拇指勾弦，食指扣住大拇指的指端，形成手背朝上的姿势，此势才能最大限度地作用于胸背，也就是能通过利用肩胛骨内合的方式来帮助开弓，从而有利于胸背的锻炼。这样做后肘自然也是平正的。两肘各自平正，将弓拉满时，也自然会形成翎花靠嘴、弓弦靠身、右耳靠弦的三靠状态。

　　有了"内志正，外体直"，才能做到"持弓矢审固"。审是精确地瞄准。这个瞄准不是单指用眼睛看靶，而是心与眼高度自然地合作。心志静定了，对目标的远近、高低、左右的判断自然会准确，正如《大学》讲止、定、静、安后才能有虑，此"虑"字即同射箭

《射术与射道：对中国射箭运动术与道的探索》序

的"审"字，是碰到问题时，瞬间能看出问题所在，并找到相应的解决方法。

固，指心正体直后气充全身，全体贯力，能做到开弓安稳，持弓稳固。命中需审，射远宜固，故审固二者交相为用，不可偏废。能持弓箭审固，然后才可以射中。

以上将射箭每一环节的核心要领都揭示了出来，一环扣着一环，最后自然达成目标。《大学》讲"虑而后能得"，得者，指身心合乎道而言。合乎道的身心自然是舒适自在的，人的真正自由解放也就实现了。身心合乎道的所得就称为德。所以射箭的过程便是积功累德的过程，通过射箭亦可看出一个人的蓄德程度，所以"此可以观德行矣"。

《礼记·射义》这几句话言简意赅，理明法备，可作为我们学射的根本指南。

《箭术与箭道：对中国射箭运动术与道的探索》一书是徐开才先生一生教习射艺和体悟射艺的呕心之作，他在年高体衰的耄耋之年，还为推广中国传统射艺而不辞辛劳，甚至是不惜生命地到处奔走，虽然已有《射艺》等相关著作出版发行，却仍要忍受病痛与目力不济，花大量时间与精力写作此书，其动力究竟来自哪里？他自己是十分清楚的，即在他六十来年的射箭生涯中，越到晚年越强烈地感受到射箭不仅是"术"的问题，更是"道"的问题，无论是习射还是教射，不能重术轻道，更不能重术忘道，故而提出"术道并重"的理念。早在2017年7月，他在为笔者的译著《学箭悟禅录》第三版撰写的序言中就明确地写道：

> 中国传统射箭博大精深，源远流长，有着深厚的文化底蕴。儒家修德养性的要求及《学箭悟禅录》的各种理念，正是

射术与射道：
对中国射箭运动术与道的探索

我所需要的"那一半"。现代射箭从本质上来说，其核心的属性是体育。它是以提高竞技运动水平、夺取比赛优胜为目的所进行的体育运动，因此，现代射箭重视的是结果。而传统射箭，体育的属性只是它广泛内涵的一部分，因此传统射箭是一种文化结合体，它重视的是一种改造自我身心、发掘自我潜能、术道并重的能动性过程。现代射箭重视结果，属于"术"的范畴；传统射箭是文化，旨在"无为之射"，它重视的是过程，更注重怎样修炼自己射准，属于"道"的范围。如果把这两者结合，就把"术"和"道"结合了。"术""道"结合会产生质变，会产生巨大的物质力量，创造出世界上最科学的射箭运动的训练方法。原来我的训练理念只局限在向运动员传授"术"，对"道"缺乏认识，未加重视，因而在教学上就缺了"一半"，在训练和比赛中碰到的许多问题也就解决不了。传统射箭的训练理念、指导思想，其实讲的是中国的哲学观、方法论。古人讲射箭之道，实际上讲的是内外系统的互动。人怎样调整自己，去做到"顺应天意"（自然规律）。每个事物都有其发展的客观规律。射准，客观存在着一套合乎"天意"的标准动作。人需要不断练习、不断调整、不断体悟，找到自己的"天意"，并进一步从内到外，调整自己的身心达到"天意"的要求。这需要在长期的规范训练下，在"反求诸己"的思考过程中，在做到"顺应天意"的那一刻，进入一种天人合一、人弓合一的境界，这就是"量变"到"质变"的飞跃，也就是古人常讲的"道法自然"。现在，越来越多的人开始喜欢传统射箭，不为射中，只为享受那种汇聚心神、修炼身心的过程。

《射术与射道：对中国射箭运动术与道的探索》序

徐老这段话极其精彩，将他一生在习射与教射过程中所遇到的问题、所悟到的道理，以及对射箭运动的本质认识都简明而有说服力地表达了出来。这实际上也是《射术与射道：对中国射箭运动术与道的探索》这本书的主旨。此书虽然内容十分丰富，但实际上是围绕这个主题展开的。当然，作者并不认为自己已经彻悟了道与术的关系，但其所悟已有"山穷水复疑无路，柳暗花明又一村"的感觉，可以说已从中找到了某种"再生"的感觉。几十年的疑惑一旦破除，试想身心会有怎样的清爽？而强烈的悲悯心与责任心又促使其要将此感悟写出来，以免他人重蹈他曾一度陷入的误区，而这本身又何尝不是重道的表现？

因为徐老的善学与谦卑，也给我提供了不少思考这个问题的机会。自2017年7月7日为拙译《学箭悟禅录》他特地来中和居与我共同探讨射箭问题开始，几年来我们已有过多次交往。2017年8月2—4日，嵩山少林寺举办了首届少林无遮大会少林禅弓邀请赛，徐老特邀我做邀请赛的嘉宾，我们有过几天密切的接触，他还在赛场向我这个从未射过箭的人传授了射法。后来他一有文章或著述，总是先发给我看，谦虚地要征求我这个外行人的意见。对于术与道的关系，我虽然没有机缘从射箭角度去体悟，但我也学过太极拳、书法之类的术艺，也一直在思考这个问题，也面临着如何处理好这个关系的问题。因此，我也乐于与徐老探讨这个问题。只是我走的路与他有点相反，我多年来一直是重道轻术，老师传给我技术性的东西，我往往并不看重，也不下工夫好好练，结果是虽学拳、学书法多年，却并无什么造诣，甚至都不敢教人。秘而不教的东西往往是术上的东西，笔法是书法中的秘技，自古都不轻易示人，我的书法老师没有明说，见我老不求学，特意让我观摩他书写很长时间，可结果发现我并不用心去

学,气得他直骂我:"你这个人让你偷都不会!"不过,我的书法老师邬鸿恩先生并非重术轻道之人,他曾告诫我:"书法的技术练上一年半载,大体就能掌握了,难的是修养,而修养是一辈子的事。"邬老师的书艺之所以达到如此巅峰水平,跟他道艺并进的理念是密切相关的,这从他告诫我的一段话中可见一斑:

> 书道在于阴阳的变化与平衡,大小、长短、肥瘦、正斜、高低、粗细、方圆、浓淡、枯润、快慢等皆属阴阳。书家的水平越高,阴阳的变化就越急剧、多端,但也能做到越平衡。至于表现的方式则跟书家的生活方式、性格特征有关。离开博大无从言精深,离开广大不可语精微。对道的领悟形成书家的境界。境界是书家要表达的东西,而怎样表达则是工具与技艺的问题。就技术而言,必须苦练达到精熟,使之在表现境界时能做到随心所欲,得心应手。必须达到当行则行,当止则止,我要怎样它便怎样,而不是人让笔控制,要我怎样我才怎样。但也不能全由自己说了算,当书写中进入深一层的悟境时,又会出现神来之笔的妙处。因此,书家永远在道与术中找平衡,而且在动态中不断地悟道、修技,艺术也随之不断地生命化、本质化,最后达到随心所欲而不逾矩的境界。所以,书者在不断圆满自己的时候就在不断完善艺术,艺成之日即是人成之时。因此,艺也就成了完善人格的一种手段,或者说生命自我表达的一种方式。道术割裂之时,也就是艺术之花枯萎之时。书者不修技只悟道,悟境便不能如实完美地表达出来,也就不能更好地感染他人。反之,书者如不悟道只修技,那书作会因太熟而俗气,哪怕技艺精纯也不过是个书匠,不能成为大家。[①]

---

① 余觉中.学书悟道记[M].北京:中国文联出版社,2017:30–31.

《射术与射道：对中国射箭运动术与道的探索》序

铃木大拙在给《学箭悟禅录》一书所写的序中也提及：

> 假如一个人真想精通一门艺术，光有技巧方面的知识是不够的。他必须超越技巧，让艺术成为一种源于无意识的"无艺之艺"。
>
> 在弓道中，射手与靶子不再是两个对立的东西，而是融为一体。射手不再意识到自身是站在靶的对面试图射中靶心的人。这种无意识状态只有当一个人摆脱自我，彻底透空，并拥有完美的技巧的时候才能实现，尽管在这里面有某种异乎寻常的东西，这种东西只凭不断地研习是难以获得的。①

德国哲学家赫里格尔在《学箭悟禅录》一书中也认识到这一点：

> 不管在什么条件下，弓道并不意味着用弓箭达到什么外在的目的，而只是为了使自身达到内在的目的。弓箭只是没有它们也照样发生的某种东西的一种假托，是达到目的的工具，而不是目的本身，只是在最后决定性的飞跃中起一下辅助作用。②
>
> 破除一切执着的艺术家必须基于这种无处不在的当下灵觉，在不受任何隐秘的动机干扰的情况下练习艺道。

他还记录了他的老师阿波研造所说的这段话："即使你几乎能做到箭无虚发，充其量你也不过是个喜欢炫耀、技艺高超的箭手。对一个念念不忘命中率的职业射手来说，靶只不过是一张任其射成碎片的可怜的纸头而已。'奥义'却把这种做法看作是纯粹的歪门邪道。'奥义'对于设在射手前一定距离的靶子毫不关心，它只

---

① 欧根·赫里格尔.学箭悟禅录[M].余觉中译.合肥：黄山书社，2011.
② 同① 34.

射术与射道：
对中国射箭运动术与道的探索

知一个目标，而这一目标是任何技术都无法瞄准的，如果要取名的话，可把这个目标叫作佛。""把射中的念头全都抛开！即使你箭箭都射不中，你也能成为大师。射中靶子只不过是你的绝对无求、无我、自泯，或用称呼这种状态的任何其他术语的外在证实而已。精通这门艺术是有层次之别的，只有当你达到最高一层时，你才能保证做到不会失去目标。"

明代射家高颖在《武经射学正宗》一书中也如是强调：

> 夫射之一技根于灵性。其举止动荡，张弛发纵之机缄，实一身精神心术之所著也，胆勇气魄之所沛也。……
>
> 古人论射，以其容貌比于礼，节奏比于乐。礼也乐也，非有德者，不能为也。而射与之同条共贯，故欲精于射者，必务养其德。欲养其德，惟在于度。度量弘而人己之形忘，胜负之心泯。分曹角射，胜固欣然，败亦可喜，犹东坡之弈，又何过为孰持而失其度乎？又在养其胆。胆者勇之决也，胆不足则神寒，居闲且馁，当局必靡。胆旺之人，果而锐，健而能久，百折不能移，奇险不能慑，是伯昏氏之射也，曾何利害之足以动心？又在养其气。气者难持之物也，盈则骄，馁则怯。骄者神奋而疏，怯者神短而惧。疏者发矢多大而无当，惧者每小而偏斜，此善养气者，贵和平而不挠也，所谓木鸡之养者此也。
>
> 夫度量之弘也，胆勇之壮也，气局之和平也，皆射之所托以行其巧妙者也。舍此三者，而徒言法，法岂为其所用哉？彼射而不知法者，固不足道。知法而不托根于三者，法固不灵也。此射之大惑也，不可不辨也。

从以上对道与术两个层次的论述中可以看出，道是形而上的，

《射术与射道：对中国射箭运动术与道的探索》序

术是形而下的；道跟心灵有关，术跟身体有关；道是神与气层面的，术是形与物层面的；道是整体性的，术是局部性的；道是关系性的，术是操作性的；道是本源性的，术是末端性的；道是难知的，术是易见的；道是主宰性的，术是呈现性的。二者虽然有别，但从本质看又是不二的。人有形有气有神，没有神的主宰，气的运行，有形的身体就活动不了，因而便不叫身体，而只能叫尸体了。道是本，术是末，而末在本质上乃是本的呈现，故无道即无术。这是道与术一致的地方，或者说道与术本来就是统一的。但我们在学术时，常常会舍本逐末，眼里只见术而不见道，这样本来一体的道就被我们割裂了，于是我们在学技的过程中就会出现问题，不是难以学精，便是所学之技不但不会成为我们达成目的的工具，而且会反过来伤害我们自身。学文的为文所累，学武的为武所伤，发展科技，科技却会葬送人类，其原因皆在重术轻道，本末倒置。如何解决这个问题？《大学》说："修身为本。"修身是为了确立人在社会生活中的主体性地位，防止被技艺异化。人如果不修身，一味地发展技术，那么技术越发达，人的主体性就会相对地变得越弱，人就会越来越被技术奴役而失去了应有的自由，一旦技术超过人类能够掌控的临界点，那便是人类的灾难，甚至是终结。核武器的大量存在，还有人工智能的高度自主化已经使人类面临着此种威胁。要扭转此种局面，必须转到中国传统文化上去找出路。早在春秋时期，老子就告诫人们要"为道日损"，孔子告诫人们"无求生以害仁"，荀子告诫人们要"以义制利"，庄子则认为："有机械者必有机事，有机事者必有机心。"中国古代不是没有能力发展高科技，而是怕科技跑到道德前面会起反作用因而在不断地加以制约。现在面临着西方科技不断高速发展对我们构成的威胁，我们将何去何从？这是时代留给我们要解决的大问题。如果一味学西方，其结果可能会导致共同毁灭。让西方学中国古圣的这种智慧，他们愿不愿学，学得了学不了，还是个问题。最终的出路恐怕还在我们自己得遵从圣贤的教诲，怀着仁爱之心，将道与术有机地结合起来，形成道术并进的最佳发展态势，这样不仅在技术上我们会有重大突破，而且还能让技术的烈马永远掌控在道义的缰绳之中。我想这恐怕是中国道文化在当今能真正解除人类危机的价值所在，也是我们今后要努力的方向。

徐开才先生是从射箭这个领域思悟这个问题的，他也认为术、道结合会产生质变，会产生巨大的物质力量，创造出世界上最科学的射箭运动的训练方法，但他悟出的这个道理实际上是适合世上一切领域的。所以，这本凝结着他一生习射与教射心血的专著，其影响必将是多领域的，尤其对中国射箭事业也必将产生深远的影响。

《射术与射道：对中国射箭运动术与道的探索》一书将射箭训练一词改为射箭修炼，表明作者已在努力扭转体育运动中重术轻道、重利轻义、重功轻德的倾向，并现身说法，通过对自身执教多年的成功经验与失败教训之间的对比，生动地证明，道术并重的学习与训练方法，对人们走出学射误区，从学射中真正获益何其重要。

缘于拙译《学箭悟禅录》，我得以与徐先生相识。蒙先生赠予弓箭并传授射法，更通过学习先生有关射箭的论著，并为先生高尚的情怀、谦逊的品格与敬业的精神所感染，我也想将此古六艺之一的射艺从头学起，并深入学习下去。欣逢先生的大著即将印行，奉先生之命，写下一些外行人的粗浅认识，以就教于先生和读者。

余觉中

2022 年 10 月 6 日序于抱一堂

《射术与射道：对中国射箭运动术与道的探索》序

许永刚

结识徐开才先生与李淑兰先生已经有近三十年了，从相识——始于射箭，到相知——缘于信任，到敬重——感于两位先生对射箭的终生追求。退休后的徐开才先生、李淑兰先生，没有忘记对中国射箭历史的使命、责任与担当。

徐开才与其夫人李淑兰，均为中国射箭运动名宿，多次荣获我国体育运动荣誉奖章，堪称箭坛"神仙眷侣"。夫妻携手为中国射箭运动的重新崛起奋斗不息，将人生写进中国射箭的事业里，将生命融入中国射箭的实践中，将中国射箭创新发展写在祖国的大地上。一生只做一件事：射箭；即使生命遭遇危机，都没有忘记射箭；离岗休息了，仍然在总结、推广射箭，是为中国传统射箭的传承与发扬、为中国传统射箭与现代射箭的结合作出巨大贡献的掌门人，始终把自己的事业写在国家的体育发展与实践里的创新者。

徐开才先生几年前撰写了《射艺》一书，为中国传统射箭的恢复与发展奔走呼号。作为新中国成立以来第一部系统讲授中国传统射箭文化、技术及训练方法的传统射箭著作，《射艺》在中国射箭界产生了非常深远的影响，填补了当代中国传统射箭专著的空白，为中国传统射箭在未来的推广与发展作出了巨大贡献。

而《射术与射道：对中国射箭运动术与道的探索》，是徐开才、

射术与射道：
对中国射箭运动术与道的探索

李淑兰两位先生一生对射箭实践的总结，是对中国传统射箭与现代射箭长期实践认知的理论升华。是在《射艺》一书基础上具有中国特色的"术"与"道"的哲学思考。正如徐、李两位先生在书中指出的：现代射箭运动是由西方引进的一种体育，它重视的是器材和结果。传统射箭是文化，是中国历史的传承，它重视的是过程，是以人为本，立德树人，术道并重，内外兼修的。如果把这两者结合起来，就把"术""道"结合了，"术""道"的结合会产生巨大的物质力量，创造出世界最先进的射箭运动的训练方法。正如马克思说的那样，理论因"彻底"（抓住事物的根本）而能够"说服人"并"掌握群众"，因"掌握群众"会"变成物质力量"而改造世界。这也是东西方文化的结合，双方应相互学习，助推中国的射箭运动向更高的水平发展。

《射术与射道：对中国射箭运动术与道的探索》是两位先生对传统射箭和现代射箭践行的总结，是将传统射箭与现代射箭高度融合的一部杰作，因为他们提出了一些堪称颠覆性的射箭理念。

1. 关于"术道并重"的理念

信念加基本技术就是"术道并重"。"精于术者才能悟于道，悟于道者方可驾驭术"，这就是中国传统射箭的哲学。

射术是射道的身体体现，射道是射术的灵魂支撑。由术至道，传统射箭的必然指向。"术"与"道"是一个不可分割的整体。中国传统射箭的核心理念是"术道并重"，"术"和"道"构成了射箭的整体。

传统射箭的核心价值观是"术道并重，内外兼修，射以观德，立德树人"等。其重视的是过程，把过程看得比结果更重要，才能真正变得无比强大。主张射手通过科学练习，让"术"达到一定的高度，进而去领悟"道"，进入"道"的层次后，反过来带动"术"进一步提高。这两个过程分别是"以术悟道，以道驭术"。正如庄子所认为的：以道驭术，术必成。离道之术，术必衰。这是中国传统哲学观，对传统射术有实际的指导意义。中国射箭向这个方向走，才能变得真正强大。只有享受这个过程，才能体现出中国传统射箭的真正魅力。

"道"和"术"共同组成了射箭这个整体，两手都要抓，两手都要硬。"道"是指导思想，"术"是方法，"道""术"合二为一，才是正道。这是对射箭修炼认识的一种升华。是信念加基本技术，这就是"术道并重"。

2. 关于改"训练"为"修炼"的理念

训练以"形体"为主，修炼以"修心"为主，进行"术"的修炼。这是东西方文化的区别，也是传统射箭和现代射箭的区别。

把"训练"改成"修炼"是弘扬传统射箭的需要，是射箭项目的独有特点。修炼是我们需要的训练理念。什么是"修炼"？"修心炼术"为修炼。射箭不"修心"是永远练不好的，这是射箭项目最大的特点。

把"术"和"道"结合了。"术""道"会产生质变，会产生巨大的物质力量，创造出世界上最科学的射箭运动训练方法。

"训练"这个词大家都在用，现在我感觉用到射箭上不是很准确，特别是传统射箭，传统射箭由"道"与"术"组成，应该是"修心"与"炼术"。决心就把"训练"改成了"修炼"。

要改变几十年来形成的修炼习惯，指导思想要改，修炼计划要改，课堂安排要改，运动员的起射思维也要改；将训练改成修炼是第一步，把"技术训练"改成"修心炼术"。

3. 关于"哲学三秒"的理念

李淑兰对青年运动员说:"拉满弓后,要有三秒钟的停顿,要等完全安静下来再放箭。"她从1963年至1966年,曾先后17次打破8项射箭世界纪录,4次获国家体委颁发的国家体育荣誉奖章。她这"三秒钟"论说不仅是她对射箭技术的提炼,也是她人生经验的总结。我称它为"哲学的三秒钟"。

"哲学三秒"是射箭的重要组成部分,是决定起射节奏的核心,表面看它是个时间概念,其实它是一个综合因素,它更是一种境界。"哲学三秒"好比是一个圆圈,里面装满了若干因素,这些因素都成熟了,就形成了最佳的放箭时机,这时的离弦之箭定会命中靶心,这就是随心所欲。"哲学三秒"是技术,更是一种境界。技术和境界是两个不同的维度,技术是必然王国,境界是自由王国,从技术上升到境界,就从必然王国进入自由王国。这是技术上的飞跃,也是修为的飞跃。

"哲学三秒"提醒了我,这是技术,但又不全是技术,是在更大的范围内讲了一个射箭的哲学问题。

中国哲学主要靠悟,西方哲学主要靠思。因为"人—世界"结构中,人和世界是一体的,那么人只要仔细感受世界就能识别天道,而"主体—客体"结构中,主客分体,就当然不能靠自身的感受,而要靠能够认识外部世界的理性去思考。道就是整个宇宙自然和生命的自然规律的认知和归纳。看起来如此深奥的"天道"就是自然规律:一切以时间、地点和条件为转移。

4. 关于"调控修炼"的理念

调控修炼是很重要的一种修炼手段,有人称调控修炼是灵魂,一点都不为过。根据一般规律:修炼得好,调控得好,状态最佳;

《射术与射道：对中国射箭运动术与道的探索》序

修炼虽好，调控不好，前功尽弃；修炼不好，调控得好，实力犹在。调控修炼是一个教练员教学水平和修炼艺术的具体体现，也是科学修炼的具体运用。

运动训练和比赛的实践告诉我们：训练得好，赛前调控修炼不好，整个训练就会前功尽弃；训练不好，但赛前调控修炼得好，实力仍然可以得到反映；训练不好，赛前调控修炼也不好，那就根本无法参加比赛。赛前计划是调控修炼的基础，调控修炼是赛前计划形成良好竞技状态的反映。因此，抓住赛前计划与调控修炼，是使射箭运动员进入最佳竞技状态的关键。

正如徐先生在书中所言："我从1958年开始学射箭，至今已有60余年了。我有过辉煌，早年曾连续五年获全国个人全能冠军，还破过两项世界纪录和无数次全国纪录。执教后我也努力过，奋斗过，但道路总不平坦。后来总结我的执教过程，我最深刻的教训就是忽略了对'道'的修炼。学习了中国传统射箭文化，我才深刻地认识到这一点。我前40年的执教之道是片面的，原因就是对中国传统射箭文化的缺失。"

第一点是形而上的问题，道是思想，需悟，术是技能，需练；
第二点是"术道并重"问题的延续，是"术道并重"的具体化；
第三点是哲学中的时间空间问题，在有限时间内解决空间问题；
第四点是执行力问题，是在术道、时空中解决变化问题。

四点环环相扣，诠释了传统射箭与现代射箭的完美融合，解决了在射箭中术道分离、修炼脱节等需要解决的重大现实问题，这无疑是对中国射箭运动发展的重大贡献。

中国传统射箭与其他国家射箭的区别在于其深刻的文化内涵。因为中华文明延续了五千年而未中断，是"有根有色""有古有今"的连续文明体。而无论是古巴比伦文明、古埃及文明、古印度文明，都是"有古无今"，或"有今无古""有色无根"。因此，中国文明赋予中国传统射箭的"射以观德""射以正己""君子不争""射不主皮""知其所止""张驰有度"，正是这种文明的具体体现。

在中华民族伟大复兴的重要时间节点，弘扬伟大的中华文明，推进中国传统射箭的发展是一件具有历史感、时代感、责任感和使命感的大事。"两个大局""两个一百年战略"，呼唤着我们为"中华民族复兴"、为"人类命运共同体"、为世界体育发展提供"中国方案"，作出中国贡献。

正是在这一历史背景下，徐开才、李淑兰两位先生的《射术与射道：对中国射箭运动术与道的探索》出版了，他们为中国传统射箭的传承与发展、为中国传统射箭与现代射箭文化的交流与结合树立了典范。为此，表示祝福！

许永刚

2023年4月1日

前　言

笔者以为，推广中国传统射箭主要有两个目的，一是学习和弘扬中国的传统射箭文化；二是把中国传统射箭的精髓和深厚的文化底蕴传承下来，继承下来，发扬光大，推广普及，继而助推中国射箭运动向更高的水平发展。

现代射箭运动是由西方引进的一项体育运动，它重视的是器材和结果。而传统射箭大不相同，它是文化的沉淀，是中国历史的传承，它重视的是射箭的过程，是以人为本、立德树人、术道并重、内外兼修的运动。

如果能把中西方对射箭的两种核心要领结合起来，那就是把"术"与"道"结合了，术道的结合会产生巨大的物质力量，进而打造出一套世界上最先进的射箭运动的训练模式，这是东西方文化的结合，双方应相互学习，相互包容。为了进一步提高中国射箭运动的发展，我们理应解放思想，走出近几十年现代射箭训练这个故步自封的小圈子，勇敢地去传承中国自己的射箭文化，把中国射箭运动的水平推向一个新高度。

"射箭运动是借助弓的弹力，有控制地瞄准一定的方向和目标，在一定的距离内比赛准确性或远度的竞技体育运动。"上述这段话是由北京体育学院的资深射箭人孙宛荣和温玉华二位老师早在20世纪80年代提出的，彼时，还专门成立了一个班底做专项研讨，我也位列其中。简单的两句话,却是翻阅了世界各主要国家有关射箭资料及我国开展射箭运动的情况后,才整理出来的,算是对射箭下的定义。

当时中国传统射箭在我国已绝迹多年,知者寥寥无几,官方也未举行过任何形式的传统射箭比赛,使得一切可获取的信息均来自国外,如果传统射箭仍在全国开展,那么上述定义就显得不够全面了。

1958年,我国引进了现代射箭运动,从国家层面来讲再也没举办过正式的传统射箭活动,传统射箭在中国大部分地区也就随之消失了,所以绝大部分人并不知晓中国还有传统射箭。只在文艺作品上还能看到中国历史上有与现代射箭运动不同的射箭方式。然而,相较于现代射箭运动而言,中国传统射箭历史悠久,源远流长,文化底蕴深厚。若将它遗忘,是历史脉络的缺失,是传统文化的巨大损失,更是中国射箭运动的重大失误。

在我国弘扬和恢复传统射箭,与当前国家开展现代射箭并不矛盾。当今世界许多国家,都存在两种射箭运动并存的事实。当前,韩国是现代射箭运动成绩最好的国家,而在韩国国内,他们的传统射箭却普及得更好,也更规范,并且从未停止传承。就连韩国人自己都承认,如今的好成绩离不开传统射箭对他们的影响,现代射箭的血管里仍流淌着传统射箭的血液,这一点毋庸置疑。

中国传统射箭历史悠久,源远流长,文化底蕴深厚,有自己独立的一套修炼理念,另外,还有"立德树人"和"术道并重"的哲学思想包含其中。如果理解透彻,运用得当,必将推动中国射箭运动整体向前发展。

目 录

一、我与传统射箭 ·· 1
　（一）传统射箭发展简史 ································ 1
　（二）我与传统射箭结缘 ································ 3
　（三）英雄齐聚北京与筋角弓复兴 ······················ 7
　（四）传统射箭竞技规则 ······························ 14
　（五）中国射箭协会传统弓分会 ························ 31

二、传统射箭的技法（传统射术） ·························· 33
　（一）传统射箭：步射十二式 ·························· 33
　（二）基本技术规范 ·································· 48
　（三）基本技术之关键——起射节奏 ···················· 51
　（四）初入修炼之门常见的错误 ························ 58
　（五）王琚《射经》十戒 ······························ 65

三、以术进道——《西江月·射箭》的启示 ···················· 72
　（一）术道并行 ······································ 72
　（二）动作规范与运动个性 ···························· 78
　（三）字字千钧的《西江月·射箭》 ······················ 82
　（四）射艺要诀二十条 ······························ 103

四、大道至简——九九归一 ································ 106
　（一）认知与体悟 ·································· 106

（二）以艺进道 109
（三）哲学三秒 116
（四）九九归一 125
（五）道不可说 142

五、大道无垠——踏入中庸之境 143
（一）《学箭悟禅录》的启示 143
（二）调控训练 162
（三）踏入中庸之境 192

附录　丰富多彩的中国传统射箭 218
（一）古代礼射 218
（二）少林禅弓 228
（三）骑射文化 234
（四）河湟射箭 237
（五）萨仁靶 242
（六）工布响箭 245
（七）迪庆射箭 247
（八）五彩神箭 251

著者成绩 254
（一）徐开才射箭成绩汇总 254
（二）李淑兰射箭成绩汇总 259

后　记 267

代表论文著作 272

赞助单位 273

鸣谢单位 275

一、我与传统射箭

（一）传统射箭发展简史

现代射箭运动最早出现于英国，1844 年英国举行了第一届射箭锦标赛。1861 年英国成立全国射箭协会。1931 年，国际射箭联合会正式成立，在波兰举行了第一届世界射箭锦标赛，1940 年以前每年都要举行一次，1959 年改为两年一次。中国曾在 1933 年、1935 年和 1948 年举行的全国运动会上，列有射箭表演项目。新中国于 1956 年开始，正式举行了第一次全国射箭比赛。

1964 年成立中国射箭协会，同年加入世界射箭联合会，"文革"期间短暂退出，1981 年重新回归，同年，中国女子射箭队在第一次参加的第 31 届世界射箭锦标赛中获团体第三名，孟繁爱[1]和傅红[2]分别获女子 70 米和 60 米第一名，为中国射箭争了光。从此中国女子射箭运动项目开始跨进世界先进行列。

上述内容涉及现代射箭，而射箭的历史可追溯到约公元前 5 万年之久，在非洲、欧洲、亚洲等地区都有考古的文物证据。

---

[1] 孟繁爱（1955—），原国家射箭队领队。
[2] 傅红（？—），曾在第三十一届世界射箭锦标赛中获得女子双轮 60 米冠军。

射术与射道：
对中国射箭运动术与道的探索

射箭在中国同样有着悠久的历史，可谓是中国古代体育项目的鼻祖。据考古发现，距今28 000多年前就已经出现。考古工作者曾在山西峙峪的文化遗址，发现了一枚距今28 000年前的石制箭头，这表明当时人类已经在使用弓箭，这种将石头磨制的箭头绑在木杆上的方式，成为了早期射箭的用具。

摩尔根[①]在《古代社会》一书中，把弓箭的发明使用，作为开始由中级蒙昧社会向高级蒙昧社会过渡的一个重要标志。弓箭的使用极大地促进了上古社会的进步。由于弓箭具有强大的杀伤能力，增强了人类征服自然的能力。

从民国开始，中国传统射箭开始逐渐萎缩，停滞了半个多世纪，而今，传统射箭又再度兴起，开始在全国范围内蓬勃发展起来，成为了一项普及广泛的群众体育运动。这是传统射箭的魅力，也是中国传统文化的力量。

纵观我国历史，对于射箭的传承，无论是官方还是民间都非常重视，特别是礼射的出现，是中国传统射箭史上的一个里程碑，铸剑为犁，象征着我们的祖先止戈为武，爱好和平，凭借强大的创造力，把毁灭性的武器变为传承思想的工具，同时造福全人类，功不可没。

以孔子为首的社会精英阶层，创建了君子六艺，提倡射箭应注重"射以观德"的哲学思想，这是多么伟大的壮举，纵观历史，世界上哪一个国家能办得到？只有文明的中华民族才能创造出这样的文化奇迹。

---

① 路易斯·亨利·摩尔根（1818—1881），美国民族学家、原始社会历史学和法学家，古典进化论学派的主要代表之一。

一、我与传统射箭

在弓箭制作方面，早在春秋战国时期，已具有一套完整的方法和经验。对于弓箭的选材、制作程序和规格都有严格的规定，并有专门的弓匠来制作。

如今，搁置了近一个世纪的弓箭作坊，也从 20 年前寥寥一两家，发展到如今不少于 50 家的规模，产品的质量和产量也与当年不可同日而语，有的甚至发展成为享誉中外的知名品牌。

另外，传统工艺的筋角弓师傅也越来越多，并且再现了古代中国地域化差异下南北角弓取材不同的细致划分；木箭与竹箭也齐分天下，拼竹箭与掏档子木箭的生产逐渐常态化，再不是过去凤毛麟角般一物难求，甚至选用竹木弓的比赛，也成为现代传统射箭的单项赛事，作为独立项目屹立于中华箭坛。

至于其他配件，如扳指、箭囊、护臂、袖筒等，更是日趋精致，在发展古文化的同时不忘创新，使得更多优质产品有机会走出中国，走向世界。

（二）我与传统射箭结缘

我（徐开才）于 1958 年开始学习射箭，1965 年起长期在体育部门从事一线教练员工作，从解放军射箭队的教练一路辗转成为国家射箭队总教练，这是国家对我的栽培，同时也是对我的信任。

1993 年 11 月，在国家体育总局运动司召开了一场大会，名为 1996 年奥运会教练员会议，这次会议上我突发了"脑梗"，被送进了医院，好在抢救及时，算是有惊无险。

我清醒过来躺在病床上，眼睛怕光，以致病房的窗帘都不能拉开，一见到光就天旋地转。但我脑子里是清醒的，心心念念的还是我的执教之路，我突然发现，我这个国家队总教练、全国教练委

射术与射道：
对中国射箭运动术与道的探索

员会主任,虽身兼数职,可事实上我是个不称职的教练,虽然带队参加过不少比赛,却是败多胜少,问题到底出在什么地方,一时间搞不懂。我兢兢业业地教,运动员也勤勤恳恳地练,比赛结果不理想,责任当然在我,因为运动员执行的是我制订的训练计划。

每次失败后最苦恼就是我,运动员这样刻苦训练,为什么会得到这样的结果?总感觉哪里出了问题,可却一直找不到原因。训练方面总是觉得教给运动员的知识只有"一半",明显是缺了东西。可"那一半"到底是什么?我百思不得其解。

病痛把我困在医院两个月,那段时间我脑子里全是这个问题,越是用力去想,越是想不明白。当身体恢复到能自由活动时,我马上就出院了。虽然身体状况仍旧很差,根本不可能回到一线去执教,但对射箭的执着仍然令我内心充满阳光,我把那段时间,全部投入寻找缺失的"另一半"工作中。

执教30年,对于追寻"另一半"的工作仍旧充满激情,我做了大量的研究工作,到各地去考察、学习,拜访专家,学习中国传统射箭文化。

对于现代射箭的认识,我算是资深,结合我几十年的教学实践,特别是一些国际大赛成与败的实践,再回头深入中国传统射箭文化里,再次去领悟,对射箭我又有了颠覆性的认识。

我的生活更充实,也更忙碌,我对射箭运动的认识有了很大提高。我有时会想,如果我在40年之前刚刚踏入箭坛时,对射箭能有如今这般认识,我的执教之路绝对会是另一条光明大道,在修炼上也会少犯许多错误,然而人生没有如果,珍惜当下,你我共勉。

幸运的是我与传统射箭有缘,当年我苦苦寻求射箭真谛的"另一半"时,是彭林老师点醒了我,"或许,你缺少的'那一半'就

一、我与传统射箭

在传统文化里。"那时我隐隐约约有些感觉,但依旧懵懂,我没想到,中国的传统文化会如此博大精深。

是不是我过去的想法太单一,忽略了老祖宗留下来的东西。从这天开始,我决心攻读传统文化。童年因家里穷上不起学,我读到初中三年级就应征入伍,去了济南军区体工队学射箭,后转到八一队。在部队的12年中,没机会接触传统文化。一把年纪从头学起,我遇到了很大的困难。

1996年,香港射箭协会听说我病后身体恢复得较好,邀请我和李淑兰赴港主持射箭教练培训班。这期间,在香港射箭协会的安排下,与时任香港知识产权署署长的谢肃方①先生结识,初次见面我们就聊得很投机,在交谈中,他谈及中国历朝历代的射箭典故、各朝各代的射艺名人与众多的古代典籍,等等。我听后大吃一惊,一个外国人竟如此了解中国的传统射箭,让从事专业的我真的自愧不如。

以射箭为缘,我们成了好朋友。从那时起我们为中国传统射箭的恢复做了许多工作,一起去少数民族地区考查传统射箭,有时他还自己出资赞助少数民族地区的射箭比赛。我们一起为北京"聚元号"弓箭铺的恢复做了大量工作。他现在已经退休了,仍然关心着内地传统射箭的发展,举办规模较大且有特点的传统射箭比赛,只要有空,他仍会作为嘉宾前来助兴。自从结识了谢肃方先生,我开始学习传统射箭,尽管当时身体恢复得还不好,但我的内心是渴

---

① 谢肃方(1951—),男,英国人,1994—2011年任香港特别行政区政府知识产权署署长。现担任香港历史博物馆顾问、香港理工大学客座教授、深圳市孙子兵法研究会副会长。传统箭艺研究学者,涉及中国、日本、韩国及蒙古国的箭艺研究。曾出版《射书十四卷》(2000)。

望的。

　　2004年2月10日,《光明日报》刊登了彭林老师撰写的《从〈仪礼·乡射礼〉看中国古代体育精神》的文章。那时我还买了一本名为《儒家文化在亚洲》的书,其中收录了彭林老师的文章,讲述了他赴韩国考察期间与被韩国传统射箭领域称为"白云亭"的射师们畅谈传统射箭内容。

　　这两篇文章不仅使我了解了许多古代射箭知识,同时也成为我学习中国传统射箭的启蒙文章。在此之前,我对传统射箭的认识还停留在从具体技术和弓箭器材上下功夫,局限于现代射箭运动的模式中,并没有从理论上进行学习和研究,彭林老师的文章使我认识到必须突破现代射箭的框架,深入中国传统文化里去学习探究。这是我们中国射箭人的弱项,只有肯学习,深入去思悟,才有可能寻找到答案,解决我一直以来的问题。

　　从那时起,我下决心学习中国传统射箭文化,从中国传统射箭中去寻找我缺的"那一半"。我给自己定了两项工作,一是拜师求教,二是收集资料。我先后求教的老师有:彭林老师、谢肃方老师、杨弘老师、马明达老师、卢元镇老师、余觉中老师等。还有我的教练徐良骥老先生,他老人家在我的射箭生涯中起到了很重要的作用。

　　徐老先生年轻时是北京地界上有名的武术、射箭高手。解放后在北京戏剧学校任教,并担任武术、射箭裁判。1959年5月,在北京举行了新中国成立后的第一届全国射箭锦标赛,为了学习现代射箭,那届比赛中邀请了波兰射箭队来辅导我们,传授经验。

　　在锦标赛后,接着举行了中波射箭友谊赛,徐老先生任中国队教练,这是我国第一次举办国际射箭比赛,第一次接触射箭的外国人，对国际赛事的规则一无所知，就是在这样的情况下，徐老先生带领我们几个年轻人，顺利完成了比赛任务。成绩虽然不理想，但收获颇丰，为现代射箭运动在中国的发展奠定了基础。

（三）英雄齐聚北京与筋角弓复兴

1. 筋角弓与竹木箭的复兴

2014年4月12日，在巴林右旗的大板，由中国射箭协会传统弓委员会主办，巴林右旗人民政府和巴林右旗射箭协会承办的传统筋角弓制作的专题研讨会召开了。

这是中国传统射箭史上第一次就传统筋角弓制作开展专题研讨会。要想恢复传统射箭，就必须要恢复传统射箭器材，这是必须的，否则就很难进行。

全国各地制弓爱好者和高手有三十余人参会。会议围绕着多个议题展开，各位专家和学者踊跃发言并展开讨论。由于是国内首次召开这类专题研讨会，与会代表都毫无保留地介绍了自己做筋角弓的经验，与会者均有收获。

筋角弓是中国传统射箭的主体用弓，是中国传统射箭的传承。这次专题研讨会的召开，是中国传统射箭发展史上的一件大事。不仅能提高筋角弓的产量，解决当前筋角弓稀缺问题，还能使传统射箭在我国得到更广泛开展。

当下制弓行业的蓬勃发展，时常令我回忆起很多年前的窘境。20世纪我们在北京官园体育场训练时，常有几位老先生来看我们训练，听这几位老人讲，以前北京东四有个弓箭大院，是清朝官方专门制作弓箭的地方。我太想寻一把筋角弓，于是就到处打听这个地方，可找了两年，还是没有找到。

射术与射道：
对中国射箭运动术与道的探索

1998年春的一天，我刚吃过早饭，李淑兰急急忙忙从外面回来说，看到一位老先生拿着一把牛角做的弓去办公楼了，可能就是这几年你要找的人。我随即跑到办公楼，最终在行政处看见这个拿角弓的老先生。我问他会做角弓吗？他说他会做，但做出来没人买，我问他你来这里做什么？他说想请这里的人帮找卖家。我说这件事你找我吧，我能给你解决。之后，我请他到家中详谈。

这位老先生就是东四弓箭大院"聚元号"弓箭坊的第九代传人杨文通先生。

据他回忆，1954年公私合营后，他被分配到北郊木材厂，做弓箭的人都有一手好的木匠活。他说他会做角弓，是祖上传下来的，还给毛主席做过一张，可现在不行了，就是做了也没人买。我说你放心，我能帮你，我们现在就缺角弓，你只要能做出来，销售不成问题。我从来没见过怎么做角弓，也不知道杨师傅是否真的会做。我打算次日就到他家去看看。

他家住在朝阳公园附近，和我家正好是北京市东西两端。第二天我坐公交车近两个小时，在水利部宿舍找到他家，一间十余平方米的平房就是工作室，做弓的工具非常齐全，大多是我第一次见到。

我问他有徒弟和传人吗？他说没有，我知道他们这些手艺人是不传外人的。我问他孩子的情况，他说有三个孩子，最小的也30岁了，是开出租的。我就说："你一定让老三不要再开出租了，让他跟你学做弓，将来你会有很多业务，你一个人肯定做不过来。咱们年纪大了，要有接班人，不能把老祖宗传下来的手艺丢了，将来还要给你申遗。"

老杨当时有顾虑，说弓卖不掉没有生活费怎么办？常言道三十不学艺，况且孩子也结婚了，上有老下有小都是苦难。我说："你放心吧，你只要把弓做出来，保证你能过上好日子，况且三十不学艺指的是外人，他是你的儿子不要讲究这些。制弓是一门传统技术，比开出租车有前途。下一步这门手艺可以申遗，没有传人哪行。你现在一张弓在国内卖 800 元，卖到国外可就能翻一番，这叫随行就市，你抓紧时间教你儿子学做弓的技术。"

老杨最后还是同意了，小杨接班后，认真学习。我给他买了一张韩国木弓，配了一打箭，平时教他射箭，讲射箭的知识和道理。我告诉小杨："你要想做好弓，不会射箭是不行的。好好学做弓，其他的事我来帮你，争取成为一名制造角弓的大师，咱们国家现在缺这一行。你能做出好弓，你们家的生活很快就会好起来，我会帮你宣传，向国内外推销你的产品，这是中国传统瑰宝，你就放心干吧。"

事后我联系了体育界的媒体朋友到他家参观，向全国传统射箭的朋友介绍"聚元号"恢复做角弓的信息，请爱好者前来参观学习，那时充分利用我国香港这块宣传阵地，联系了香港老朋友来北京感受中国传统射箭的文化传承。

谢肃方先生为此几次往返于香港地区和北京，和杨师傅研究下一步的发展规划。又把香港射箭协会主席林志波先生一道请来参观指导。后又有香港电视台和香港海防博物馆来做中国传统射箭文化的节目，在海外起到了很大的宣传作用。

从那时起，国内外订单源源不断，价格水涨船高。此后，我帮助"聚元号"申请非物质文化遗产的工作，从朝阳区开始再到北京市，最终获批了国家级非遗。杨福喜成了传人，也成了北京市的名人，经常参加市传统文化方面的活动，作为北京市文化代表团一员访问了我国台湾地区。

遗憾的是，2006年杨文通先生病逝，杨福喜正式接班，继续经营"聚元号"。即便有一些弓友对他们的产品质量和产量表示质疑，但我仍旧想告诉大家，"聚元号"在恢复和弘扬中国传统射箭文化方面的贡献是巨大的，有里程碑式的作用和意义。

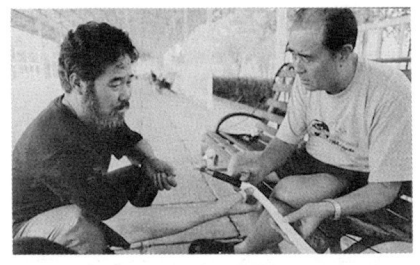

我与杨福喜（左）一同研究做弓技术

传统筋角弓制作专题研讨会

2. 复兴传统弓的元年

在中国传统文化中寻找我缺失已久的答案，这是我那段时间立下的目标，既然定下了方向，就要一步步朝着目标迈进，可事情做起来远比我想得复杂，遇到的困难也很多。

我搞现代射箭这些年，最不发愁的就是器材，可现在投身传统射箭，器材竟成了难题。仅靠"聚元号"这样的老字号，想要普及

一、我与传统射箭

筋角弓难于上青天，有一段时间里，放眼北京城我找不到一把能用的筋角弓和哪怕一支竹木箭，看来要想普及传统弓，必须要有更多的勇敢者站出来，当时我愁得夜不能寐，四处打听有没有这样的能人，但结果却如同石沉大海，信息皆无。

功夫不负有心人，在一名队员的引荐下，2007年的秋天，终于有三位江湖"英雄"揭了我的英雄帖，主动拜访了我。在我看来，这三个人都是了不起的年轻人，有些事他们甚至走在了我的前面。

如今回忆起那次会面，过程虽简单，但意义非凡，对我个人乃至整个中国传统射箭事业来讲，那次会面算得上新中国正式恢复传统射箭工作的元年，也是从那天开始，很多工作陆续走上了正轨。

三个小伙子分别是黑龙江哈尔滨的张国权、大庆的高翔以及河北燕郊的王刚（已故）。这里首先说一说高翔，当时他拿来的一把古法制作筋角弓，虽然还存在诸多不足，却已经在制作工艺上初见水准，在我提出了几点修改意见后，他也很快完成改进工作，是个聪明人。张国权当时带着一捆子木箭来到我家，这样的资源是国内难得一见的，令我如获至宝，之后在我的建议下他也随之完成了批量生产的工作，如今他制作的掏裆子木箭和6-1拼木箭工艺极其精湛。

我曾戏称他们二人分别是中国制弓和制箭的"第一人"，这个第一不是说技术第一，而是第一个敢吃螃蟹的人，其实国内不乏像"聚元号"一样传承几代人流传至今的弓箭作坊，但像他们这样，本身是门外汉，靠着对一件事物的偏爱而勇于尝试的年轻人，在那时寥寥无几，敢到我家登门拜访提出辅助我发展传统射箭的，他们是第一个。

射术与射道：
对中国射箭运动术与道的探索

  王刚（已故）住的离我最近，他虽不是个手艺人，却在业余弓箭圈有一定的声望，通过他组织起来的众多比赛传承至今，这里面就包括了最为核心的青海国际传统射箭邀请赛，从第一届开始就是由他组织运营。王刚是个热血青年，时至今日，他虽故去多年，可当年初见时的情景仍历历在目，在促成举办传统弓比赛方面，他功不可没。

  如今一晃快20年过去了，国内的弓箭器材发展得如火如荼，涌现出一批又一批能工巧匠，如安徽的张利（阿利弓箭），他的年产量相当惊人，其选用陶瓷泡沫制作的丝路系列大量销往国外，成为各国弓友爱不释手的赛场利器。吉林的吕晓龙（阿飞弓箭），他对于弓体形制与结构的仿古达到了精益求精，用他自己的话说，看似大同小异的弓，实则各有千秋，一个小小的曲线弧度变化就会带来千差万别的结果，作为一个匠人，一定要努力做到尽善尽美。还有福建的张召羽（凤飞体育）自2008年就开始大批量制作竹箭杆销往海外市场，2013年更是复原了明代《天工开物》中所记载的"三不齐"，也就是我们熟知的拼竹箭工艺，由他亲手制作的竹木弓更是兼具性能与外观的精品。

  如今，这些能人基本成为国内传统弓器材方面的领军人物，更是将老祖宗留下的文化精髓发扬海内外，帮助各国健儿在赛场上创造了一次次佳绩。

3. 谈一谈扳指

  传统射箭器材中，不得不提的一件东西就是扳指，中国人用扳指射箭的历史相当悠久，有很深的文化传承。射箭用的扳指形状多种多样，用的材料更是五花八门，就地取材的特征体现了古人的智慧和各地区民族的特点。

一、我与传统射箭

这里更正一个历史性问题,现代人称呼的扳指一词,实际上来源于清代的满族人,清朝统一中国后,在语言方面诸多词汇沿用了满族人的称呼,扳指一词即是如此,实际上扳指只代称文玩和装饰性扳指,而非射箭用的工具。

在《说文解字》一书中明确指出,所谓射箭用的扳指,实际上应称呼为"韘"(与射字同音),其后陆续出现"抉""摧抉""射抉"等称呼,其意就是套在拇指上的扳机。

直到明朝的戚继光,正式将此类物品确定称呼为"机"或"指机",意思等同于弩机,也是扳机的意思,直到清代满人入关后才顺口改了称呼,希望广大弓友能追根溯源,明白老祖宗传承下来的称呼。

对于仿古扳指的制作,这里我要提到一个人,吴银寅(蓦然扳指),这个年轻人对于扳指的制作可谓痴迷,通过他亲手还原的仿古扳指,无论从外观到性能全都达到极致,他还原的四捷机更是精品。这是个不可多得的聪明人,也是个有梦想的匠人。

中国人用扳指拉弓射箭历史悠久,闻名世界。我有一位美国朋友 Jaap Koppedrayer,是传统弓制作的专家。他夫人 Kay Koppedrayer 是个作家,专门研究各国传统射箭的历史,她写了一本书名为《扳指撒放的艺术》,专门研究中国和世界各国使用的扳指。

在中国传统射箭比赛中是禁用复合弓撒放器的。复合弓是一个半机械化的器材,相反,中国传统射箭靠的是人的修养和智慧,走的是两条路。中国传承的扳指不仅历史悠久,还是古人智慧的象征。

和其他器材一样,扳指也遇到了当今社会不得不面对的一个问题，就是实用性和材料结构的升级。我时常苦恼，中国传统射箭，为什么没有像日本合弓那样好用的撒放手套。不管是战国时期的"妇好"扳指，还是桶扳指，又或是轻便的坡扳指，全都无法解决手指过度受力容易受伤的问题，这使得很多年纪较小的孩子对传统射箭望而却步，甚至觉得这项运动太落后，跟不上时代，几箭下来手指疼得不行，打久了还可能受伤变形，虽说可以靠着打法解决问题，但根本上，还是器材的通用性不够。

这样的现状实际上是影响传统射箭的普及和发展的，为了解决这个问题，我在民间寻找能解决问题的高人，希望有人能设计一款实用性和安全性俱佳的扳指。虽然扳指制作在我国发展很快，涌现出众多高手，但形制上还是过于保守，我又找来上文中提到的张国权，在我的提议下，他先后研发出三种不同形制的扳指，鞲（桶扳指）、明光（坡扳指），以及第九代"格萨尔王"扳指，在想法和制作理念上，提出了创新和突破。目前，诸多高手还在集思广益，争取作出既符合中国传承，又符合比赛规则的高科技扳指，拉近和撒放器的距离，为中国传统射箭的发展作出贡献。

（四）传统射箭竞技规则

一个运动专项的发展，需要不断地修正与扶持，才可以逐步走上正轨，获得长久、稳定的发展。特别在其发展之初，必需制定一些规则并完善其执行方式，从而保证这个文化内核的完整与牢固。

体育竞赛规则是各个体育项目自身的游戏规则，是人们在体育竞赛活动中，形成的一套决定参与主体的行为规范性文化现象，它包含着顺应社会文明化进程要求的价值标准。

要恢复和弘扬中国传统射箭，必须具备举办比赛的条件。想要

一、我与传统射箭

办成比赛，关键在于能否制订出大家都能接受的科学化竞赛规则。

我从事射箭工作40年中，一直活跃在比赛的一线，比赛是促进某一项运动发展的重要因素，若是比赛就必须有规则。传统射箭至今没有完整的规则可循，以前有些比赛规则是很随意也很松散的。这些年国家重视现代射箭运动，用的规则都是世界箭联的规则。传统射箭确实可以借鉴一部分，但除比赛理念外，射具、射法都大不相同，完全照搬是行不通的，也就无法将停止半个多世纪的传统射箭传承下去，推广开来。

由于有半个多世纪的空白期，国内没有举办过传统射箭比赛，更没有一套完整的比赛规则，举办正式比赛更是想都不敢想。面对如此困境，我的解决方式还和开展传统射箭一样，走群众路线。到群众中去学习、考察，然后总结出精髓，供大家讨论决定。有条件的地方，先尝试性举办小型比赛，比赛后总结问题，逐渐完善成文，在以后的比赛中，继续完善修改。

世纪交替的那几年，我和谢先生等人，到全国各地去自费考察传统射箭，先后辗转考察了青海、新疆和内蒙古等地，主要学习他们的传统射箭理念、弓箭类型、射法以及他们怎样举办比赛，最关键的是比赛规则，等等，与当地的领导和射手建立了深厚的友谊，为后来制订"中国传统射箭规则"创造了有利条件。

那段时间，只要打听到有传统射箭活动的地方，我们就几个人相约自费去参观考察，去得最多的地方是青海，那时青海民间传统射箭已很普及。其次是内蒙古，那里是"男儿三艺"的发源地，是传统射箭最普及的地方，还到过云南，最远去过新疆伊犁的查布察尔锡伯自治县。

经过那几年的考察，我们不仅交到了好朋友，更重要的是学习和了解了全国各地、各民族的射箭状况、训练理念和他们的弓箭器材、技术特点、比赛流程、记分方法等。首先，令我印象最深的，是中国传统射箭文化的深厚底蕴，能在各地区、各民族间保留至今，衍生出当地独特的传统射箭文化；其次，令我没想到的是，广大基层群众对传统射箭的热爱，在青海举办比赛，就如同举办当地庙会，山上山下观者人山人海，行商贸易比比皆是，又像是农村的物资交流会；再次，各地都希望举办全国性的比赛，能进入民运会、全运会等重大赛事；最后，希望把多种多样的传统射箭比赛规划成规则统一的比赛，既不影响各地传统射箭文化的发展，同时也能尽快恢复断代多年的传统弓箭制作。

广大群众有这个要求，就是我们工作的基础和动力。一方面我们鼓励大家积极参加传统射箭活动，另一方面也要考虑传统射箭规则的制定。1957年国家体委制定过几页纸的《步射规则》，仅简单几条，已不能满足目前比赛的需求。中国民族多、地域广，传统射箭历史悠久，制定一部新规则是一个复杂而又系统的工程。

2009年前后，就有人建议大家该开一个会，把各地传统射箭爱好者集中起来，相互认识一下，同时座谈研讨传统射箭该如何发展。我也想借此机会让大家相互认识下，集思广益，为传统射箭的发展做些规划。然而，传统射箭当时处于纯民间的状态，开会则意味着花钱，这并非所有弓友都能承受的。庆幸的是，从事弓箭器材生意的李寅先生非常热心于此，主动拿出5万元，承担了第一次会议的基本费用。

于是，在北京怀柔的一个山庄内举办了中国传统射箭当代复兴的第一次研讨会，中国香港谢肃方和中国台湾传统射手张育华也应

一、我与传统射箭

邀到会，可谓全国弓友齐聚一堂，到会者 40 余人。这是新中国历史上举办的第一次传统射箭研讨会，即便是民间自筹基金举办的，参会人员都认真对待、积极参与。会上大家讨论了许多一直关心的问题，其中呼声最高的是希望能组织传统射箭比赛。会议开得亲切而热烈，虽然与会人员多为初次见面，却也在网络上早有相识。会上主要交流了弓箭器材的生产模式，怎样动员更多的人参加传统射箭活动，怎样组织民间传统射箭比赛等问题。这个会规模很小，但它是中国传统射箭复兴路上的重要一站，它为传统射箭后来的发展指明了方向，并对其发展起到很大的推动作用。

第一届传统射箭研讨会合影

2010 年由杭州市弓友们筹备，在杭州市举行了第二届传统射箭研讨会。在这次会议上，不仅对当时传统射箭有关问题进行了研讨，还举行了传统射箭比赛、骑射表演，因为当时传统射箭的规则还在研讨中，比赛不够正规，但这是中国传统射箭的开始，也为传统射箭规则的制定又一次积累了宝贵经验。中国射箭协会副主席、上海市体育局副局长，应邀从上海驱车赶到杭州参加此次活动,大家因此受到了很大的鼓舞。参加这次活动的还有以陈兴龙[1]厅长为首的青海弓友、香港弓友谢肃方以及全国各地的传统射箭弓友们。

杭州市举行第二届传统射箭研讨会

2011年秋天,在哈尔滨市召开了第三届传统射箭研讨会。这次会议不同以往,有以下两个特点。一是我们特邀中国射箭协会常务副主席兼秘书长、射运中心郎维[2]主任和中国射箭协会副主席、上海市体育局副局长郭蓓[3]到会,大家的兴奋之情溢于言表,在大

---

[1] 陈兴龙(1956—),男,汉族,青海平安人,原青海省水利厅厅长。

[2] 郎维(1963—),男,汉族,吉林人,曾任国家体育总局射运中心副主任,现任国家体育总局体育基金管理中心主任、党委书记。

[3] 郭蓓(1957—),女,曾为上海及国家射箭队运动员,退役后任教练员。现任上海市体育局副局长。

会上侃侃而谈。很多弓友说我们在社会上漂泊这么多年，二位领导的到来就让我们"找到了家""找到组织了"，深刻表达了广大弓友希望能得到官方支持和认可的心情。传统射箭虽不是国家正式的竞赛项目，但它是中华民族传统文化的重要组成部分，是源远流长的中华体育的重要组成部分。二是这次会议没有经费，实行的是"AA"制，与会者所用经费都是自理。这次会议开得非常成功，会上会下其乐融融，大家广泛交换意见，二位领导也了解了传统射箭在全国的发展状况，并与大家成为了朋友，这次会议对中国传统射箭的发展起了很大的推动作用。

哈尔滨市召开了第三届传统射箭研讨会

2011年，国家体育总局射击射箭管理中心的郎维主任找到我，问我是否有意组织一次全国传统射箭比赛。我说："太好了！我先代表全国广大传统射箭爱好者向您表示感谢。这是我们这些年一直盼着的事情，说明国家认可了传统射箭。"郎主任说经费不多，我说:"钱多少无所谓,重点在于这是国家的经费,意义就不同凡响,说明国家承认传统射箭的存在,支持传统射箭发展。"

这是近60年来第一次由国家出经费举办传统射箭比赛,其象征性意义是划时代的。当时我希望充分利用这个机会,将传统射箭的发展推到一个新的高度。消息传出后,全国传统射箭弓友都非常兴奋,并踊跃报名。

紧接着,"体彩"杯射箭比赛在南京方山举行。比赛于2011年11月12—13日举行,由于是第一次举办,规则不完善,运动员和裁判员也不熟悉规则与裁判法,因此闹了不少笑话。在技术方面,对技术动作没有限制;在射具方面,虽然都用传统弓,但规格也不统一,不少弓还装有自制箭台和瞄准装置,箭的规格更是千差万别。严格来说,这次比赛并不具备现代竞赛中"条件对等、公平竞争"的大前提。

即便如此,大家的热情仍旧空前高涨,场上场下毫无拘泥,规则不适宜现场修改,出现错误也可以相互理解。因此,比赛进行的很顺利,赛后还颁发了三个奖,分别是最佳传统弓制作奖,获奖者张利;最佳传统箭制作奖,获奖者张召羽;最佳服饰奖,发给内蒙古队和青海队,以此来鼓励与表彰许多年来自力更生进行传统弓箭器材制作与文化产品开发的弓友们。

尽管这次"体彩"杯射箭比赛在社会影响与社会范围的表现上较为成功,但从体育的角度来看,它是不规范的,许多体育竞赛的基本条件还不具备,然而为制定传统射箭的比赛规则却打下了坚实的基础。

一、我与传统射箭

2011年11月方山基地的传统射箭比赛合影

当时传统射箭处于恢复阶段,有许多问题亟待解决。这次比赛是官方出资举办的比赛,地方政府是重视的。因此,我们计划把传统射箭开展较普及地区的领导,邀请到一起来观看赛事,借机开个会研究有关传统射箭的事项。

领导们在会议上确定的事情,就会落实,必须借此机会和各地有关领导研究、讨论传统射箭面临的许多问题,只要领导们这一关过了,其他问题就都好解决了。为了得到他们的支持,比赛前我和我认识的领导进行了广泛的沟通。座谈会于12日顺利召开,由国家体育总局射箭管理中心副主任、中国射箭协会副主席郎维亲自主持。参会人员包括郭蓓、陈兴龙、徐开才、李淑兰、杨伊明、罗尖措、杨中卡、王瑞成、孟繁爱、都达古拉、张国权、李寅、郭奕骏、王刚等。座谈会开得很愉快,也很有激情,大家踊跃发言,各抒己见。形成了如下决议。

射术与射道：
对中国射箭运动术与道的探索

1. 关于名称，中国传统民族射箭项目正式命名为"中国传统射箭"。

2. 关于规则方面，①裸弓、②竹木箭、③拇指勾弦。

3. 在全国传统弓分会成立之前，向上级主管部门申请成立"中国传统射箭发展委员会"。

郎维主持座谈会

座谈会重点集中在研究讨论如何推动全国传统射箭的发展，射箭比赛规则的制定上。并就 2012 年中国传统射箭活动制订相应计划。会上还讨论了其他各个方面的问题，面对这样一个历史悠久、文化底蕴深厚却中断了半个多世纪的传统体育运动，与会者都非常兴奋，总有说不完的话。会后我们组织了孟繁爱、李淑兰、郭蓓、郭奕骎、王刚、张国权、马廉祯、李寅等人，参考国际射箭协会的规则，起草了一个传统射箭比赛规则的草稿。

一、我与传统射箭

2012年,在湖南德阳举办的全国传统射箭比赛上试用了这套规则,近300名射手参赛。赛前我们进行了大力宣传,只为能办成全国性的比赛。

在这次比赛上,还有一个特别之处,担任裁判工作的,是由全国知名运动员、奥运会冠军、世界冠军、世界纪录创造者及全国冠军等射箭界风云人物组成的团队;如北京奥运会冠军张娟娟、世界冠军马湘君等。总裁判长孟繁爱是第一届亚运会的金牌得主,两次打破世界纪录,10余次打破全国纪录。她作为两届奥运会国家射箭队领队,在北京奥运会上带队实现了奥运会零金牌的突破。

赛前集中他们开了个小会,介绍了传统射箭比赛不同于现代射箭的要求和特点,简单介绍了当前开展传统射箭的意义。这次裁判会在中国射箭历史上是光辉的一页,是史无前例的。

我向他们提出了八个字的要求,"严格执法,热情服务"。这是我们第一次按规则进行传统射箭比赛,规则是草案,还需完善,参赛者全部是业余选手,大部分是第一次参加这样的活动,有些边远地区的射手连普通话都听不懂,有的少数民族老射手连分数都不会记,规则观念更是模糊。

裁判们可都是箭坛老将,参加过很多次国际大赛,希望他们认真执行规则,保证比赛的顺利进行。同时要热情为他人服务。他们都是选手心中的"偶像"和"明星",他们既是裁判员又是场地工,我们都是人民和国家培养的,我们要知恩图报,我们不是来当明星的,要用诚恳工作来回报社会。

比赛的那几天阴雨连绵,场地上积满了泥水。他们在场地上一面执场,一面当场地工,有的运动员把箭射脱靶,他们趟水到靶后帮运动员找箭,有人想和他们照相,他们都笑脸相迎,我都深受感动。我这些年来参加过大大小小的各种比赛，恐怕规模再大，级别再高的国际比赛，也难寻这样一支高水平的裁判队伍。他们从国际现代射箭的尖端队伍中走来，以极大的热情投入推广、传播中国传统射箭运动之中，这是非常值得研究的文化现象。正因为有了他们如此严格的工作作风，赛事才得以有序进行，确保了赛事的圆满成功。在裁判工作上开了一个好头，后来这些年陆续举办的传统射箭比赛，只要是由他们组成的裁判团队来执裁，比赛就会进行得和谐又顺利。

许多弓友也意识到这个问题，提议须尽快规范传统射箭比赛规则。这也就成为此后几年我最关注的议题。那几年我们不断调查研究，翻查相关资料，尝试在文献中找到旧时代射箭竞赛的组织形式。中国传统射箭是多元文化结构，随地域与民族变化而形式各异，这本是我们多元文化的优势，但在组织全国性比赛过程中，则因规则认同的差异而遇到困难。如何保证在"和而不同，包容进取"的大前提下，建立一个受到大多数人认可和接受的赛制，是我们工作的重中之重。

比赛是个杠杆，是恢复传统射箭的重中之重。有了一套科学合理的规则，才能保证传统射箭的传承。没有一个全国统一的规则，各搞各的，一盘散沙，会影响中国传统射箭的恢复和发展。

经过几年的考察和调研，我发现在我国广袤的大地上如内蒙古、新疆、青海、西藏、云南等地，传统射箭至今还在流传。虽说都是在射箭，但弓箭器材、射艺风格，都有各地的特点，也都是历史的传承。在这样的情况下，怎样把大家组织起来，举办全国性的传统射箭比赛是个难点。

经过几年的调研，多次共商，我们得出了这样一个结论，尽管

一、我与传统射箭

全国各地区各民族的射法有一定差异，但都是在用弓射箭。从弓的文化历史属性来看，它是以"射准"为使用目的的生活、生产和战争工具。

弓箭技术的好坏，弓箭制作的良莠都是以其准确性与力道为基本出发点的。中国古代有关射箭的各种传说绝大多数也都是在形容射箭的精准与劲道。除此以外的其他射箭活动，大都与政治、宗教，乃至意识形态相关联。严格意义上讲，这些是射箭文化的周边产物，因此往往偏离射箭"射准"的核心目的。

从弓箭的现代竞技属性来看，无论是什么类型的弓都符合射箭中"借助弓的弹力将箭射出，在一定的距离内比赛准确性的体育运动项目"的基本项目特征，以准确击中目标为本质属性，全世界射箭的目的实质上是共通的，都是为了"射准"。我们复兴中国传统射箭，首先要找回中国传统弓箭的形制和它的使用方法，其次在继承的基础之上，合理取舍，沉淀出符合当下与未来、国内与国外的、具有真正中国特色的传统射箭文化。

因此，射准是射箭运动最本质的衡量标准，这是射箭文化的基本形态。作为一种力图准确击中目标的能动实践活动，脱离这一点，射箭文化就失去了其源流和根本，最终流变为四不像的东西。对准确度的追求，使射箭运动自身具有了非常客观的衡量标准，从而孕育出许许多多形而上的哲学思维，它其实是对完美的一种追求，是对竭尽全力的一种追求，而"条件对等、公平竞争"更是放之四海而皆准的规则，说小了，它是对竞赛公平的保证，说大了，它就是人与人之间最重要的内容，它代表着相互尊重，相互包容，相互认同，是对公正与追求卓越的非常贴切的体现，是真正落到实处的"射以观德"。

所以，传统射箭在当代的复兴仍然属于竞技体育范畴，既然是

射术与射道：
对中国射箭运动术与道的探索

竞技类，就必须具备严谨和详细的规则，无规矩不成方圆。要举办全国性的比赛必须要有统一的规则，不然无论怎么组织这类比赛都无法长久。

基于这个共识，我们在2012年11月于湖南常德举行的全国传统射箭比赛中，推出了中国当代第一套传统射箭竞赛规则，其中对比赛器材的规定主要内容如下：

①传统射箭所用的弓必须是裸弓，也就是不包含任何延伸器材、瞄准标记、可以作为瞄准的记号、刮痕或被压过的痕迹，不能有瞄准窗、箭台、张弓指示器、稳定器材等辅助设备的弓。

②箭杆须使用竹、木等天然材料制作；箭尾须使用竹、木、角、骨等天然材料；箭羽必须使用天然材料或天然羽毛，箭镞可用金属。不允许使用碳素箭、铝合金箭等。

③箭包括一支带箭头的箭杆、箭尾、箭羽和箭标识。每名运动员须在其使用的每支箭的箭杆上标明自己的姓名或首字母。在同一场比赛中应使用完全相同的箭支，箭羽的样式和颜色、箭尾和箭标识都须相同。

④弓弦可采用不同颜色和材质。可安装护弦线保护拉弓的手指，还可加装箭口与箭尾端相配，为确定此点的位置，弓弦的两端各有一个圆环。不允许安装唇珠或鼻珠。弦上缠线部分在拉满弓时，不得超过运动员本人的鼻尖。不得通过在弓弦上安装窥视孔、做记号或其他方式辅助瞄准。

⑤可使用普通眼镜、射箭眼镜和太阳镜。但不得装有微孔棱镜、微孔眼镜或类似装置，也不能标示有助瞄准的记号。

⑥作为中国传统射箭比赛应明确规定用中国传统主流射法，即拉弓手用拇指勾弦，前手拇指侧搭箭。可以使用扳指、手套、护手

一、我与传统射箭

皮片或胶布带等保护拇指勾弦,用于拉弓和撒放,前提是其不能具有辅助拉弓和撒放的作用,即古人所讲的"后手凤眼最宜丰"。

这些规定公布后引起了很大反响,大多数爱好者表示支持,但也有不少人表示异议,特别是其中对于拇指拉弓射法的规定,好多弓友表示不理解,意见很大,认为这样做会阻碍传统射箭发展,打击广大爱好者的积极性。一位台湾地区弓友在邮件中,说我在中国传统射箭界扔了一颗"原子弹"。我则回答他说,这颗"原子弹"早晚要扔,要是不扔,我们就不推广传统射箭了!他们有意见,可以理解,是他们不了解情况,既不了解中国射箭的古代史,也不了解中国射箭的当代发展。

这个问题在一部分人中有这样较大的反应,我早估计到了。不奇怪,可以理解。中国传统射箭断代已半个多世纪了,在大部分人的脑海中已无传统射箭的概念,只有现代射箭,看的都是奥运会、亚运会、世界锦标赛。国家组织的大大小小的射箭比赛,用的主要是现代反曲弓和复合弓,加上中国传统弓,这三种弓本文都做了详细介绍,由于射法、射具和规则等不同,勾弦的方法也不同。像反曲弓它是三指勾弦,用的是用皮革做的护指皮。复合弓不用手指拉弦,它用的叫撒放器。我们国家的传统射箭用拇指钩弦,叫扳指。

护指皮

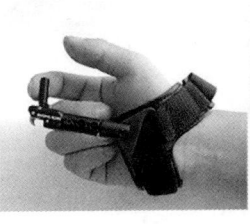

撒放器

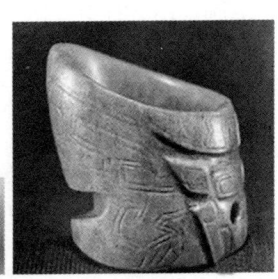

扳指

这三种不同的拉弓器具，各有其功能，各有其传承。像我们用的扳指，有几千年历史，是先人的智慧。先人们在历史的长河中，从战争、狩猎、劳动中总结出来的，到了我们这一代把它改了，我们成什么人了，用撒放器拉传统弓射箭像什么样子。

德国射手用扳指拉弓

在亚洲如蒙古国、日本、朝鲜、韩国、不丹、尼泊尔等国，传统射箭都用扳指。前几年在青海举办国际传统射箭比赛时，德国一位美女射手用扳指拉弓，英姿飒爽，神采四溢，精神焕发，受到了大家的赞赏。

引起激烈讨论的还有传统箭，规则规定必须用竹木材料做箭杆，除箭头用金属外，箭羽和箭尾必须用天然材料。好多人提出反对意见，想用纯碳箭。

因竹木箭至今延续手工制作，价格昂贵产量小。而纯碳箭则便宜，一致性更强，这是事实，我了解，但不能这样做。如果开了这个先例，不仅违背了我们传承和恢复传统射箭的初心，也使我们艰苦创业所取得的成果付诸东流。

这既对不住老祖宗，也对不起这些热衷传统射箭的射友们。同时还有这么多做弓箭的师傅们。他们从一无所有，学做弓箭，千辛万苦走到这一步，形成了一个产业，工艺如此出众，至今不仅出口国外，还创出了我们自己的品牌。如果我们突破这条红线，不出一年，中国的竹木箭会在全国大部分地区消失，这是很可怕的。可能又会回到几十年前的惨淡状况，在北京地区买不到一支可射箭用的

一、我与传统射箭

竹木箭。

曾经有好多人找我,想用碳纤维箭、铝合金箭参加传统射箭比赛,我坚决否定。

上述说的这三个标准是通过几年的调查研究,讨论过若干遍,大家共同制定的。这是三条红线,最好不要触碰。你喜欢,我不反对,但参加传统射箭比赛不行。

我们进行了长时间的探讨和试验才推出了这三个基本条件的,是在咨询和借鉴众多传统射箭一线从业者和专家学者基础之上提出的,查阅大量的文献资料,是现阶段最有利于中国传统射艺恢复和传承的杠杆。在这里,我也对于当时制定这三条规则的缘由进行简单说明。

其实如此坚决执行这三条,不仅全是恢复和保证传统射箭传承。除此之外,还有更深层次的意义和深厚的文化内涵。

保证传统射箭的"术"不走样,用它的修炼意念,传承一条由术进道之路,促成"术道并重"的修炼指导思想,改进以前我们训练的不足,促进中国的射箭水平达到世界领先地位。这是一个伟大的计划,过程很艰辛、很漫长,难度也很大,会遇到各种各样的阻碍。悟透这个计划不下点工夫是做不到的。这是中国射箭道路上的一道坎,只要坚持下去终究会实现。

中国是世界上最早发明了弓箭的国家之一,山西朔县峙峪遗址发现的石箭镞,证明中国古人类在旧石器时代的晚期就已经在使用弓箭。而中国远古的传说中,也总是把弓箭的拥有视为中华文明起始的标志之一。

古代中国人在各种目的的射箭活动中,逐步赋予它教育、体育、游艺、交流等不同功能,不断地扩大它的文化内涵,形成了关于射箭的制度、制作、礼仪、竞技、考试等一系列制度，还有大量相关的文学艺术创作等，构成了缤纷多彩的射箭文化。这在世界上是不多见的。

2017年以前全国传统射箭比赛，规定的弓主要是筋角弓、玻璃纤维片弓和层压弓。角弓最传统，但做工复杂，做成一张精品弓要用几个月甚至几年的时间，价格高，不便推广。玻片弓和层压弓是仿角弓的。我国原始用弓都是采用纯天然材料的竹、木做成的。如果把竹木弓恢复起来就会更传统。

竹木弓环保，材料来源充足，做工简单，价格肯定便宜。有利于传统射箭的开展。因此，我找到了优秀的传统弓制作人张利、张召羽、张明磊等前期做弓的朋友，请他们研制竹木弓，他们都很支持。不久他们就把竹木弓做出来了，质量很好，射60～70米没问题。我就想在比赛中立项推广。刚开始立项总有些问题不好解决。2016年我听说少林寺要举办"少林禅弓邀请赛"。我感觉这是一次机会，佛门最讲究环保，就找马廉祯商量，建议他们把竹木弓立项。很快就得到了少林寺主持释永信方丈的支持。2017年首届少林无遮大会"少林禅弓邀请赛"上作为正式比赛项目亮相，成为中国传统射箭比赛上的正式竞赛项目，受到了广大基层传统射箭爱好者的欢迎。不久又涌现出一批竹木弓制造者，其便宜、老少皆宜的特点为推动传统射箭的推广和发展贡献了自己的力量。近几年竹木弓发展很快，性能优良、工艺精美，已有大量精品涌现。我相信在不久的未来，中国传统竹木弓会成为最好的品牌，会成为全世界传统射箭爱好者的最佳选择。

一、我与传统射箭

（五）中国射箭协会传统弓分会

2014年8月19日，经中国射箭协会批准，全国传统射箭的射友们盼望已久的传统弓分会——"中国射箭协会传统弓分会"成立大会在青海海东市举行。

传统弓分会主要负责全国传统射箭运动的规范指导，宣传、推广、普及传统射箭项目和弘扬传统射箭文化等工作。这是全国传统射箭爱好者期盼已久的，也是中国近代以来首个传统射箭官方机构。此次大会标志着中国传统射箭运动的推广、普及、发展工作进入了一个新的历史时期。

成立大会开得很是热闹，与会的领导和专家们热情发言，并对以后的工作提出了期望与要求。会前，分会秘书处也制订了有关章程和工作计划，大有一番把传统射箭推向一个新高潮之势。全国各地传统射箭弓友同样欢欣鼓舞，纷纷寄予厚望，当初训练与比赛时碰到的几个疑难问题，但愿能借此契机，迎刃而解。

中国射箭协会传统弓分会成立大会在青海海东市举行

有些遗憾的是，分会成立这些年来，工作开展情况不尽如人

射术与射道：
对中国射箭运动术与道的探索

意，弓友们关心的问题并没有得到实质解决。如办"会员证"一事，这是大家多年来渴望办的一件事，至今仍未落实。会员证，不仅是身份象征，而且便于参加各种射箭活动和比赛。特别是带弓箭出行很麻烦，有了会员证好多问题便可迎刃而解。传统射箭是中国传统文化的组成部分，希望能得到大家的关心、理解和支持。

二、传统射箭的技法（传统射术）

什么是射箭运动的基本技术？射箭比赛所需要的核心技能就是射箭运动的基本技术，其中包括高规格的规范动作、严谨的起射节奏和苦其心志的决心三部分。在传统射箭《射艺》那本教材里，我把传统射箭技术分了 12 个动作。大学的老师们具体分了十二步教学法教授学生，成绩显著。下面简单介绍一下这些基本技术，供大家在修炼时参考。

（一）传统射箭：步射十二式

1. 静心

"静心"是指在起射之前，射者必须聚精会神，心无旁骛，努力排除心中的杂念，在思想安静、意念集中的基础上出现的清醒，保持意念专一，轻松舒适的一种心理境界。

"清静无为"是传统射箭的最高心理境界。这个境界必须从静心开始。

从生理学讲，形成条件反射最好

的前提之一,是大脑皮层必须处于良好的兴奋状态。传统射箭第一个动作是"静心与自信",要求射手起射之前必须排除杂念,即脑子"清零",这样才能保持良好的修炼状态。静是射一支箭的基础,做人需要静,修炼技术需要静,比赛成功更需要静,离开静,射箭一事无成。静是起射必须具备的状态,是射手的智慧,射手的境界。

2. 站立

站立是射箭时两脚站立的姿势。站立有多种站法,最基本的应是"平行式站立",初学者应从平行式站立开始。

平行式站立(侧立式)是传统射箭采取的主流站立方法。两脚开立同肩宽或稍宽于肩,站在起射线两侧,脚稍微外展或内扣,脚尖紧靠靶的中心线,身体和两肩与靶成一自然直线。

在学习射箭的初始阶段,最重要的是准确掌握基本的平行站立

二、传统射箭的技法(传统射术)

姿势。

《西江月·射箭》中讲"要立足千斤之重"。

《清代射艺丛书》中讲:"步位与身法相连,乃射学入门第一义。"

站立时要保持身体的正中位是第一要务。在射一支箭的过程中身体需要保持正中位,不能有任何变化,特别是在完成撒放动作时,有许多因素会引起正中位偏离垂直位置,此时射手应特别注意保持好身体正中位,以便完成一个完美的撒放动作。完成这一切动作的基础是最初两脚的站立姿势稳固不动。

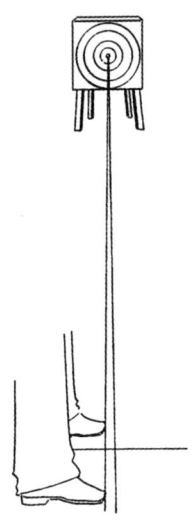

站立位置

3. 搭箭

搭箭

搭箭是将箭尾插入弓弦的箭巢内。先将箭杆放在右手握弓的大拇指上，食指扶稳，再将箭尾槽插入弓弦的箭口处。同时注意检查箭尾、箭羽、箭头和箭杆的完整性。

4. 握弓

握（推）弓的位置是在弓的中心点，推弓的用力点在大鱼际，将弓把置于掌心，四指弯曲握住弓把，拇指自然靠于食指第一指关节处。手握在弓上的位置要准确、一致和自然，并处于最舒适的状态。传统弓是一张裸弓，所以必须握住，但握弓要做到以推为主，以握为辅，要做到握而不死，握得过紧成为"死把"，会干扰握弓的用力方向，进而影响到整体对称直线用力。

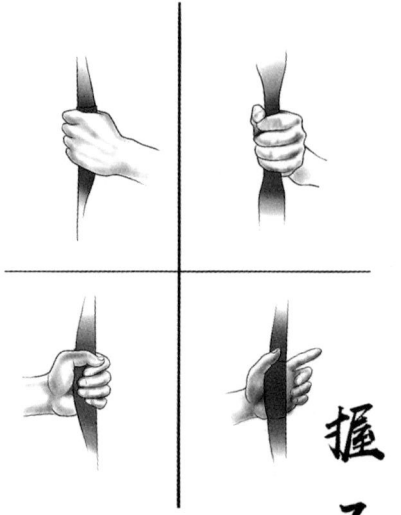

握弓

①手握在弓把上的位置应准确、一致和自然。

②把与手的接触面应尽量小；用力的方向不能有任何偏移，只能是在把中心点正前方，用大鱼际推弓。

③握弓手应感觉自然、舒适，在继续用力的过程中，握弓手、肘关节与肩关节的连线应在一条直线上并感觉舒适与自然。

二、传统射箭的技法（传统射术）

5. 勾弦

射箭的勾弦法在世界各国有很多种，形成了丰富多彩的勾弦文化。拇指勾弦法是中国传统射法的最大特点，在中国射箭史上一直处于主流地位。它产生于古代的骑射、狩猎、在奔驰战车上拉弓射箭，等等。用拇指拉弓，戴一个保护拇指的板指，以防弓弦对手指过分刺激。1976年于河南安阳殷墟发现"妇好墓"出土的碧玉"妇好"扳指，不仅造型

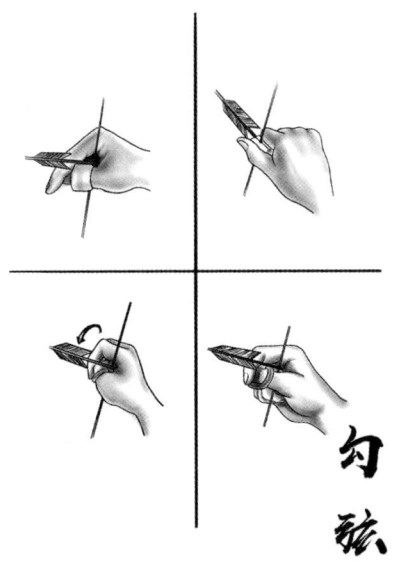

精美，而且很适合拉弓射箭，至今依然是精品。据专家介绍，使用时会内祝一层很软的皮革，防止弓弦勒手。下有两小洞穿上皮条，不仅固在手腕，防扳指脱落，还能帮助拉弓，减轻拉弓重量的作用。前面有一凹槽固定弓弦，提高了射箭的准确性。至今已有3 000年历史。

至今已传承2 000余年云南迪庆地区的射手用的扳指，藏语叫"擦日"，藏区同胞亲切地称其为"格萨尔王"扳指。由鹿角、木材、皮革等制造，是一种在手掌中握持，利用捏撒的方式开弓射箭的扳指，能做到拉弓手不疼，撒放流畅，箭离弦时无障碍通过，如今已经传承到第八代，仍旧广泛流传于藏区同胞之间，是一种值得推广的扳指。

射术与射道：
对中国射箭运动术与道的探索

现代工艺改良的格萨尔王扳指

以拇指使用坡形扳指勾弦法为例，佩戴好扳指后，拇指第一指关节弯曲扣住弓弦，位置在箭下面的弦区，食指腹压住拇指形成扣锁，其余三指自然收向手心，同时食指的第二指关节顶住箭杆并施加一个横向力。勾弦手手背向上，保证手背、手腕和小臂在一条水平线上，防止手腕下凹和上凸。

采用拇指射法最大的优势是，勾弦手的手背是朝上的，与地面基本平行，从形式上讲这种勾弦动作是最适合勾弦手肌肉放松的动作。这种勾弦姿势属于内旋用力，有利于拉弓臂肩关节的准确到位和后背肌群的水平用力，手腕放松，这不但进一步强化了射箭运动的基本用力——直线用力，而且还使手腕的肌群处于放松状态，这种放松的状态有助于实现一次完美的撒放。

用拇指勾弦，古人赋予它的美称是"后手风眼最宜丰"。最大的优势在于弦会干净利落地滑离出去，其实就是现代复合弓的撒放器，大家要解放思想，最大限度地发挥扳指功能，这是中国射箭文化的传承。

6. 举弓

左手持弓,右手勾弦,头部自然转向靶面,眼睛平视前方,两臂举起,高度一般以拉弓臂的前臂在眉梢上的水平线上为宜。弓与地面垂直,箭要水平并同拉弓臂的前臂连成一条直线,两肩自然下沉,调整呼吸,心无旁骛,意念集中,箭头对准目标垂直线上方某个位置。

高质量的举弓动作是正确拉弓的基础,眼睛要平视前方,固定不变。必须完成两个步骤,一是肩、肘、手形成前撑直线力;二是稳定状态停2秒,方可进入开弓动作,举弓不稳不开弓,这是必须。

7. 开弓

开弓是借助持弓臂的伸展和拉弓臂肩带（肩胛骨）内收的力量将弓拉开，持弓臂对准目标直推，拉弓臂在前者的同一延长线上直拉。举弓稳定以后，利用两肩带肌的力量，采用前撑后拉的方法，沿最短距离将弓拉开。开弓过程中，眼睛不要离开目标，以检查箭头是否偏离了目标的垂直线，是否已经接近目标，以使弓弦到位的同时箭头也进入目标区域。开弓既要准确又要果断。需要做到：

①拉距要准，镞要上指。

②弓满的同时箭头到达目标区，不进行第二次移动瞄准。

③古人云"怒气开弓，盖力雄而引满"，开弓要一次准确到位。

④保持推与拉的对称。

二、传统射箭的技法（传统射术）

8. 靠弦

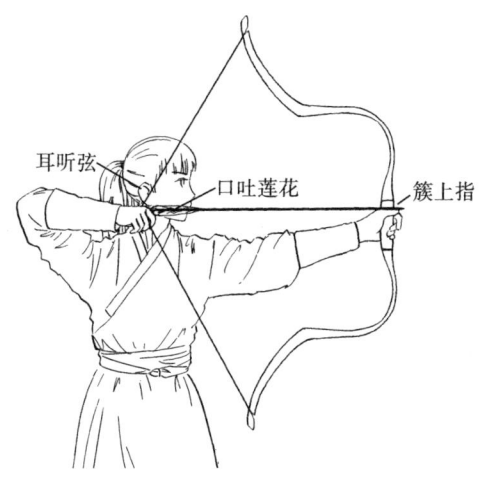

在所有基本技术中，靠弦是最重要的技术环节之一。这是因为当拉满弓时，靠弦点是在施力点的中心位置。由于人体形态和姿势特点不同，其靠弦点和方法会有差异，但靠弦点在施力点的中心位置是不能变的。同时靠弦点就是"定位点"，这是射准的基础条件之一。

如果按古人"五平三靠"的要求，上图优势大些，重心垂线保持得比较好，左右用力均衡，能充分发挥出

"五平三靠"的优势和"志正体直"的理念，特别是好找定位点，它有三个定位点。

不论拉距是多少，"五平三靠""志正体直"是基础，每一靠都是"定位点"。"准确性"靠"一致性"来保证。没有准确性，哪里来的一致性；没有一致性，哪里来的准确性。现代开展的射箭运动，不论是传统的、反曲的还是复合的，等等，判断的主要标准还是准确性。但各有其特点，有些弓是不能同场竞技的。

背部肌群带动肘部完成靠弦动作。防止外力施加在手腕上，勾弦手及手腕应最大限度放松，这一点是十分重要的。

肘部在靠弦之前应高于箭杆的延伸线，到位后，肘关节应保持相应的高度。如果肘关节中心点低于箭的延伸线，会造成许多麻烦，这不符合运动生物力的要求。

靠弦——基本姿势的形成。是各部肌肉在开弓后继续保持持续性紧张，以平衡弓的张力，保证后续动作的顺利完成。

基本姿势形成，射箭的基本用力——"直线力"就形成了，达到了"射贵型端志正"的要求。

"直线力"是指：持弓臂向用力方向（目标方向）前撑和拉弓臂靠后背肌群（主要是菱形肌和斜方肌中部）的积极牵引，向相反的方向运动，从而形成一条力量相等、方向相反，并作用在一条直线上的力。

基本姿势形成以后，总的要求是：清静无为，志正体直，五平三靠，心无旁骛，和谐三秒，塌肩舒胸，胸开背紧，动作层次清楚，左右用力对称；体重平均落于两脚之上；整个动作自然、轻松、稳固持久；天、地、左、右无限伸展。

二、传统射箭的技法（传统射术）

9. 瞄准

在勾弦手靠位完成的同时，目标的中心点—箭头—弓身外侧的边缘—眼睛，这四个点组成一条理论上的直线，就形成弓的瞄准基线。射箭的瞄准是在一个区域内，而非一个精确固定点，射手的视线通过箭尖将焦点聚在目标上，再根据弓、弦在平面上的位置来确定空间的位置，同时保持直线用力的稳定并指向目标。

传统射箭按其规则规定是一张裸弓，没有任何可供瞄准的参照物，又加中国传统射箭多种多样的射法。目前也有多种瞄准方法，希望各位射手在实践中悟出一套适合你的科学瞄准方法。不论怎么瞄准必须体现以人为本，这就是传统射箭的魅力，是古人的智慧。

射箭的瞄准是一个很简单的动作，凡是射箭的人一说就明白，一教就会，都能做到。但是，它又是一个很复杂的动作，处理不好会犯很大的错误，甚至会走火入魔，好多人都犯过这错误，就是瞄准毛病。因为射箭中的瞄准是和"心"连在一起的，又和"条件反射"是近临，会轻而易举形成条件反射，这可是个难缠的小鬼，摔到摔不掉，希望射友们千万注意这个问题，不可掉以轻心。

传统弓是一张裸弓，不允许有任何可供瞄准的参照物，当今大部分射手用箭头瞄准，拉开弓用箭头瞄准目标不难，这是狭义上的瞄准。从广义上讲，箭头瞄上目标只是条件之一。瞄准是个综合因素，除了箭头到位，还有身体稳定性、呼吸、直线力、风力，等等因素，这些因素是不是都处在最佳状态，撒放是有时机的，不能乱放。形成了理想的撒放时机，这才是一个完整的瞄准。哪一条不到位都不行。这是一个过程，"过程"是时间，现在确定为"哲学三秒"，是符合射箭客观规律的，是多少人用失败证明的。瞄准的因素还没到齐，就急急忙忙放箭，就大错特错了。瞄准上犯毛病的原因就是一个字，"快"字。你可以很简单犯一个错误，时机不到就放箭。时间长了就形成了条件反射，这可就麻烦了，条件反射是不听指挥的。射箭时用3～5秒完成积累是最佳的选择。希望大家都走这条光明大道，千万不要走越走越难的崎岖小路，那结果是很麻烦的。

请看下一页的照片，1959年9月第一届全运会结束后，当时《体育报》和《新体育》杂志首席摄影记者李虎臣先生，在北京官园体育场的全运会射箭赛场照的。全运会比赛刚结束，在比赛时我夺得个人全能冠军和70米单项第一名。那时我感觉70米动作最舒服，就用70米的动作照了这张相。大家注意我瞄准时勾弦手的固定位置在下颌下面。为什么是这样？当时我用的是英国产42磅（1磅≈454克）钢弓，英国产钢箭，箭很重。如果勾弦手靠在下颌下面，箭射不到70米。当年师傅告诉我们，如箭射不到目标，拉距不变，勾弦手下移。其实这就是用勾弦手位置的变化来改变箭的仰角，改变箭的抛物线。射90米时勾弦手下移太多，动作就不好做了，就在靶的后方找个高处瞄，这样箭的抛物线太大，准确性就很差了。开始学射的那两年多，就是按师傅的方法来改变勾弦手的固定位置来训练和比赛的。直到1962年，我国进口部分瑞典产玻璃纤维弓，我用了张50磅弓，这个问题总算解决了。

二、传统射箭的技法（传统射术）

1959年9月，第一届全运会比赛照片

10. 撒放

射术与射道：
对中国射箭运动术与道的探索

握弓手推弓和拉弓手拉弓所产生的两个相反的力要对称、协调，以勾弦点为中心，左右均匀分开的过程，持弓臂随箭射出的方向沿直线向前运动，勾弦手沿箭的延伸线正直向后运动，所产生的两个相反的对称力、协调，左右均匀分开的过程，形成了一个自然、协调、对称力极强的撒放动作。持弓臂随箭射出的方向沿直线向前运动，勾弦手沿箭的延伸线正直向后运动。撒放的方式大多采用滑弦撒放，在对称用力的基础上，利用勾弦手屈指肌放松退让的方式使弦滑离拇指，达到胸开背紧的目的，这就是一个完美的撒放。

有两个问题大家需要注意。

①撒放不仅是一个不违背直线用力的放松过程，还是一个放松过程。古人称前手为撒，后手为放。这不管两字连起来解释，还是单独解释，射箭人都会说是不用力的放松，因为用力就会干扰撒放时的直线力。

②撒放后勾弦手必须准确在耳后，胸锁乳突肌处结束，这是一个很重要的动作。大多射友不重视，这是不对的，这是直线用力的末端，在肘部水平后移的同时，勾弦手到此位，箭中目标。撒放时必须大开大合，勇敢坚定。

我们称射箭技术叫技能，也是大家俗称的"功夫"。撒放在12个射箭动作中，"功夫"含量是最高的。古人称其为"画龙点睛"，说明古人把这个问题悟透了，我认可这种看法。我注意到一个问题，有些射箭水平高的国家，没有把撒放作一个单独动作。他们认为撒放是瞄准的一部分，我觉得很有道理。如果把撒放和瞄准分开，这支箭就没法射了。例如有的射手放箭把自己吓一跳，这说明他技术上有毛病，还挺厉害，这个毛病可能在"心"里。1992年

二、传统射箭的技法(传统射术)

巴塞罗那奥运会上,我国的三位姑娘与独联体争夺决赛权,60秒射三支箭时,我没有看她们的动作,看的是面部表情。巅峰对决的60秒,一闪就过,沉静的面部表情告诉我"他们赢了",这就是"功夫",这就是状态。奥运会的巅峰对决是残酷的,三人轮射60秒,连中三个中心10环,是前所未有的,顶住这样的压力,是三位姑娘创造的奇迹,值得总结。之前说的那种比赛失手的情况确实存在,现在有些教练还没注意到,还没有引以为戒。说明这个毛病隐藏得深,有此毛病的运动员本身都感觉不到,这危害就更大了。希望大家共同注意。在此我不再赘述。

11. 暂留

动作暂留是撒放动作不可或缺的一部分,放与留是一个不可分割的整体,要达到放中有留,留中有放,撒放后保持动作的姿势很重要。勾弦手沿持续用力的过程中建立的用力方向需保持用力,同时保持身体的垂直,撒放后背部的肌肉不能瞬间放松,与此同时应保留和建立推弓手和拉弓手对称用力的平衡状态。动作暂留最少停2秒,多停一会更好,以便即时反馈,《清代射艺丛书》中讲:"看矢落处,意在验法,不在幸中。所以矢落着亦不必喜,不着亦不必怒。着则宜思其妙,不可忘。不着宜思其病,须速改,再以次矢验之,自有进益。若

意在幸中，则不足以观者矣。"古人称为"反求诸己"，实为智慧之极。

12. 收势

收势是指一支箭起射过程全部结束后，将弓放下，使身体恢复到站立时的姿势，先做两次深呼吸，把全身放松一下，排除紧张情绪。同时应立即无间断、无间歇地把思路理清回到无为状态、准备状态、本源状态，回到"零"的状态，做好射下一支箭的准备。

（二）基本技术规范

各部分和各环节的技术动作都必须符合规范动作的要求（它既符合射箭运动的技术规格，又符合运动生物力学的要求和运动员个人的形态特点等），这是制胜的基础。

规范动作是提高竞技能力最重要的因素之一，动作不规范，存

二、传统射箭的技法（传统射术）

在瑕疵，成绩只会一般，想打出高水平成绩很难。特别是在巅峰对决中，会力不从心，因技术动作存在瑕疵，会降低竞技水平。

因此12个技术环节都应认真修炼。在这12个技术环节中，有重点但没有孰轻孰重之分，哪一个环节达不到要求，都会影响到命中10环的准确性。有些射手条件都很优秀，为什么成绩总没有突破，很可能在某些技术环节上存在不规范之处。有些射手说，这样做习惯了，很舒服。习惯和舒服不代表正确，更不能代表规范。

射箭运动的基本技术，是提高运动成绩的基础，基本技术练不好，将一事无成。

目前我们所熟知的射箭运动从技术层面上划分应该属于现代射箭，而中国特有的传统射箭与现代射箭有着很大的区别，传统射箭基本以中华角弓为主要器材载体，以传统指法和"五平三靠"技法为主要技术规范，其动作技术集中体现中华文化"多元一体"的文化特征。

通过"寓教于射"的德育形式强化射者内在"心志之和"和社会"天下之和"的人文理念，实现射者"修身、齐家、治国、平天下"的初衷，强调"内志正，外体直"的技法规范，注重射箭的过程，以射者的内涵修养和礼射技法确定胜负。传承了中华民族"自强不息、厚德载物"的人文精神。

中国传统射箭恢复至今20余年了，从运动成绩来看，不太令人满意，究其原因，其中之一就是基本技术还不完善，动作不规范且随意性太大。同时，不重视基本技术的训练，总认为基本技术训练作用不大，还是对环靶实射好。个别人成绩好了点，就觉得不用练基本技术了，久而久之被打回原形，甚至犯了毛病。

基本技术练不好，提高成绩只能是有限的，永远不会成为一名优秀射手。当前干扰基本技术修炼的最大障碍就是"急功近利"。董仲舒说:"仁人者正其道不谋其利,修其理不急其功。"意思是不要急于求成,贪图眼前的成效和利益。

射者练功如果急于求成就不可能练好,会形成许多错误动作。表现在拉开弓胡思乱想,光想10环,怕跑箭人家笑话等。

古人云"精于术而明道乃高明者,精于术而乏道不能长久",这表明了古人对基本技术的重视。射箭是个很简单又很复杂的体育项目,适合拿来修身养性,可要想真正掌握射箭又是一个很复杂的问题。

"术道并重"是射箭运动的核心理念。顿悟这种理念很难,一般休闲射箭者可不用过分追求,如果悟到这种理念是一种境界,进入射箭的"自由王国"。不论射箭准不准,都是一种享受,享受射箭的过程。我奉劝各位射友们,不论你射箭的目的是什么,还是要重视基本技术的修炼,坚持下去会慢慢进入射箭境界中去。

目前世界上成绩优异的运动员也有同样的认识。这些年来韩国的水平一直处于世界领先的地位,他们的总结主要有以下几条。

(1)用准确的方法传授射箭最基本的技术,就是为成功打下了基础,而不是后来不得不去纠正重大的技术错误。这是韩国射箭界的训练指导思想,是十分正确的指导思想。

(2)射箭的成功在于技术的稳定性,而稳定性则始于扎实的基本功。完全懂得并能够运用基本技术,是成功发挥的关键。基本技术必须从基本的方法教起,以防之后不得不去纠正重大技术错误。

(3)据韩国朋友统计,纠正不正确的潜意识的错误动作,可能要用300~500小时的自觉努力训练才能完成。如果用箭的数量来换算,这等于需射出30 000~50 000支箭。这种换算方法的本身可能并非绝对科学,要因人而异,情况很复杂。但教练员和体育科

二、传统射箭的技法（传统射术）

学界承认，它要花费大量的时间和精力，并承受为纠正错误动作而遭遇的大量挫折。

（4）射手们千万不要自称"大师"，连这种想法都不应该有，它不符合射箭运动的项目特征。你要热爱这个项目，就要敬畏它。对它的追求永远在路上，没有终点。如果你到终点了，什么都知道了，就是你射箭生涯的结束。

世界上这些顶尖高手，都十分重视基本技术的训练，什么是射箭运动规范的基本技术？我是这样理解的。

射箭比赛所需核心技能，就是射箭运动的基本技术，射箭运动的技术特点告诉我们，最核心的也就是最基本的，射箭最核心的就是射中10环。其中包括规范动作、起射节奏和适宜的心态三部分。

射箭十二式是基本技术最重要的组成部分，是传统射"术"的具体表现，是每一位射手必须严格遵守的技术环节。是未来提高成绩的基础技能，如果没有扎实的基本技术和规范的技术动作，想提高成绩只能是空想。传统射箭讲究"术道并重"，但没有高水平的"术"，"道"的修行再高也没有用。

（三）基本技术之关键——起射节奏

射箭必须具备鲜明流畅的、随心所欲的起射节奏，这是制胜的关键。这仅是普通要求，起射节奏有更深的内涵，就是"哲学三秒"[①]。哲学三秒是射箭的重要组成部分，是决定起射节奏的核心，表面看它是个时间概念，其实它是一个综合因素，它更是一种境

---

① "哲学三秒"是由传统射箭引申出的哲学概念，参见后文。

界。哲学三秒不是一个固定数,可能是 2 秒、3 秒、4 秒、5 秒不等,就看射手的修炼水平,这是一种技能,一种功夫,修炼水平高的,就是随心所欲。否则,就不是随心所欲的,而是被动的,甚至是被迫的。

哲学三秒好比是一个圆圈,里面装满了若干因素,这些因素都成熟了,就形成了最佳的撒放时机,这时的离弦之箭定会命中靶心,这就是随心所欲。其中某一个因素没达到成熟,箭就不会命中靶心。在这种情况下放箭,射手是不情愿的。就不是哲学三秒,更不是随心所欲。

这种感觉只有射手心中有数,如果请他说心里话,在他冷静之后会描述得很准确。出现这种情况主客观因素都有,但主要是主观因素。在正常情况下,从放箭瞬间的表情上就能判断出来。如果放箭时连自己都吓一跳,那是出大问题了,有些小的因素射手能感觉到。修炼时要真正做到一丝不苟,不给错误乘虚而入的机会,这就是基本技术的重要性。

上述的起射节奏也是一个瞄准过程,或者说最佳撒放时机的形成过程。最佳撒放时机不光是瞄到就行了,这仅是构成撒放时机诸因素之一。这一条误了许多射友,在这一点上犯了毛病,甚至"走火入魔",撒放的时机是诸多因素共同形成的系统工程。

传统射箭,射一支箭大约应该多长时间,节奏的快慢是相对的,因人而异的,当前的主要危险是节奏快了。在还没有完全形成撒放时机时就放箭了。在这几秒钟的过程中,表面看是在瞄准,实际上是寻找射 10 环的感觉,更准确地说是在组合射 10 环的必要条件,这些因素中一条都不能少,少了就不是圆满,就无法形成最佳撒放时机。射箭运动中最高境界的撒放时机是"随心所欲"。

二、传统射箭的技法（传统射术）

目前世界上流行的弓，可分三种类型，即反曲弓、复合弓和传统弓。这三种类型的弓，由于不同的传承，射具和射法的不同，在起射节奏上也各有其特点。但是不论哪种弓，在起射节奏上都有一个共同的特点，即过程都相同。分别是：获得稳定阶段、相对稳定阶段和稳定消失阶段。这个形成、稳定和消失的过程是个周期，一般需5秒左右，如继续坚持第二个撒放时机，时间也在7秒左右，延迟到这时动作质量就会下降，影响命中。

1958年，我加入济南军区射箭队学射箭，不到半年参加第二届全军运动会的射箭比赛，那时弓箭是自制的，也谈不上射箭技术，我就是一个不会射箭的人，但竟然在比赛中破了一项全国纪录。在很长一段时间连我自己都不敢相信。从那以后，我参加了很多比赛，包括国际比赛，成绩一次比一次好。

比赛时我能随心所欲，想怎么射就怎么射。1962年解放军体院《羊城晚报》的一位特邀记者马庸找到我，说你成绩这么好，应该写篇总结。我想了好几天，大家训练内容相同，没有什么特点。但我还是写了我的第一篇"体会"，至今还很满意，这也是我撰写射箭文章的开始。

这篇体会早已无处寻觅，但主要内容我还记得清清楚楚，就是对瞄准的体会。那时我已经认识到，要瞄得准才能射得准，但瞄准的基础不是准而是稳。瞄得准是术，瞄得稳是道。当时我体会到瞄准三秒才能射准。这是我射箭的第一个体会，也是我多年追寻目标。

我第一次在武汉参加比赛时，我们济南军区射箭队领队是一位上尉老兵。我临上场时她告诉我"好好射，破了这个纪录，我不会射箭，但我会射击，射击要瞄得准，瞄得稳，才能命中"。当时

射术与射道：
对中国射箭运动术与道的探索

在场的人都不会射箭，我就按领队的话，手拿一支箭上了场，别的射箭动作没有体会，但稳稳地瞄准我做到了。用一支箭射了10次，随心所欲地命中82环，破了全国纪录。

第二次深刻体会是"中捷射箭友谊赛"。第一届全运会时，国家为了尽快提高我国的射箭水平，先后邀请了波兰、捷克、匈牙利等国的射箭队到我国参赛。1961年在呼和浩特市举行的"中捷射箭友谊赛"，在那次比赛中我发挥得特别好，徒弟战胜了师傅。特别是最后一个距离30米，超常发挥36支箭得分319环。现在看这个成绩不算什么，可当时超300环很难。

那时我们的器材很落后，有弓但没有瞄准器，都是装一"点"瞄准。赛前我把这个点弄成了一个"洞"，用圈去套黄心。当时我拉开弓去套黄心，还得套准、套稳、感觉到能射准了再放箭。现在回忆起来，那是一场酣畅淋漓的比赛，但那时我也隐约感觉到瞄准这件事有多么重要。

瞄准不是一个简单动作，瞄得准＋瞄得稳＋放箭时机也不是一个简单的组合。它有丰富的文化涵养，需要我们在射箭修炼中去体悟，这个过程很长，很艰难，成功和失败共存。

2017年在少林寺举办的无遮大会禅弓比赛时，卢元镇老师一语"哲学三秒"点明了射箭瞄准的真谛。只有在少林寺这块佛家宝地，才能产生这样的灵感。我在射箭圈奋斗了几十年，什么酸甜苦辣都尝过，也认识到三秒的瞄准时间有多么重要。但仅此而已，没有进一步去体悟，走了不少弯路。常言道"不识庐山真面目，只缘身在此山中。"我早就认识到这个三秒的瞄准，是射一支箭承上启下的作用。

请参考下面两个示意图，这是我多年的修炼实践，画成的一组

二、传统射箭的技法（传统射术）

示意图，我当教练这么多年，每做计划，安排修炼，都是我参考的重点。

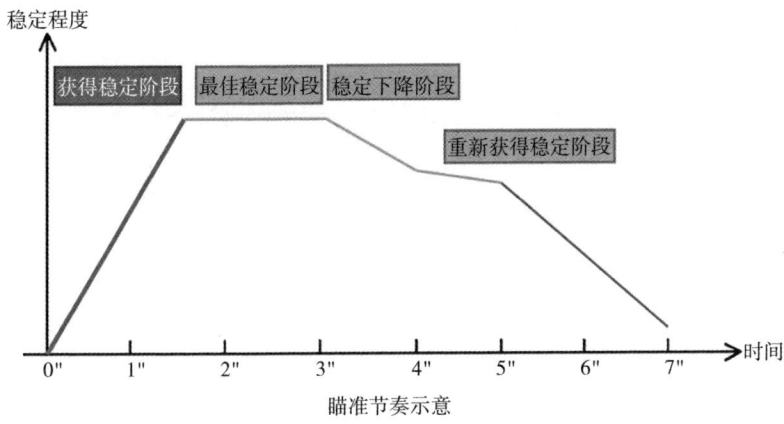

瞄准节奏示意

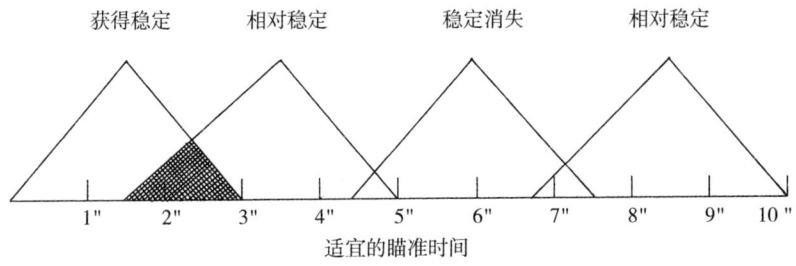

适宜的瞄准时间

瞄准时间是指从弓弦到位至撒放之间的时间。按动作规范的要求，每一位射手都应固定一个上、下不差1秒的相对稳定的瞄准时间，并建立起严格的时间条件反射，这对每一位射箭运动员来说是头等重要的大事，如果说在别的方面可以马虎一点的话，在这个问题上是绝对不能马虎的，这是动作自动化的阶段。

就传统射箭来讲，瞄准时间应该是以3秒为宜，其理由是：不论采用什么样的瞄准形式，瞄准动作均应有一个过程，这个过程的开始是获得稳定阶段。

射术与射道：
对中国射箭运动术与道的探索

按照靠弦动作的结束就是瞄准动作开始来划分，弦到位即进入瞄准阶段。瞄准动作开始是个很不稳定的阶段，要获得稳定阶段需要有一个过程，这个过程根据开弓动作的稳定程度，一般需要2秒左右，也就是说2秒到达，3秒最佳。这是底线，不能再低。

到达了相对稳定阶段，也就进入了精确瞄准阶段，这个时间范围在3～5秒，这是最佳撒放时机。如果在这个时间范围之内不能完成并适时撒放，就错过了最佳撒放时机。出现了这种情况有两种办法可供运动员选择，一是放下来重新起射；二是继续控制瞄准，寻求第二次撒放时机。这是两种迫不得已的下下策，重新起射的话，时间够不够很难说，如时间不够，等待的就是失败。继续瞄准寻求第二次撒放时机，经过调整和控制，虽可勉强进入第二个相对稳定阶段，但这个相对稳定阶段和第一个相对稳定阶段相比，在动作质量上会发生一定的变化，箭很难再射入高环区，射手要采取一定的补偿措施。这里最大的损失，就是弓在运动中的效能，要决心撒放时需果断有力，减少其影响的程度。希望大家应严肃地对待这个问题。

高手之间节奏是最强的竞争力，它不仅表现在技术的稳定性上，而且表现在比赛的气势上，突出运动员的深厚功力和高强度的自控能力，是战胜对手的杀手锏，特别是在一对一的淘汰赛和团体决赛中，更能体现出它的优势。

良好的节奏，说到底就是开弓后，在心态、动作姿势与用力处于最佳状态时将箭放出，不给错误动作和不良心理因素留有活动空间。

如何才能保证好的起射节奏？关键在两个字，一是"静"，二是"满"，即"心要静"，"力要满"。古人云："稳满方能得中"，就

二、传统射箭的技法（传统射术）

是说心境和动作都达到最佳状态时才能射中。就像滴水形成的过程一样，满了就滴，常言道："滴水穿石"。

心"急"是好节奏的障碍，心"静"才是好节奏的基础。有些射手开弓后总想快一点射，老怕夜长梦多，这种心态是错误的，时机不成熟，抢撒有什么用，"抢"是个错误动作，轻则干扰已形成的瞄准基线，重则更会出现错误动作，那影响就大了。

时机不是想来的，是射手在起射过程中做出来的，是个水到渠成的过程，是瓜熟蒂落的过程，就像老子讲的："无为而为"。

随心所欲的射箭技能，是不分弓种与射法的，是所有射箭人共同追求的目标。射友是在"自由王国"里射箭，想怎么射就怎么射，不受任何干扰，这是一种射箭的境界，一座高山之上的巅峰。通向巅峰的不是平坦大道，而是在高山峻岭中的崎岖山路，只有那些不畏艰险，攻克道道难关，勇于攀登的人，才有"希望"到达顶点，这条路就是射者必经的"瞄准之路"。

有人说我这样讲太夸张，其实一点都不夸张，这是我从事射箭运动60余年的经验，说教训更为准确。如果在攀登这条小路时，不小心滑到山下，再爬回来可就难了。

一个射箭运动员在训练和成长过程中，起射节奏是一个晴雨表。作为一名传统射手，起射时"越射越快"是最危险的信号。作为一名教练，在训练和比赛过程中应时刻关注运动员起射节奏的变化。如果运动员起射节奏变了，可能技术出问题了，那就要认真的去找一找，是技术问题、训练问题还是别的问题。

出了这方面问题，不论比赛还是修炼，技术因素小，心态因素大。在比赛的最后决赛中，有的运动员就问我，还有3支箭，太紧张了，我应该怎么射？这时我会说三个字"沉住气"，两个人对决，谁能沉住气谁就是优胜者。我执教多年的体会是：动作可变、节奏不能变。动作上出点问题不难改，节奏出了问题——变了，改起来很难，甚至因节奏问题而使人离开了射箭场。因为节奏属于综合技能，它的心理成分比重占得太大。心理上出了问题，甚至形成了障碍，那是运动员和教练员的痛苦，是修炼的失误。即便能改正，周期也会太长，代价太大，竞技能力必定大打折扣，因为他的技能已不是白璧无瑕。所以，各位要注意起射节奏的训练，不要在这方面出问题。

（四）初入修炼之门常见的错误

1. 做不到随心所欲地射箭

"随心所欲"是射箭的最高境界。随着自己的心意，想怎么样射就怎么样射。不如此，射无中理。撒放时机不成熟，还未瞄准或瞄到了还没停稳，就提前放箭了。本该稳定3秒，不到1秒就放箭，结果终究走向失败。

2. 做不到有效地控弓

"控弓"是射手的基本技能，连弓都控制不了就不要射箭了，否则会练出许多毛病，将来克服起来很麻烦。有效地提高控弓能力，是学习、掌握和发挥射术技能的基础。

3. 时机未到就放箭

这不是你在射箭了，你已失去射箭的主动权，撒放时机属综合能力，由多个因素组成，一个都不能少。这样的箭千万不要射了，去练基本功吧，在一段时间内不能对环靶进行实射修炼了，需要到草靶前进行撒放基本功的修炼。再坚持这样练，就走火入魔了。走火入魔可不是一个具体动作上的毛病，在射箭上就进入了一种

二、传统射箭的技法（传统射术）

"病态"。

4. 瞄不到目标

已形成了瞄准的毛病，这错误犯得太大了，这是修炼的最大失误。说明你之前的训练都是破坏性的，如果还想射箭，首先就要用橡皮筋模仿拉弓射箭，每一次拉还不得少于7秒，最好在10秒以上。如果这样练自如了，再去拉弓，每次稳定要达到7秒，最好到10秒。如果这一步也自如了，最后再进行撒放基本功的修炼，每次稳定保证在5秒，争取到7秒以上。这是第一阶段的"强化"修炼。因为你错误犯得太大了，只有用"矫枉过正"的办法才能纠正。

5. 瞄不到目标就放箭

"瞄不到目标"和"瞄不到目标就放箭"，看起来相似，其实不一样。这都是一种很严重的瞄准毛病，表现不同，但瞄不到目标更严重些，形成这个毛病的原因是相同的。

瞄不到目标的表现是，目标是10环，可移到8环就停住不动了，像僵住了一样，怎么用力也移不到10环的位置。最后时间到了，破釜沉舟用力移，移动了，箭也跑了，因为其动作已被破坏。瞄不到就放的人更狼狈，更受罪。因为目标是10环，勾弦手不自主地就把弦松出去了，其狼狈之相把他自己都吓一跳。这个错误动作不是与生俱来的，是射手自己练成的。初学射箭的人都知道，希望能射到靶的中心，就瞄10环，这是常识。如果他永远这样瞄下去，会成为一个很好的射手。以后又发现如果瞄准一些，再停稳一些，箭射得会更好。这里还有一个问题，从开弓到瞄到10环，有一个移动过程，初学者会做的很好，很流畅。

一般初学者开弓后准星在靶心外边某一地方，如果准星在靶心上5、6环处，需要慢慢往下移，才能瞄到靶心。如果都一样也不会出问题，练时间长了也会射得很准。问题就出在这里，有的没有坚持下去，由于功利主义、侥幸心理、投机取巧等错误思想导致的，把动作和过程简化了。本来瞄到目标停稳再放，现在瞄到就放。开始还行，练了一段时间不行了，想停也停不住了；再后来，想瞄就瞄不到了，就形成了"瞄不到就放箭"的毛病。

采用移动瞄准本来是正常的，从上往下移到10环。有些投机取巧的人，练了一段时间后，发现瞄到上9环也行，再试瞄到上8环也行，利用移动瞄准的惯性箭也能射上。可是瞄到上7环，箭就没法射了。再想瞄回10环去，就办不到了，就形成了"瞄不到"的错误动作。

还有一种射法，直接瞄准拉弓射箭，举弓后把准星直接对准靶心，把弦拉至下巴再放箭。这个射法虽然费力，却也可行。可是练了一段时间后，弓弦没靠至下巴就放箭，过后发展成弓弦离下巴越来越远。当发现射不了箭了，再想把弦拉至下巴，拉不过来了，弓都没拉开箭就放出去了，还有准吗？

这三个错误动作产生的原因是相同的。就是不按规矩射箭的结果，射箭训练最忌讳的是功利思想，不能投机取巧，要踏实修炼。犯技术上的毛病是不自觉的，甚至是轻松的。犯了以后是难改的，是痛苦的，是个很难过的坎，这就是条件反射的厉害之处。虽然一支错误的箭，形不成条件反射，但形成错误的条件反射也是有一个过程的。犯了这样的错误，就别射环靶了，去练基本功吧，射环靶越射毛病越多。

上面谈的三个问题，看起来很平常，也没严重影响到你的修炼，但发展下去危害是很大的。当你感觉到它的危害时，可能就晚了，改正过来需要付出很大的代价。从目前来看传统射箭界已有不少射友正面临这个问题，请大家注意。

6. 瞄准过程中动作变形

在起射过程中动作变形，好像大部分人都有，只是轻重程度不一。其实它的危害性是很大的，是影响射准的主要因素。射箭的目的是什么？主要目的应该是射准。有人说这是心态问题，也对，但我感觉它主要是思想方法的问题。心态是射箭很敏感的一个话题，不要什么都和心态挂钩，会产生负面效果。仔细分析一下，动作变形和心态关系不大。射箭时该想什么，心无旁骛这种境界达不到，总不能胡思乱想吧。出现这种情况主要是注意力不集中，在起射一支箭的过程中，只想结果，不注意过程，是不可能射好这支箭的，因为把基本的东西丢了，过程是决定结果的，希望坚持"无为而射"。

7. 动作暂留留不住

据了解在许多国家的射箭教材中没有撒放这个技术环节，因为他们认为撒放是动作暂留的一部分。瞄准完成后，下一个环节就是把动作留住。充分保护不因撒放动作而干扰已形成的瞄准基线。动作暂留是射一支箭不可或缺的重要环节。这是一个认识问题，你认为它可有可无，你就留不住；你认为它很重要，就能留住。这是一个很重要但又不难做的动作，想做就能做到。

8. 训练和比赛脱节

这是个大问题，写成书可能也说不清，有几点提醒朋友们注意，有可能缩小这两者之间的距离。

先从训练说起。我国有一句俗话说"艺高人胆大"。平时训练严肃认真，对规范动作一丝不苟，把技术练得像一块纯洁的白玉，找不出任何的瑕疵。这样，在技术上的底气就足，不惧怕任何牛鬼蛇神，以前运动训练讲究"三从一大，从难、从严、从比赛需要出发，进行科学的大运动量训练"，这是基础。

再说比赛，比赛要敢于胜利，不怕失败，怕失败的人永远胜不了，这是正能量。

这是一个很复杂的问题，一时说不清。还是要从根本上解决对射箭的认识，这要有个过程，从王阳明的"知行合一"理念来认识"术道并重"的理念。不仅从理论上，还应该从实践上来认识。只有把"术"和"道"统一起来，认识传统射箭，才能解决修炼中的问题。

9. 心理和动作不能同步

心理和动作起射时应同步，严禁心理超前，心里想是一种信号，是条件反射。信号是指令，大脑一发指令，身体动作就会马上做出反应。动作不到位，就提前发信号，自乱阵脚。该干什么时就干什么，不该干的千万不能干，瞄准时就不能想撒放。想就是指令，撒放指令一发，就得撒放，不放都不行，就是能咬牙控制住不放，从肌肉到动作一定会有反应，尽管反应是微小的，但动作质量的下降是阻止不了的。还没瞄好就放箭，箭能射准吗？这是科学。

"术"与"道"本是一个整体，分开是错误的。严格按动作程序的顺序"无为而治"，定会实现理想。

10. 训练态度不诚实

诚信是做人的根本，也是成功者的根本。不愿暴露训练中的弱点，动作不到位，就把箭放出去了。箭射跑了，别人指出却不愿承认，这种虚荣心百害而无一利。诚信不仅对别人，更是对自己。

诚信是高山之巅的水，能够洗尽浮华，洗尽躁动，洗尽虚诈，留下启悟心灵的妙谛，这样何愁功不成。

二、传统射箭的技法（传统射术）

11. 动作变形感觉不到

功利心太强，注意力集中到目标上了，光想结果了。若是把命中结果的动作忘了，拿什么去射箭。这种箭，千万不要重复，养成习惯会成为大患。过程远比结果更重要。

12. 急功近利是大敌

射手为什么在射箭时经常犯错误，总是射出后悔箭。谁都想把箭射准，人之常情。走捷径，求快速，求省事，反而不能达到目的，人的急功近利之心是主要原因，见小利则大事不成。

13. 射箭最难是坚持

射箭的技术不难，从初学到高手几乎一样。讲基本技术时讲到，最简单的，就是最核心的。射箭的技术没有重要或不重要之分，这是射箭项目的特点之一。学习射箭不难，但最难的是坚持。只要喜欢谁都可以参加射箭，要想射好就不容易了。要想参加比赛并能取得好成绩，就更难了，最大的难度是长时间的坚持。因为真正能够做到的，终究只是少数人。

坚持是意志力的完善表现。意志在于磨练，成功在于坚持。人生所缺乏的不是才干而是志向，不是成功的能力而是勤劳的意志。希望广大射友们一定按规范动作进行练习，做不到千万别射，我常说射出来的每一箭不是在强化一个正确动作，就是在强化一个错误动作。不能射就不要射，在这种情况下不射比射好。

最后两条是希望大家在教学和训练中注意，射箭最忌急功近利，急于求成。作为教练员，会干扰一个有希望成材的射手。作为一名射手，会形成一些错误的"条件反射"，给自己造成许多麻烦，给比赛造成许多障碍，使比赛中的失误增多，很难达到比赛成绩的高峰。

射术与射道：
对中国射箭运动术与道的探索

这 13 条有些看来是小问题，有人可能还不相信，不理解。刚学射箭时我也不理解，心想瞄不上黄心你射什么箭？在多年的教学过程中，我逐步认识到，事实确是如此，应相信"条件反射"的力量，错误的条件反射形成后是不分大小的，不是你想改就能改过来的，想做就能做到的，是不以你的意志为转移的。运动训练都属条件反射，射箭也是条件反射。

什么是条件反射？根据教科书上讲，条件反射的理论是巴甫洛夫的高级神经活动学说的核心内容，指在一定条件下，外界刺激与有机反应之间建立起来的暂时神经联系。刺激是条件反射的基础，体育教学中的刺激应该的良性的，对学生掌握体育的基本知识，技能和技术是有益和无害的。但是，形成错误的条件反射以后，又是有害的。不仅有害，而且是长远的，要解决则需要一个长期艰辛的训练过程。

这里说个有趣的故事：1973 年我们回北京组建国家射箭队不久，正在训练时有人找我。我一看是位军人，还是我中学时的老同学。上学时我们同是校篮球队的，他是队长，篮球打得好还是校学生会的，是学校的大明星。我们一起应征入伍，到济南军区体工队射箭队学习射箭，一起去武汉参加全军第二届运动会。

比赛时他没能入选八一队，回济南那天他告诉我自己特别喜欢射箭，有机会回去还要练，让我别忘了他。回济南后他再也没有机会练射箭，听说他们都分配到部队去当文化教员了，不久就提干了。

分别 20 多年，见到我后他就说始终没忘射箭，没和你一起入选八一队我很不服气，还想练。你给我一张弓，我想试试还行不行。开始几箭还行，再射就不行了，瞄不到位，出现了"不得不发"的老毛病。全军比赛时他就这样，20多年过去了依旧如此，当年我们不知道是什么问题。他把弓交给我说："不射了，以后也不想了。"这段小故事，说明形成了错误的条件反射后危害是多么严重。正像书上说的那样，条件反射可以消退，但无法丧失。

我理解的条件反射，是在同一条件下形成的反射。如果修炼时动作老变，就形不成固定的条件反射，反而会练出许多毛病。射手最高贵的修炼品质，就是诚实、坚持、自觉。修炼要一丝不苟，永恒不变。老子曰："治大国如烹小鲜"，射箭训练动作要规范，不能总变，变来变去就不成形了。

（五）王琚《射经》十戒

唐朝王琚在其著作《射经》中有这样一段专述射箭修炼的记载，专门讲如何保证一个好的修炼环境，保证射出去的每一支箭都是高质量的。

"十戒"是用来提醒射手，在何种情况下该停止射箭，如再继续会出问题。

为更好地传承传统射箭，我推荐大家去学习王琚的"十戒"以供参考。顺便也谈点自己的学习体会，起到抛砖引玉的作用。原文如下：

治心调摄。

古法曰：得之于心，应之于手，盖心一不治，则射无中理。凡射有十不可：

1. 他想不可；
2. 他忧不可；
3. 奔走而至不可；

4. 醉不可；

5. 饥不可；

6. 饱不可；

7. 怒不可；

8. 不欲射不可；

9. 射多而好，不止不可；

10. 争奋不可。

戒此十者，则不徒射矣。射中勿喜，喜则心易而反跌；射不中勿忧，忧则心惑而无主。手执其弓，弦安其箭，目注其的，心实运之。平居暇日，更当调其气息，节其饮食，避其寒暑，持其喜怒，诫其嗜欲。此射之至要。

对这段话，我是这样理解的。

"治心调摄"。

"调"，字典上是这样解释的：和谐，协调；调节，调剂。卢元镇老师给射箭提出"哲学三秒钟"，很科学。如果用"和谐三秒钟"也别有情趣，常言道"家和万事兴"，如果我们射一支箭在和谐中进行，这也是一种别有氛围的境界，修炼效果亦事半功倍。

"摄"，收拢，收紧；整理整顿。在射箭之前必须调整好自己的心态，把杂念排除掉，把"心"收回来，用最普通的话讲就是要保持一颗"平常心"。什么是射箭运动的"平常心"？我认为是：清静无为之心，自强自律之心，和谐平衡之心，持之以恒之心，心无旁骛之心。在这种心态下投入到修炼和比赛中去，在这种境界下修炼，同样会收到事半功倍的效果。

"得之于心，应之于手，盖心一不治，则无中理"。什么是得心

二、传统射箭的技法（传统射术）

应手？心里怎么想，手上就能怎么做。这种出神入化的心理境界，做起事情来会非常顺利。我们常说射箭能达到"得心应手"与"随心所欲"的境界，是将学习技能和比赛技能合一的最佳境界。所以在修炼和比赛之前必须调整好心态，把"心"调整好了，才是准备好修炼和比赛的前提条件。否则，射无中理。

生理学上有一种定律，条件反射形成的条件之一，大脑皮层必须处于良好的兴奋状态。有研究认为，条件反射是人出生以后在生活过程中逐渐形成的后天性反射，是在非条件反射的基础上，大脑皮层参与完成的一种高级神经活动的基本方式。所以我们应创造良好的修炼环境（包括内部和外部）来完成修炼任务，因而要做到：

（1）"他想不可"。到了训练场，若思想还不集中，老想些与射箭无关的事情，这是无法修炼好的。德国哲学家赫里格尔先生在《学箭悟禅录》中讲，老师要求他们在去射箭场的路上什么也不要看，什么也不要想，只想怎么射好每一支箭。他们把这个要求提前到去射箭场的路上。古今中外都非常注意这个问题，都要求射箭时必须把注意力高度集中起来，做到心无旁骛，看来这是修炼射箭必不可少的条件之一。故列为第一。

（2）"他忧不可"。忧，即忧愁，忧虑，焦虑等意思。这种忧虑意识不能带到修炼中去，带着这种心态去修炼，不仅很难使修炼成为建设性的，反倒可能是破坏性的，这种得不偿失的修炼大可不必进行，调整好自己的心态后再练也不迟。竞技体育就是要雄心勃勃，前怕狼后怕虎搞不了竞技体育。故列第二。

（3）"奔走而至不可"。古人所讲的"奔走"是指急走，急跑。这样会造成射手气喘吁吁，拉弓后很难进入稳定状态。比赛时的心率是个很科学的问题，要因人而异，过快或过慢都不能达到最佳状况。

（4）"醉不可"。运动员不允许饮酒，醉酒致人不能自控，迷乱性情，做出不合常规的事情来，古今皆是如此。

（5）"饥不可"。（与6合并）

（6）"饱不可"。一般情况下的饥、饱是可以修炼的，过分的饥、饱会对修炼造成一定的负面影响。这两条还应该注意。

（7）"怒不可"。在汉语词典上，这个"怒"有两种解释，一是发怒，生气。二是旺盛，猛烈；威武，勇健。这个"怒不可"的"怒"指的是第一种。

显然，第一种"怒"在射箭运动的修炼和比赛中是不可取的，因为人一生气，一发怒，思维就乱了，在这种情况下往往会做出错误的判断，运动时技术动作会出现失误。老子讲："善为士者不武，善战者不怒。"作为一个教练员，一个运动员，在任何情况下都应保持冷静的头脑。对"怒"的第二种解释，对一个射箭运动员是可取的，古书《烈女传》中讲，"怒气开弓，息气放箭"。这里说的这个"怒"显然不是生气发怒的怒，是威武、勇健的意思，认为"怒气开弓则力雄而引满"。平时我们要求开弓要大胆、果断，这样开弓才有利于做到一次到位。开弓时过分小心、谨慎，前怕狼后怕虎，犹豫不决，各部分动作很难到位。

（8）"不欲射不可"。不愿意射箭了，就不要去射，勉强去射，效果不好，还会造成负面影响。遇到这种情况要深入分析为什么不愿意射？原因何在？要找准原因，积极解决。如果一时解决不了，不要勉强。因为这种情况下去射，是毫无意义的，是负面的。

（9）"射多而好，不止不可"。这是哲学，修炼是要讲辩证法的，否则会把好事变成坏事。这可是运动训练上的一个大问题，应认真对待。

二、传统射箭的技法（传统射术）

对一般人来讲，射得又多，又好，这是好现象，是成功修炼的结果，修炼不是为了提高成绩吗？为什么要停？应继续射，把成绩再提高一步，不能停。这种认识听起来有一定的道理，但不全面，事物的发展有其自身的规律，它不以人的意志为转移。回顾我从教几十年的经历，有好几次比赛失败都是因为违背了这一原则，该止时没有止，在修炼上犯了几次大错，把主动变成了被动，没能保住运动员辛辛苦苦练出来的好状态，致使比赛失败。修炼不能逞一时之勇，要讲究科学训练。这不单纯是一种修炼方法，更是一种修炼理念。

（10）"争奋不可"。我查了几本字典，对"奋"的解释大都是积极上进的，而先人们主张射箭时却不可"争奋"。我理解是在起射时都应掌握好分寸，做任何事情都不能过度，应把各方面因素调整到最佳水平。"射不动心"吗？争奋有争强好胜之意，心动了，动作就乱了。射箭运动有个突出特点，越紧张时，心越要保持平静，在静中起射是射手的真功，否则射无中理。

最后还讲：戒此十者，就不会出现无质量的射箭。射中勿喜，太高兴时容易出现轻率心理，技术上容易出现失误。射不中勿忧，人在忧虑时往往会出现疑惑，使人迷乱；更不能射"情绪箭"，那样会破坏你原有的技术动作。

左手持弓，右手勾弦，眼睛看着前面的靶子，在心理上好好运筹一番，定会将箭射中靶心。平常空闲之时，好好调整一下自己的身体、呼吸及饮食，找个比较舒适的地方，把喜怒排除在外，戒除那些不良嗜好，在头脑中好好体验一下射10环的境界。此射之至要。

这是一种很科学的修炼方法，不用专业场地，不用弓箭，只用

射术与射道：
对中国射箭运动术与道的探索

"心"去修炼，对形成良好的条件反射和动力定型是十分有益的，比实际去射箭效果会更好。特别是传统弓射友，平时工作忙，场地受限，只要专心，不分时间地点都可进行这种有益的修炼。

这是我对"十戒"的初步理解，在这"十戒"中，技术动作谈得很少，谈的全是修炼，"十戒"总共不过152个字，但是它却谈了一个大问题，这需要我们更深入地学习和理解它。学习这"十戒"，不是为学习而学习，而是要学以致用，我们也应该制定一个"十戒"作为自己的训练守则。这是老祖宗们在长时间的射箭实践中总结出来的。王琚能提出这种理论，说明他不只会射箭，对射箭非常有研究，并且是一位哲学家。

对于这个理论我不仅十分认可，还由衷敬佩。远在1 500多年以前，他们对射箭运动的修炼就有这样深层次的认识，实属不易，他们掌握了射箭运动修炼的深层次规律，真正懂得了什么是射箭，怎么练射箭，才提出了这样的理论。我感觉这种理念的科技含量很高，这个问题也是当今运动训练学正在研究和解决的问题。

我从学习射箭到从事教练工作的半个世纪以来，吃了不少苦头，组织苦练并不难，就是不好掌握这个度。大部分修炼过程是盲目的。以前也学了点辩证法，在北京体育大学时，师从王则珊老师系统学习过运动训练学，看了不少这方面的书和文章，但是，一直没有将其和自己从事的射箭运动结合好。我当年那么积极地去学，就想用学来的知识指导我的训练，有效果但不像我理想的那样明显。可以说我对射箭运动修炼的认识还是不深不透，没有深入射箭运动中去认识其修炼规律。原来要求是从比赛的需要出发进行科学训练，什么样的训练是科学的，并不明确，导致陷入必然王国的陷坑里。

二、传统射箭的技法（传统射术）

当运动员时我一味苦练，因为那个时候国家刚开始组织现代射箭运动，一切从零开始，我们那群人谁也不懂，连个教练都找不到，只能在那里苦练。开始几年我还可以，后来练得犯了毛病，就不知道该怎么练了，成绩一直恢复不起来。当教练后，虽然也在努力学习科学的训练方法，探求射箭运动的修炼之路，但在很长的一段时间内仍无法突破必然王国这堵墙，仍处在盲目的训练之中。成绩时好时坏，有时练了一段时间感觉成绩该出来了，可就是出不来，不能主动去调控运动员的技术状态。现在总结来看，还是没有真正掌握这种"射多而好，不止不可"的训练理念。这是一种很高深的修炼理论，它指出了在射箭运动的修炼中，正常时怎么练，低潮时怎么练，高潮时又怎么练。

三、以术进道——《西江月·射箭》的启示

（一）术道并行

从学习射箭、执教射箭到研究射箭共60余年了，我为什么这样锲而不舍地放不下射箭呢？原因是在长期的执教过程中有些问题我始终没悟明白，病休后快30年了，还在想这个问题。

我在学传统文化时，逐步认识到"术道并重"是射箭最核心的理念，人们对"术"与"道"二字并不陌生，但在长期的修炼实践中全然不顾它们的存在。我本人就是一个典型的例子，修炼过程中不怕苦、不怕累，埋头于射箭技术，不知撞了多少南墙，走了多少弯路，才逐渐认识到"术道并重"的意义。

"术道并重"是传统射箭必须遵循的原则。"术"是射箭的基本技术，"道"是一切技术的规律，是前行必经之正确道路，也是修炼的最高境界。"术道并重"是传统射箭必须遵循的唯一原则，是我这些年研究射箭的体会，我感觉这是我对射箭修炼认识的一次飞跃。

术与道是两个不能分割的整体，谁也离不开谁，相互矛盾又相互依存。庄子说，以道驭术，术必成；离道之术，术必衰。如果

三、以术进道——《西江月·射箭》的启示

以王阳明的"知行合一"理念,问我什么叫射箭,我会从专业的角度列一个公式,术+道=射箭。所以说射每一支箭,术道必须密切配合,相互促进,方可成,就像鸟的两个翅膀,密切配合才能在天空翱翔。射箭也是一样,一位射手如果真正掌握了术与道的核心理念,他会像一支雄鹰自由在天空中翱翔,在比赛场上会随心所欲地射箭,否则,将一事无成。以前我训练上的失误,就是对中国传统射箭理念认识上的失误。由于传统射箭的断代,现在射箭人都不知道了,这一课应该补,这就是当今射箭的短板。

我曾经到处拜师请教,在传统文化的启发下,在各位老师、专家的帮助下,逐步接近悟的境界。卢元镇[①]老师对我说:"射箭不同于一般体育项目,它有自身的特点"。这句话我想了很长时间,也分析了很长时间。我找了好多原因,为什么没从这个"道"的角度来思考这个问题呢?从年轻时我就接受过西方现代射箭专家的培训,当运动员时走的就是这条路,执教几十年走的还是这条路。开始学射箭时,我的启蒙老师教的是真正的传统射箭。但这么多年来我一直在现代射箭这座围城里转,就是出不来。在中国传统文化的指点迷津下,我走出了围城,才找到了多年以来我要找的症结根源。这是东西方文化的差异,对我来说对于射箭运动的认识是颠覆性的。

射术是射道的身体体现,射道是射术的灵魂支撑。由术至道,是传统射箭的必然指向。

从 1987 年在北京体育学院各位老师的帮助下出版了中国第一

[①] 卢元镇(1942—)男,云南昆明人,知名体育社会学者,曾任北京体育大学、华南师范大学教授,博士生导师。

射术与射道：
对中国射箭运动术与道的探索

本射箭教材起，我主编过四本射箭教材。为推广传统射箭，2015年出版了《射艺》一书作为传统射箭的教材。我多次主办过各种射箭培训班，还担任过中国射箭协会教练委员会主任、国家队总教练，应邀去我国台湾、香港讲学，参加过世界射箭联合会举办的研讨会等。认真学习和研究过射箭技术，对训练也下过一番苦功夫。想来想去对射箭还有许多未知。为什么？我觉得从我的思想深处就没认清射箭项目的真相，就是如何将一支箭随心所欲地射准目标。

无数次比赛，成功过、失败过。学习过、研究过、深悟过。病休这么多年，我认真回忆总结过我的执教之路，特别是那几场重大比赛失败的原因。总觉得有些事没搞明白，60多年了，我还是放不下射箭。

学习中国传统射箭文化后，其文化底蕴开启了我对射箭认识的新思路，近两年我才逐步悟出点门道，原来我把射箭看"淡"了。射箭可不简单，拉弓射箭只是它的表象，怎样拉弓射箭才是它的内核，包含了很深的文化内涵。

中国传统射箭的核心理念是"术道并重"，"术"和"道"构成了射箭的整体。王阳明的"知行合一"最能说明这个问题。"术"，通过外在形式体现射箭的技术，具有客观性。"道"，以内在意识为主体来体现射箭的核心要素，具有主观性。术与道融为一体、合二为一，谁也离不开谁。术与道不能平分，如果按百分比表示，术占20%，道就占80%。这样对比并不新鲜，多少年前就说，技术和心理比，心理重要，能占80%。这不是一个数字比例，要有实际内容，如果光从数字讲，心理应占100%也不为过。不论是从修炼还是比赛来讲，技术一刻都不能离开心理。术离开了道就是没有源头的水，没有根的树。从理论上讲不难，落实到实际训练中却是困

三、以术进道——《西江月·射箭》的启示

扰我几十年没有得到解决的问题,我任教这么多年最头痛的就是怎样进行心理训练,把运动员的技术练到随心所欲的境界。

大家都说射箭最重要的是心理,这是真的,是中外共识,是不可否认的。射箭运动的这块"风水宝地",许多专家和大师来"经营"过,到目前为止,我还没见过有哪一位大师能准确地说出射箭的心理是怎么回事,给我们解决心理上的问题。因为理论与实际总结合不到一起,射箭心理是个很复杂的问题,目前的认识解决不了实际问题。

这些年我认识到心理是一个很重要的问题,不是说说就能行的,如果这么容易的话,它就不那么重要了。它是一种技能,需要有一个艰苦、有恒心的修炼过程,比掌握一项技能难多了。而且它永远是在路上,没有尽头。

以前在训练上我们普遍采用一种训练方法,即一次训练课开始的第一个修炼内容,静思 20 分钟,让运动员的心静下来,进行入静训练,目的是让运动员进入一个好的修炼状态,提高修炼质量。场地上有一个很长的防雨防晒篷,后面放一排长靠背椅,入静训练时,让运动员坐在椅子上,做之前提出具体要求,进行 20 分钟的入静训练。

静静闭目思考,几分钟后有一队员示意我,某某睡着了。我说不要管他,让他睡。他睡得很香,还有轻微的鼾声。当时我就明白静坐修炼时提的要求,对他没有任何作用,但是睡一觉,醒后脑子至少能清醒些,对他修炼有益。我感到这种修炼,使教练很尴尬,也很可笑。这仅是一个例子,说明当时的心理训练,运动员不愿意练,为什么?练了没什么用,比赛用不上,训练也用不上。我们当教练的心知肚明。在训练场上坐在椅子上进行"心理"修炼,站起

来去射箭,二者没能发生衔接和互动,这种训练没有意义。

这不是心理训练的问题,也不是运动员的问题,是我们的认识出了问题。前边讲到"技与心"也就是"术与道"本是一体,是一个问题的两个方面,谁也不能离开谁。人为地把它们硬生生地分开,结果只能是这样。

前边讲到把射箭看"淡"了,其实"术"并没有被看淡,天天在研究,天天在练,水平也得到了不同程度的提高。是我们把"道"看"淡"了,当时压根儿就没有认识到"道"的重要性。没有认识到射箭运动有别于其他运动项目,有其特殊性,在反省执教生涯时,总感觉到我教得不全,就如前文说的那样,我困惑了很久。

当时的表象是,术(也就是射箭的技术),没有不行,射不了箭。道(我们缺的"另一半"),似乎可有可无。这是中国射箭犯得最大的错误。

还有一个更大的失误,术,不练提高不了,必须天天练。心理可以不用天天练,拿来就"用",这又是极端无知的错误。压根儿就没有搞明白,怎么就能盲目去做呢?虽然不知者不为过,可损失是很大的。现在看来,我这样做是有原因的。我学射箭的第三年就开始系统地向外国专家学习现代射箭运动知识,接受西方射箭文化的教育。那时年轻,射箭对于我来讲,脑子里基本上是空的。后来先后订了法国、英国、俄罗斯、日本的射箭杂志,找老师翻译研读,下了不少功夫。我在思想认识上受到的影响是很大的。我开始研究中国传统射箭时,还在这座现代射箭的"围城"走不出去,很长时间内没有突破。这些年学习中国传统文化,才慢慢认识到"术道并重,由术至道"是中国传统射箭发展的唯一道路。

没有"道"的保驾护航练什么都不行。还应该明确一个问题,

三、以术进道——《西江月·射箭》的启示

道是一种技能,是功夫,这个功夫比技术重要,比技术难练。对射箭来说走"以道御术,术道并重"之路,才是传统射箭发展的正途。就传统射箭来说,高手和一般射手,最大的区别,不是术上的区别,而是思维上的区别。如果从现在开始,广大射友能正确理解射箭的真正含义,全面地、系统地耐心去悟,修炼将会发生颠覆性的变化,射箭成绩会大幅提高,这是科学发展之路。

经过这些年在术方面的修炼,现在"术道并重"之路已基本成熟,后期经过完善和规范会有大的改观。目前的短板是对"道"的认识和把握。"道"太复杂,包罗万象,也搞不明白。我想咱们明白两点就足够,一是"人",二是"术"。

当前国家十分重视传统文化的发展,在文化建设方面主要是解决"立德树人"问题。对象是广大的青少年群体,目标是培养德、智、体、美、劳全面发展的社会主义建设者和接班人。中国传统射箭的核心价值观就是"术道并重,射以观德,立德树人",立德树人是中华民族永恒的育人根本。

前几年我们应邀去南京一所学校参加了一次传统射箭座谈会。一个班的小朋友穿着礼射服饰表演了一堂礼射,小朋友很投入,生机勃勃,我们看了都很兴奋。当时有一位学生家长问我,孩子们这样以后能选进国家射箭队吗?能参加奥运会吗?我说不能。我解释说,我们在学校推广传统射箭的目的是为国家培养栋梁之材。这40多位小朋友长大成人后,都能成为国家的栋梁之材,这么多品学兼备的良才,不仅仅可以参加国家队、奥运会,什么伟大的事情都能干成。

在运动队工作这么多年,我看到了太多平时训练成绩很好的运动员在比赛中总会出问题,打不出成绩,为什么?心太浮,功利主

义太强,光想挣大钱,当明星。这怎么能行,只有加强思想教育,走"术道并重"之路,才是我们的方向。

有道者,技术能持久而不断进步,无道者技术很难保持并会走弯路,学技术必先学道,方能大成,练技术若不明道,终难有成就。那些犯"黄心病"又留下后遗症的人,就是在修炼中只重术忽略道的人,在心理上是会走火入魔的。

(二)动作规范与运动个性

规范的动作是高手竞争的最大本钱。规范的动作应像一块无瑕的白玉,毫无缺点。有人说,精于术而明道要比精于道而明术更加可贵,从侧面说明规范动作的重要性。

孔子说,道为术之灵,术为道之体;以道统术,以术得道。庄子说,以道驭术,术必成;离道之术,术必衰。这些先人的说法中,术道是不矛盾的,甚至是相互依存、相互影响、相互促进的。

探讨如何把箭射准,需使射箭动作有所规范,使习射者有规矩可循。合乎射箭的规矩与规律是习射者必须遵循的准则。

关于传统射箭的规范动作就是射好一支箭必须遵循的动作规范和修炼原则,也是射箭的基本技术,它包括"术"和"道"两部分。

关于射箭运动的规范动作,我们从20世纪80年代初就在思考这个问题。最重要的是动作必须有所规范。1960年匈牙利国家队访华,其中有位1938年世界射箭锦标赛的男子个人冠军,名叫哈达师。他很耐心地教我们射箭技术。

由于当时在中国队我的成绩最好,而且他得世界冠军两年后我才出生,他对我格外好,送了我几页教材,说以后让我按要求去

三、以术进道——《西江月·射箭》的启示

练。我请翻译老师讲给我听,内容是50条有关射箭技术的要求。实则就是匈牙利的射箭规范动作,我反复看了很多遍。虽看不大懂,但对我帮助很大,我请人帮我打印出来加以收藏,可惜的是在"文革"时丢了。

1972年回到北京,我被安排在北京体育学院(现为北京体育大学),任务是重组国家射箭队。那几年学校学术气氛很浓,体育项目多,学科也多,老师们自发组织的报告会时常要开。会上专家做报告,各科老师上台讲,有时一堂课只为分析一个技术动作。我常去听,学了不少理论知识,受益匪浅。

以前体育学院没有射箭课,射箭是新项目,我们训练时,好多老师去看。我就借机向老师们请教,像射箭这类项目,怎么训练才能射更准。有老师帮我分析,射箭这项运动,动作不复杂但很有特点,因为需要射准,动作标准就要高,应该研究一套规范动作,训练效果会更好。

那些年每年冬天我们都去广西武鸣训练基地冬训,为让运动员学到体育知识,常请学校老师去讲体育理论课,让运动员多学些体育理论知识。有一年冬天,请卢元镇老师给我们讲"运动训练学"。其间我向卢老师请教能否帮我们研究一套"射箭运动的规范动作"。卢老师很高兴地答应了,经过反复研究,汇成初稿。

体育学院的领导很重视射箭项目的理论建设,委托院教务处组织相关老师协助我们起草了《射箭运动教材》。该教材写成后,于1987年由中国射箭协会出版,是中国第一本完整的射箭教材。

这本教材上的规范动作定义就是由卢老师帮助起草的。原文如下:

射箭运动的规范动作是依据人体运动科学原理(必须符合生物

射术与射道：
对中国射箭运动术与道的探索

力学、运动解剖学、运动生理学的要求）和射箭运动的特点及客观规律，根据运动员的人体形态和所使用器材的规格，为了获得技术动作的一致性、稳定性、连贯性、协调性和严格的时间节奏进而将箭射中10环，充分动员和发挥运动员的机体能力、心理素质，有效的射一支箭动作的标准化程式（它必须符合直线用力的原则）。

技术动作标准化程式包括站立、举弓、开弓与靠弦、靠弦与瞄准、瞄准与继续用力、继续用力与撒放、动作暂留七个环节。由于对射箭运动认识有局限，对规范动作的认识也比较肤浅。万事开头难，但是总算是有了一套完整的动作规范要求。

这些年又陆续出版了几本教材，每次都认真修改并增添一些内容。截至2011年4月，除了由体育总局射运中心出版的《射箭基础训练手册》对射箭运动规范动作的阐述比较完善外，至今再未见到新的文本。然而，这些规范动作针对的是现代射箭，而与目前广泛开展的传统射箭有些不同。

虽同为射箭，有许多可相互学习之处，但在射术、射具，训练理念等方面有许多不同，特别在射箭器材方面两者有较大差异，不可互通。现代射箭和传统射箭在文化传承上也有区别，是东西方文化的不同，因此动作规范有所不同。

传统弓和现代弓能做到同场竞技吗？从器材的公平性来讲，显然是不行的。既然不能在一起比赛，在修习上应各有其特点。为提高修炼水平，传统射箭也应有一套适合自身特点的规范动作，这也是中国传统射法的魅力所在与独特之处。

中国传统射箭又称射艺，它贯穿中国历史主线，拥有丰富的人文内涵，是中国特有的弓箭文化。它是一项身心高度参与，融合了德育、智育、体育，富有深厚文化底蕴的智慧型运动。通过寓教于

三、以术进道——《西江月·射箭》的启示

射,使习射者的射箭水平得到提高的同时,思想德行也得到提升,以达到修身修德的教育目标。传统射箭三大特征:传统弓、竹木箭、拇指勾弦,是传统射箭比赛的核心规则。这也是构成传统射箭的三大要素,缺一不可。

传统射箭的发展离不开传统文化的复兴,离不开大众对传统射箭文化的需求,离不开其自身具备的文化属性、教育属性、体育属性。

弘扬传统射箭,对修炼指导思想应有所适应。中国历史悠久,地域广大,民族众多,各地有各地的射箭文化、射术及弓箭特点,这都是中国传统射箭的宝贵财富。传统射箭是多元文化,要学会包容,要博采众长,团结广大射友,讲规范,但不能死板,还要做到和而不同,求同存异,共同发展,充分发挥各地射手的积极性和创造性,为弘扬中国的传统射箭文化共同奋斗。

传统射箭的核心价值观是"术道并重,内外兼修,射以观德,立德树人"等。其重视的是过程,把过程看得比结果更重要,才能变得真正无比强大。射手通过科学的练习,让"术"达到一定的高度,进而去领悟"道",进入"道"的层次后,反过来带动"术"进一步提高。这两个过程分别是"以术悟道,以道驭术"。正如庄子所认为的:以道驭术,术必成。离道之术,术必衰。这是中国传统哲学观,对传统射术有实际的指导意义。

讲到这里回头再看那12个动作,在技术环节上环环相扣,相互促进又相互影响,哪一环做不到位都会影响整根链条的运作,箭就射不准。所以在传统射箭的修炼中不能忽视每一个技术环节。这是一种修炼理念,就如老祖宗所说的:"勿以恶小而为之,勿以善小而不为。"

（三）字字千钧的《西江月·射箭》

我国在传统射箭领域留下了许多宝贵的文献，多为口诀、诗词等形式，主要表述射箭的理论，在传统典籍中比比皆是。下面把这首我十分崇拜的《西江月·射箭》分享给大家，以了解古人对射箭修炼的认识。

1.《西江月·射箭》的出处

西江月·射箭
清·李汝珍

射贵形端志正，宽裆下气舒胸；
五平三靠是其宗，立足千斤之重。
开要安详大雅，放需停顿从容；
后拳凤眼最宜丰，稳满方能得中。

作者李汝珍（约1763—1830），字松石，号松石道人，直隶大兴（今属北京市）人，清代小说家、文学家。人称北平子，博学多才，精通文学、音韵等，也是位射箭高手。现存最著名的作品是《镜花缘》。

《镜花缘》第七十九回"指谜团灵心讲射，擅巧技妙算谈天"这一回有对中国传统射术的精彩描述。这一描述说明李汝珍不仅是一位精通射术的高手，还是一位深悟射道的高人。他对中国传统射术进行了深入的研究，并达到了一般射者达不到的境界。否则，他不可能写出这样的一首《西江月·射箭》。

40年前，我在看姚雪垠[①]先生的名著《李自成》一书时，看到

[①] 姚雪垠（1910—1999），河南邓州人，中国现代小说家。曾任中国作家协会名誉副主席、湖北省文学艺术界联合会主席、湖北省作家协会主席。

三、以术进道——《西江月·射箭》的启示

过一段描写射箭的场景,上边提到了这首《西江月·射箭》。当时我很震惊,进行反复研读,一度打算去拜会姚先生,亲自向他请教。后来又听说这首《西江月·射箭》是来自《镜花缘》,我又买来《镜花缘》认真研究。可惜当时对射箭认识不深,只是在"术"上进行琢磨,并没有扩展开进行认真思考,耽误30余年,实在可惜。但是这并没有阻碍我学习和研究的脚步,我请书法家书写一副,装裱好就挂在客厅,有弓友们来访时我常向他们介绍。

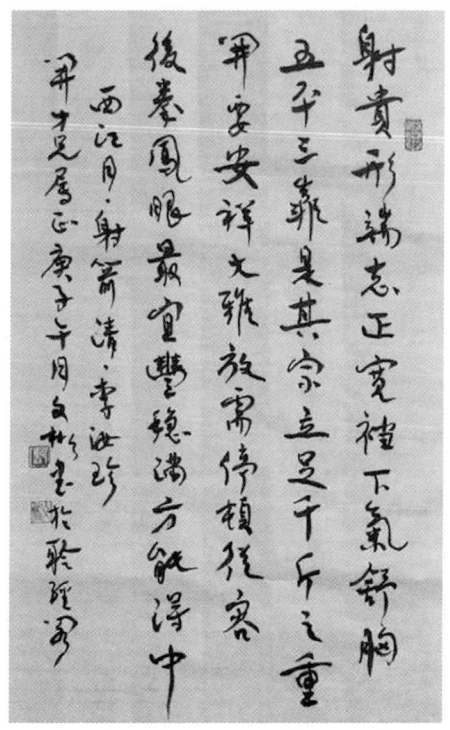

《西江月·射箭》

《西江月·射箭》对中国古代传统射箭做出了最全面的总结,处处体现了中国传统射箭的文化底蕴和人们对射术的深刻理解。

它不仅讲述了射箭"技术",而且深入地描述了射箭文化与射术"修炼",可谓前无古人。在几十年的执教中,我时常翻阅《西江月·射箭》,总觉得有些问题我没认识到,没琢磨透。随着对中国传统射箭文化的深入学习,对执教中经验与教训的总结,从此我对这首词又有了新的认识,便想以《西江月·射箭》为蓝本,编写一套传统射箭的规范动作,供平时修炼中的射友们参考,进一步推动传统射箭的恢复与发展。

2. "术道并行"点迷津

仅五十字的一首《西江月·射箭》,开头就点出了中国传统射箭的核心主题——"形端志正",在他看来什么叫射箭?"形端志正"就是射箭。形端代表技术,志正代表心学。只有好的技术与好的心态合二为一才是射箭的最佳状态。不论平常的修炼,还是紧张的比赛,都是一样的。

中国传统射箭由"术"和"道"两方面共同组成,道与术相互作用,合为一个整体,无法割裂,这种把体育与文化,技术与心理,术与道紧密结合在一起的做法是老祖宗的智慧,这种智慧在世界射箭史上是独一无二的,是中国劳动人民的创举,也是我们的文化自信。所以,中国射箭必须走"术道并重"这条路,这是我的梦想,也是60余年研究中国射箭的总结。

从1958年开始学射箭,至今60余载。早年我有过辉煌,曾连续五年获全国个人全能冠军,还破过两项世界纪录和无数次全国纪录。执教后我也努力过、奋斗过,但道路终不平坦。后来总结我的执教过程,最深刻的教训就是忽略了对"道"的修炼。自学习了中国传统射箭文化后,我才深刻地认识到这一点。由于缺失了中国传统文化,我前40年的执教之道是片面的。

三、以术进道——《西江月·射箭》的启示

我是新中国成立后第一批接受现代射箭训练的人,从 1960 年开始,国家先后聘请波兰、捷克斯洛伐克、匈牙利等射箭强国的专家。他们不仅全面系统地传授给我们"现代"射箭技术,而且无一不提醒我们的就是防止在训练中出现所谓的"黄心病"。

他们对于"瞄准毛病"这一错误动作,都称其为"魔鬼缠身",可见危害有多大。这个病古今中外的射箭者都遇到过。研究传统射箭的一位射友说古代射箭就有"黄心病",我虽然没查到有关资料,但我相信这种说法。其实"黄心病"就是起射程中的一个"条件反射"。条件反射是指在一定条件下,外界刺激与有机体反应之间建立起来的暂时性神经联系。不是先天,而是后天形成的。这是一个错误的、危害性很大的条件反射,既然是后天形成的,那就是错误修炼的结果,就要从自身修炼中去找问题。

因为当时我们学射不久,总想着,瞄不准怎么能放箭呢?既不懂也不敢问。之后才逐渐认识到是条件反射在起作用。平时训练都还可以,一到比赛就不行了。越想把动作做好一些,反而更差。越想瞄稳一点,越停不稳,没瞄好的箭就脱手而出,自己无法克服这个毛病,平时那些错误动作赛场上表现得淋漓尽致,这就是条件反射的危害,是射手自己练出来的。因为条件反射是后天学习逐渐形成的一种高级的、需大脑皮质参与的自动化状态,想改可没那么容易。

这些年来我总在琢磨这个问题,我学射这么多年,走了这么长的路,因瞄准这个动作,犯的错误太多了,在撒放这个动作,"箭在弦上不得不放"的人也太多了,有老有小,时间长短都有,有人犯这个病严重到为此告别了射箭项目,多少年后仍不死心,老想再试试。有犯此毛病比较轻的,虽还能射箭,但因这个毛病的存在,

技术发挥总不如意。

这些年我对"黄心病"有了新的认识,说它是病不准确,因为它肯定不是传染来的,更不是向别人学来的,谁傻了才会去学毛病。它是自生的,却不能自灭。犯过这个毛病的射手,即使几年不射了,拿起弓箭还是不行,准确地说应该是心魔。

这个毛病潜伏得深,隐藏时间长。犯这个错误不是来去自由的,犯的时候是不知不觉的,想去掉它可没有那么容易。不知要费多大劲,历经多少磨难,都甩不掉。像魔鬼一样时不时出来干扰你一下,使你身不由己一次次犯错误。

所以说这个毛病不能犯。有人犯了也不好意思承认,可以理解。因为犯这个错误的绝大部分是勤勤恳恳认真修炼的人,对射箭特别热爱的人。

所以我又感觉这不是一种病,这是和射箭同时存在的一种现象。射箭的人都会出现,只是程度不同而已。有的人出现这种现象马上会自我纠正,不会造成影响。有的人认识不到,长期坚持从而形成了错误的条件反射,甚至"走火入魔",不得不告别自己心爱的射箭。这个毛病的形成其实很简单,开始学射箭时动作不规范就射,拉开弓瞄的准度,稳度不适宜就放。时间长了就形成了这样错误的条件反射。

中国现代射箭起源于1959年,那时比赛的优胜者就两个。谁拉的稳,谁瞄得随心所欲,谁就是优胜者。"黄心病"在射箭界非常普遍,使一批批热爱射箭的选手被淘汰。在此我给射友们说一句话:"任何条件下都不可越射越快",宁让箭脱靶,决不射快!建议你把3秒设成一条红线,在任何情况下红线是不能踩的!

"信号片"的出现是世界射箭史上的一次大革命,被允许在比

三、以术进道——《西江月·射箭》的启示

赛中使用后,由于起射时兴奋点的转移,大部分"黄心病"患者得到了解放,使世界射箭运动的成绩有了大幅度提高。当年跟国外专家学习时,太年轻对射箭运动的认识还不深入,不明白这个"黄心病"及其危害是怎么回事。当时我就想,瞄不上黄心,怎么射箭?我任教以后,遇到了许多问题才逐渐了解它。从那以后我主张教练员不要在运动员面前谈"黄心病",在我主编的几本教材上从不提此事。"黄心病"纯属心理状态引起的。在队员面前,特别是年轻队员面前,谈这个问题,等于强化了这个问题,甚至在他们的心理上种下了一颗"魔鬼"的种子。有些队员动作不好就怀疑自己是不是犯了"黄心病",疑神疑鬼,其实不是。这是件很麻烦的事情,还是永远不提它为好。

从这些年的训练来看,"黄心病"已不是什么突出问题了,技术上出了些问题也归到其他方面,不再和"黄心病"挂钩。前些年有些教练给我讲,从比赛中暴露的一些问题看,我的队员好像犯了"黄心病"的毛病。我说不会吧,现在器材条件、训练条件这么好,会出这个问题?

现在想来,这个问题是存在的,只是表现形式发生了变化,它隐藏得更深了。在正常条件下不易被别人发现,在一些特殊情况下会表现出来,如在比赛的关键时刻出现的一些失误箭,就与此有关,平时表现得不突出则没有引起注意。近几年我注意这个问题产生的原因和解决的途径。这是射箭运动中普遍存在且危害很大的问题。我对卢元镇老师提出的"哲学三秒钟"如此感兴趣,同该问题有直接联系。这可能就是我们解决这个问题的钥匙。也是射箭运动的特点之一,可以说这个特点与射箭同生同灭,如影随形。

射箭要拉弓、瞄准、放箭。练好了就是技能,练不好就是毛

病，这和瞄准有直接联系，这是瞄准过程中出现的一个旁支。我请弓友们学习规范动作，就是这个道理。所以学射时不能胡来，要按规矩练，一旦练出毛病来，形成了错误的条件反射，就麻烦了。如果把这个毛病种在"心"里，隐藏起来，条件适合时再出来干扰你一下，就更麻烦，这样的例子很多。

现在这个问题已过去几十年了，大家对它的认识发生了很大的变化，已不再叫它"黄心病"，但这个"魔鬼"还时不时地干扰着射手们的修炼和比赛。现在射箭比赛水平高，竞争激烈，特别是到了比赛的巅峰对决，一箭定乾坤的时刻，能否随心所欲地射出一箭，才能真正表现出一位射手的真功夫。要达到这一步就必须扫除修炼中的一切牛鬼蛇神。

这些毛病的形成概括起来就是一句话：是自己"练成的"，"没有按规范的要求进行修炼"。射箭运动的修炼特点，应该像一块无瑕的白玉，任何的一点瑕疵就是技术上的隐患。有隐患就会后患无穷。有人认为我这样说太玄了，这就是射箭运动的项目特点。如果你只是玩一玩，不想受此约束，当成休闲，那不在讨论范围。

现在想来，当年请的那些国外专家，认识到"黄心病"的危害，但是他们没有从根本上认识问题产生的原因和解决的办法。其实中国传统射箭早就解决了这个问题，中国传统射箭讲究的是"术道并重"，"道"在整个修炼过程中传达的是正能量。如果都按道的修炼来做，牛鬼蛇神就不能来干扰。虽然学射箭道路是艰苦的，但它是平坦的光明之路。

在修炼过程中，往往有些坎不好过，不要小看这些，招惹它是很麻烦的。以前对这些问题认识不清，知道这是毛病，却搞不清它

三、以术进道——《西江月·射箭》的启示

的危害,平时在修炼中遇到这类问题也没当回事。可时间长了,练得多了,就产生了质变,形成了错误的条件反射,再想回头,可就麻烦了。

3.《西江月·射箭》解读

理解这首诗是不断丰富与推进的过程,年纪不同,阅历不同体味则不同。

(1)射贵形端志正。《西江月·射箭》开篇第一条就讲"射贵形端志正",这是总纲,纲举才能目张。

"形端志正"这四个字道出了传统射箭的一切。前两个字是有形的,后两个字是无形的,两者是"术"和"道"的体现,组成一个完美的射箭系统,缺一不可。我理解的射箭,就是"形端"加"志正",即"术"加"道",形端代表了技术与体态,志正代表了思想和心理。这是一个完美的射箭系统。

作者开门见山地指出了传统射箭的主题——"术道并重"。从静心开始,到收势结束,射艺12步动作,步步都不能离开这个修炼的指导思想。

形端代表了射者的宁静与安详,也代表了射者的修养和气质,更能体现出对射术和射具的敬畏之心。这是学射的基础。

志正代表了心态,"清静无为"是射箭运动最高的心理境界。常言道,非宁静无以致远,非淡泊无以明志。静心才能生慧,静心才能悟理。现代生理学讲,形成条件反射的条件之一,是大脑皮层处于良好的兴奋状态,古人射箭最忌讳的是躁,王琚的十戒也应认真去悟。

射术与射道：
对中国射箭运动术与道的探索

（2）宽裆下气舒胸。这六个字说了三个动作。宽裆是指站立姿势，两脚站立稍宽，使支撑面增大，提高身体的稳定性和抗风能力。我的满族老恩师当年教我们的第一个动作就是站桩，要求两臂侧平举，两肩下沉，眼平视前方。他告诉我们，若能练好骑马蹲裆式（站立），骑马射箭则稳，掉不下来。站在地上也能入地三尺，风刮不动，便于上身发力。

下气和舒胸这两个动作可结合在一起说，下气如太极拳的"气沉丹田"，可使重心下降，增强身体的稳定性，但它主要的功能是舒胸。舒胸是射箭的一个重要技术环节，胸不舒，气又安得而下？古人曰"怒气开弓则力雄而引满"。下气是舒胸基础，开弓时要吸一口气，这口气不能在胸中停留，憋气会使动作变得僵硬。在固势的同时，胸中之气，要呼出一部分，下沉丹田一部分，这样胸就舒了。呼出多少就下沉多少，要在修炼中悟，找一个自己最舒适的度。

下气舒胸后，两肩可放松，把肩"解放"出来了，肩才会自然下沉。射箭讲究"沉肩垂肘"。肩沉不下去，肩带肌就处于紧张状态。若两肩不能充分放松，"五平三靠"的动作就做不出来，谁也不能端着肩去射箭。肩关节是人体最灵活的关节，可塑性很大。它也是射箭最重要的关节部位，常言道，唱戏的嗓子，射箭的膀子。加强肩关节的训练，提高肩关节的功能，是提高射箭技能的重要条件。

（3）五平三靠是其宗。传统射箭的特点有多条，条条都为射准打下基础，动作"一致性"是其重要的一条。否则，箭中靶的散布会很大。"五平三靠"就是解决这个问题的关键。

"五平"，前四平是动作，后一平是心理。两肩平，是射箭的

三、以术进道——《西江月·射箭》的启示

基础,从运动生物力学讲,两肩平构成了射箭的基本用力——直线力。从解剖学讲,背部肌群既用力也舒展,构成了"胸开背紧"的科学架构。

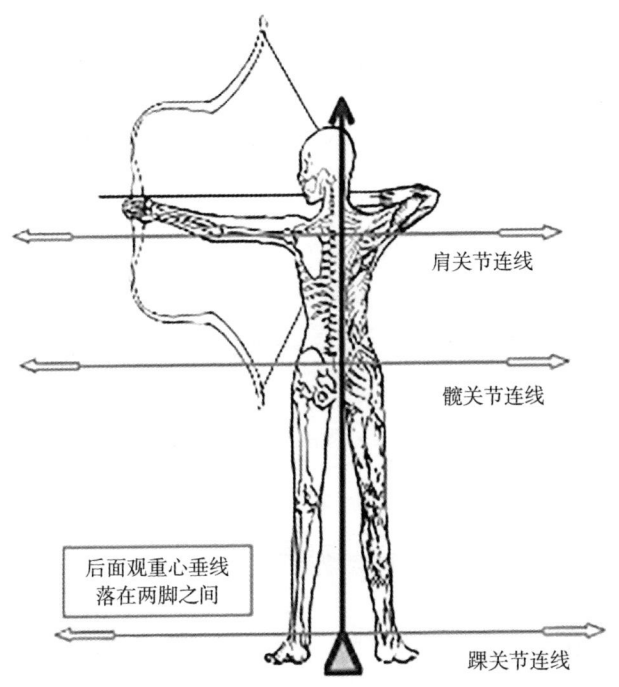

从这张示意图中可以看出,传统射箭的基本动作必须是"横平竖直",保持"十字架"用力,这是最科学、最省力的动作架构。在传统射箭规范动作的设计上,因为用的是一张裸弓,不像其他弓种有可参考的附件,有两条原则必须遵守,就是动作一致性和稳定性的保障,这是箭中"鹄"的基础。

射木与射道：
对中国射箭运动术与道的探索

"三靠"的核心理念应是找一个准确的定位点，把该固定的动作固定下来，这是动作一致性的要求。弓弦拉至耳根或耳后，找一个比较合适的位置作为定位点，因人体形态不同，定位点可有所不同，但这个定位点应是有依托的，保证每一次拉弓是不能变的。这样可体现传统射箭大雅射姿，也有利于"直线用力"和"对称直线用力"。

古代射书上对"五平三靠"的解释有多种，两脚平，两肩平，两肘平，两手平和心平。我认为这五平对大众射箭是基础。

说到技术动作的一致性，这里我要回忆一段往事，也正是这段往事让我体悟了这个道理。1969年底，部队体工队解散，我们转业到沈阳劲松机床厂当工人，到厂后，工人师傅们热烈欢迎我们。厂领导领我们到各车间参观，看我们喜欢干什么工种。我们都是从学校到部队体工队的，除了射箭我们什么也不会，靠工人们给我们分配。这是军工厂，因沈阳工业学院下马改成了工厂。这里主要生产炮弹引信，产品不大，但什么工种都有。他们就把李淑兰分配到

三、以术进道——《西江月·射箭》的启示

装配车间,那里干活都穿白大褂,不累,比较适合女同志干。

把我分配到车工车间,还给我指定了师傅。车工是工厂的重要工种,各种车床都有,就分我到自动四轴车床当学徒。车床和我差不多高,很长,四根轴一根就是一台车床,近20把刀具,干出来的活很小,要求还很高,只要有一点不标准,就是废品。我跟师傅说,这活太难干了,请你耐心教我。师傅说不难,是全自动的,只要认真就行,不然会出废品,那就太浪费了。我当即表示这个我能办到。

1971年秋天,轮我上夜班。车间很大,上夜班就几个人。那天晚上车床工作正常,我只是需要过定时去拿卡标量一量产品是否合格。晚8点,中央人民广播电台的新闻联播,当时有一条新闻令我沉思。内容是中国射箭协会发布严正声明,抗议世界射箭联合会接纳我国台湾为正式会员,这说明中国就不是会员了。中国射箭协会成立于1964年2月,我和李淑兰都是委员也是运动员,很渴望能参加世界射箭锦标赛。当年领导告诉我们已经可以正式参加世界射箭联合会了,好好练有机会参加世界大赛,这是个令运动员们兴奋的消息。然而当晚听到这个新闻后心中有些失落。但又想,一个国家不可能没有体育,我们会重返世界箭联的,我们这一代不行,下一代肯定行。当时我就看着车床干活,沉思起来。想起了我们的运动生涯,在训练场上平静地射箭,比赛场上激烈的竞争,破纪录后的兴高采烈。现在工厂的夜间,我面对车床认真地干活,感慨万千,非常渴望能回到我热爱的射箭场上去。同时我又仔细看这台车床,这么大的家伙,四根20千克左右钢条料,近20件工具,轰轰烈烈生产出来的成品是一个不到5厘米长的引信外壳,如此标准、漂亮、精致的像一件艺术品。师傅说这是德国进口的全自动精

射术与射道：
对中国射箭运动术与道的探索

密车床，它的关键在于四根轴上都有一根同步的定位销，每一次换位，定位销也同时换位。用它来可以保证各部件工作标准不变，干出来的产品也是一样的，这就是标准件的厉害之处。

当时我就认同这个理念。如果射箭也这样，动作一致性的问题也就解决了。射一支箭是一个周期，一次换位。机床转一圈，每一次换位都保证它在同一个精确的位置上，生产出来的就是标准件；同世界冠军韩国选手金水宁讲的"我的动作像机器运转一样永恒不变"，是同一个道理。每一次射箭动作都是规范、标准的，就像拉弓时的定位点，每次拉弓都准确到位，这就是动作一致性。动作一致了，箭中靶的位置就一致了，成绩肯定会好。在厂整整当车工两年，由于是全自动车床，开车床的技术含量很低。没学到什么技术，但结交了一大群工人好朋友，还启发了我对射箭技术的认识，收获颇丰。

图为老北京天桥大刀张的第三代传人张少杰，国家一级演员，表演拉张氏硬弓，据说弓的拉力120斤。因弓拉力太重，按常规拉法弓可拉开但停不住。只有这样开弓，才能拉得稳，停得住，便于表演各种动作。他勾弦手停的位置就在耳后胸锁乳突肌的部位，把弓拉到此处，与前撑力连成一条直线。其实，这就是直线用力，直力顶千斤，同时是最省

三、以术进道——《西江月·射箭》的启示

力的用力方法。

现代弓如此现代化，又有这么多附件，因此在拉弓时要求的定位点比传统射箭多。其中有：弦靠鼻、靠下颌、靠唇、靠胸、含珠；勾弦食指靠下颌，拇指靠脖子，弓弦与瞄准点的相对位置等等。如此多这样的要求，就是为提高动作的一致性，把箭射得更准一些。传统射箭用的弓，只有一个弓身和一根弓弦，没有任何其他附件。用"三靠"保证动作的一致性，如这三靠不能高度准确地到位，采取"无依托"是射不准的，不同射手的人体形态不同，找准自己的定位点必须是共同遵守的。

（4）立足千斤之重。稳定性是射箭技术的重中之重，一位射手拉开弓晃晃悠悠是无法射箭的。身体的稳定性从两脚站立开始，射手应选择一个适合自己的站立姿势，不仅要站稳，应有入地三尺之感。根深才能叶茂，使自己的身体稳固不动。步法与身法相连，全身协调，动作才能自然流畅。

《清代射艺丛书》中讲："步位与身法相连，乃射学入门第一义。初学必须严整步位，庶根本力足，而全身有主，不然则渐入于油，欲求射法之精进，断不能也。"

站立是射手在起射时两脚的姿势，是射手最基本的身体姿势之一。射箭时许多身体角度的变化同站立的姿势息息相关，是射好一支箭的基础。基础变了，会带来身体姿势一系列的变化。

站立时要保持身体的正中位是第一要务，在射一支箭的过程中需要保持身体正中位且不能有任何变化，特别是在完成撒放动作时（由"静"到"动"的这一转换中），有许多因素会引起正中位偏离垂直位置，此时射手应特别注意保持好身体正中位，以便完成一个完美的撒放动作。同时要保持好身体的重心位置，重心应在前脚

掌，万不可将重心移向脚根。脚指要有抓地之感，保持重心在前，用力在后的感觉。

中国传统射箭的站立有多种姿势，初学时一般采用最基本的站立姿势——"一字平行式站立"。其基本要求：两脚开立同肩宽或稍宽于肩，站在起射线两侧，脚稍外展或稍内扣，脚尖紧靠靶的中心线，身体和两肩与箭靶成一自然直线。这是人体最基本的站立姿势，自然且能保证内脏器官的正常机能活动，使有机体保持长时间的工作能力。这种站姿不易对躯干造成过分的屈曲和扭转，身体会自然而然地形成直线。射手能充分利用两肩的力量形成直线力，能更好地掌控动作，使前撑后拉的对称用力较流畅，这样也容易保持固定的身体角度和身体正中位。

隐蔽和暴露式两种站立方法都有其针对性。在训练到一定时段，再根据身体形态和技术特点进行选择。

（5）开要安详大雅。修炼射箭必须从容不迫，平静自然。王蒙先生说，安详属于强者，属于智者，属于信心。安详不是装出来的，是付出艰辛劳动修炼出来的。那些在竞赛场上，在众目睽睽之下，在巅峰对决的比赛场上，仍能平静如水，才是真正的强者，因为比赛需要这样的气质。

大雅的技术动作，只能从平静开始，是最平静、最轻松、最潇洒的，是最符合运动生物力学要求的，因为它最科学。"形端志正"与"安详大雅"诠释了"术道并重"的真实含义。

开弓动作是射一支箭的开始，最忌讳的是动作拘谨。做好开弓动作第一步要把举弓动作做规范，重点做到两个字，一是"松"，二是"稳"。

举弓后双肩及身体的平面与目标必须成一条直线，保持站立时两

三、以术进道——《西江月·射箭》的启示

脚的平衡用力和身体的整体姿势。这时颈部,两肩和面部都是放松的。

弓举起后,心要静,肌肉放松,动作稳如泰山,整体稳定不。在此基础上沿射箭面,采取前撑后拉的方法沿最短距离将弓拉开。这样才能做到安详大雅。

弓满势成之后,要做到紧而不僵,松而不懈,要柔中有刚,刚柔并济。总的要求是:心无旁骛,志正体直,清静无为,体重平均落于两脚之上;塌肩舒胸,动作层次清楚,左右用力对称;整个动作自然、轻松、稳固、持久,天、地、左、右无限伸展。这是一种动作境界,一种最佳的技术状态,是术道并重的有机结合。这种境界是千锤百炼的结果,是科学修炼的结果,是取得胜利基础。古人把"大雅"用在开弓这一环节上,真是神来之笔。没有对射箭运动的深厚理解,是达不到这种水平的。

（6）放须停顿从容。"停顿从容"是射箭的核心技能，真正的功夫就体现在这个环节上。一个射手在瞄准与放箭时既能"停顿"，又能"从容"，是真正的高手，这就是随心所欲，"停顿"射手努力勉强可以做到，"从容"不是你能想做就能做到的，这是一种境界。什么是境界，境界既是人的思想觉悟和精神修养，也是自我修持的能力，即修为，人生感悟，故境界是一种很微妙的感觉。能随心所欲射箭，是我的初心，更是我的梦，更应该是每一位射箭运动员追求的目标。

（7）后拳凤眼最宜丰。传统射箭与现代射箭的勾弦方法是不同的，拇指勾弦是中国传统射箭的主流射法，是老祖宗在长期狩猎和战争中总结出来的，是古人的智慧。古人射箭不像现代射箭能四平八稳地站着射箭。古人在高山丘陵打猎；在不同的地形骑马或在战车上作战；在快速颠簸中，怎样保证箭与弓不分离。只有凤眼拇指勾弦最保险，开弓时拇指与食指形成了一个锁扣（凤眼），把箭牢牢地固定在弓弦上，箭便稳稳地靠在弓身上。只要不主动撒放，箭就不会与弓身脱离，什么射姿都可以射箭。

古人拉弓最讲"凤眼朝怀"，这是符合解剖学和运动生物力学要求的。"凤眼朝怀"是指内旋用力；手背平，腕放松；肩下沉，肘部平，有利于背部肌群用力。整个勾弦手是放松的，有利于靠位点的选择。这是"五平三靠"的基础，为"雪落"式放箭创造了条件。

三、以术进道——《西江月·射箭》的启示

这位韩国选手是世界名将,她的放箭动作比较规范,弓弦已接近手腕了,勾弦手仍然紧紧与脸贴在一起,勾弦三指仍保持似乎勾弦的状态,这种状态一直保持到勾弦手向后运动到结束位置。这种放箭的动作和理念,与直线用力紧密相连。只有保证已形成的瞄准基线不受干扰,箭才有望射中靶心。

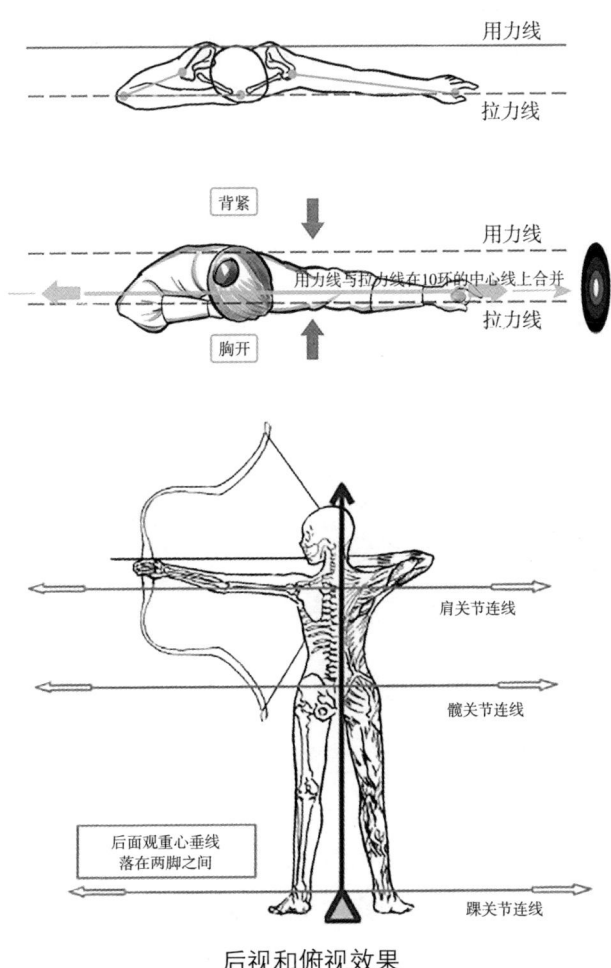

后视和俯视效果

射术与射道：
对中国射箭运动术与道的探索

上面这组图是12步射箭的第10个动作"放箭"，勾弦手正处在这条直线的核心部位，如何保护好这条直线不受干扰，是一个优秀射手最主要的任务。除"放箭"之外，在这个关键点上，境界的修炼也是至关重要的。要保持一颗"平常心"，在"平静"与"放松"中放箭，应是射手永远追求的目标。这个动作要射手自己去悟，待到心无旁骛时才能进入这种境界。

弓弦到位后，勾弦点就是常说的"支点"，是在对称直线用力的分界线上，往前形成了前撑直线力，往后形成了后拉直线力，这两个用力必须是对称的和内旋的，就形成了"对称直线用力"的特点。切记这是"勾弦手"，不是"拉弓手"，用它来拉弓就错了，就没法射箭了。

如果以勾弦点为中心，画一个圆，在这个圆圈里面的动作必须最大限度地放松。因为放箭是一个屈指肌的放松退让过程，如果勾弦手用力，就完不成这个放松退让过程，勾弦手必然用力让弦脱手，这时用力越大，对弦的干扰就越大，对直线力的破坏就越大，箭就离中心越远。同时勾弦手最大限度地放松，利于后背肌群的用力，

三、以术进道——《西江月·射箭》的启示

利于胸开背紧的用力结构，利于动作程序分明，前后用力对称。

用板指拉弓射箭的历史悠久，从先秦的妇好扳指到现在已有3 000余年了，智慧的先民们为了便于射箭制造出了各种各样的扳指。

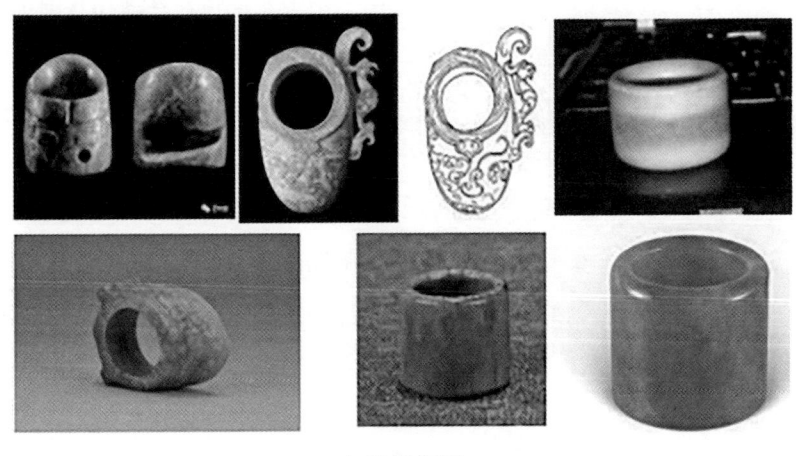

古代扳指图

扳指基本分两类：筒扳指和坡扳指。又分武扳指和文扳指，有些属文玩和收藏，形成了一种扳指文化。材料有玉石、角类、硬木、金属等。

但从目前情况来看，我们对扳指的理解和使用并不完善。主要表现是大部分用扳指的射友，勾弦拇指骨节变形，放箭效果不好。

扳指的主要功能是保护手指的。其余还要完成两项任务：一是把弦牢牢勾稳，二是把箭干脆利索地放出，把弓弦勾稳是做好射箭动作的基础，开弓后滑弦动作是射箭的大忌，它会使射箭动作变得紧张和僵硬，而且会影响到射箭的准确性。干净利索地放箭则能提高发射的初速度，使箭在离弦之后保持最大的稳定性而不受干扰。

做扳指时这两个方面都要兼顾到，这是扳指的哲学，一个问题总有两面性。

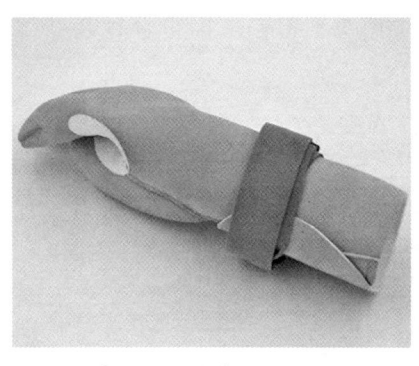

手套

日本朋友把扳指做到一个皮质手套里面，值得我们学习。拇指的负荷会减轻，因为手套紧紧地固定在手腕与手掌上，分散了不少拉弓的负荷。像日本那些女射手，长时间拉弓射箭，勾弦手基本不变形。咱们国家有些扳指，也有两条皮绳，如果设计合理，一方面可以固定扳指不脱落，另一方面也可分担些拉弓的负荷。由于材料和制作工艺的原因，古人弓的拉力都较大，因而他们用的扳指负荷强度大，所以做的扳指都比较厚重。妇好扳指里面有一层皮，还有两根皮条套在手腕上与扳指相连，这都有助于减轻扳指的负荷。现代用的传统弓，与以往相比轻便多了，拉力轻，弹性好，出速快。做扳指应与时俱进。

（8）稳满方能得中。这一句是对全诗的总结。射箭运动的过程就是"稳"与"满"的完美结合。

动作的稳定性是射好一支箭的基础，前面讲的规范动作、运动心理学、运动解剖学及运动生物力学等都是为提高动作稳定性的运用。

"满"是射箭的必备条件，传统射箭要求镞上指，现代射箭的信号片，其主要功能是为满弓服务的。如果一位射手连拉弓都没准，箭就更不好射了。现在有些传统射手用箭很长，本来用70厘

三、以术进道——《西江月·射箭》的启示

米长的箭镞就上指了，现在用 90 厘米长的箭，多这 20 厘米增加箭的重量，加重了弓的负担，还影响了动作一致性的难度，实在是多余。

"稳"与"满"是"形端志正"的具体表现。稳满不仅表现在术上，更体现一位射手的修为上。这不仅体现射手的技术功力，更体现射手清静无为的境界。

"稳满方能得中"是《西江月》的最后一句，但是，箭还没结束。还有个"动作暂留"。放箭后要保持不动 2 秒以上。完成两个任务：一是保持原姿势动作，并继续强化直线用力，防止对箭的出速飞行造成干扰；二是及时反馈。

收势是终结。收势是指射一支箭的过程结束后，将弓放下，使身体恢复到站立时的姿势，先做两次深呼吸，全身放松，排除在比赛过程中产生的紧张情绪。接着把思路厘清到无为状态、回到"零"的状态。做好起射下一箭的准备，因为每一支箭都必须从"零"开始。

（四）射艺要诀二十条

射箭运动的特点是，在静止站立情况下的较长时间里，通过协调用力来完成每次的拉弓、撒放等一系列的技术动作。根据射箭运动比赛的特点，决定了肌肉在长时间工作中的抗疲劳能力的重要作用；肌肉耐力的好坏，又直接影响到射箭技术动作的质量，以及肌肉的用力感觉。射箭技术动作要求用力的一致性或对称性，而一致性或对称性的关键在于技术动作的协调性。射箭比赛对肌肉耐力的要求和射箭技术动作对协调的要求，均决定了射箭运动项目的性质。

射术与射道：
对中国射箭运动术与道的探索

任何运动项目，都有自身的项目特点。正是这种特点，才构成了它们之间的普遍性和特殊性。射箭运动除了与其他运动项目一样，具备共同的训练规律之外，也有其自身的训练特点，它是射箭运动在训练中必须遵循的训练原则。目前中国大地上开展的射箭运动分两大类：一是现代射箭运动，1958年4月，由国家体委举办的"现代射箭运动培训班"，正式将国际上普遍开展的现代射箭引来了，成为我国正式主办的体育项目。从那时开始，上从国家，下到省市县都成立了专门机构和专业队伍来从事这一工作，这是需要的。二是中国传统射箭，已无人问津，这是中国射箭工作的最大失误，损失惨重。20余年中国传统射箭的爱好者，在恢复和弘扬传统射箭方面取得了一定的进展。认真学习和研讨了传统射箭的射术、理论等，提出了如下20条要诀，虽是初步的，不完全的，却是积极的。供大家在训练中参考。

01. 射以观德要牢记、02. 术道并重是理念、

03. 无艺之艺是境界、04. 内外兼修是目的、

05. 知行合一是方法、06. 清静无为是追求、

07. 基本技术是基础、08. 技术规范是保证、

09. 起射节奏是准则、10. 哲学三秒是靠山、

11. 调控训练是科学、12. 状态调控是灵魂、

13. 肌肉耐力是前提、14. 协调能力是中介、

15. 用力感觉是关键、16. 训练强度是核心、

17. 身体恢复是条件、18. 反求诸己是措施、

19. 心理控制要重视、20. 全面安排有重点。

上面20条是初步总结出来的，请大家参考，可在制订计划时，把这些原则落实到各个小周期的不同任务与要求中去。中国射箭界

三、以术进道——《西江月·射箭》的启示

部分人有一个误区,认为传统射箭和现代射箭有些对立,老想把传统射箭向现代射箭上拉,认为传统射箭影响了现代射箭的发展。对这些奇谈怪论,我觉得非常诧异,不知道他们怎么会得出如此荒唐的理论。现代射箭运动开始举办世界锦标赛是 1931 年,至今快 100 年了,光在我们国开展就超过半个世纪。在全世界爱好射箭者的参与下,积累了丰富的经验,创造出了很好的成绩,这都是值得我们学习和借鉴的。中国传统射箭从在山西出土的石镞至今已有 3 万年的时间,从西周礼射开始"铸剑为犁"也有 3 000 年了。这是一座宝库,值得我们去挖掘和传承、学习和研究、继承和恢复。如果把现代和传统相结合,会产生巨大的物质力量。这个条件只在中国有。我们应该抓紧研究学习,不关心、不支持是错误的。

四、大道至简——九九归一

（一）认知与体悟

内蒙古的巴林右旗是全国著名的射箭之乡，射箭是当地群众喜闻乐见的运动。传统有"男儿三艺"之说，射箭是其中之一。射箭是一项历史悠久、古老的传统体育运动，极富民族特色，老少皆宜。2013年旗里举办了一次全国传统射箭邀请赛，这是本地历史上第一次，规模很大，大都是当地的蒙古族射手。会后我参加了一次传统射箭专题座谈会，参会的大都是年长的蒙古族老射手。一位老射手跟我讲，他从小就喜欢射箭，射了几十年了，如今已射不了啦。主要原因是犯了"不得不放"的毛病。他问我怎么会练成这样，我开玩笑地说是他自己练的，"越射越快"的射箭方式使他走到了这一步，以后他想射稳一点，射慢一点就做不到了，便使他从享受射箭，变成了射箭就是受罪。原来想怎么射就怎么射，现在他做不到了。

一般人练射箭有两个目的，一是把箭射准点，争取射出令自己满意的成绩；二是修心养性，锻炼身体，享受射箭的乐趣和过程，是一种休闲。出了这个毛病后，这两条都做不到了。"不得不

四、大道至简——九九归一

放"是射不准的,射箭不是享受,却成了受罪。一位射手练到这个程度,实在是训练的最大失败。

我了解到,还有一些人也这样,轻重不一。当时我就想,他们生活在这茫茫大草原上,射箭是他们喜欢的一项休闲娱乐运动,怎么也犯此毛病?我想这大概就是射箭的一个特点,这也表现了人性的一个特点——太功利化。射箭之路是不平坦的,射箭不是光靠练就能提高技术的。要么成功,要么失败,要想成为一名优秀射手,成为一个随心所欲的射手,不是随便练就可以达到的,也要有规矩地练才行。古人王琚提出射箭十戒,第九戒是"射多而好,不止不可",这对一般人来说不能理解,这可是射箭运动的特征之一,这是哲学是辩证法。射箭修炼要讲科学,不能胡来,不讲方法就会犯错误,严重了就是走火入魔,到了那个地步,再射箭就难了。内蒙古的朋友对射箭的热爱令人感动,年纪也这么大了,还请我帮他解决困难,再上射箭场。我对他讲他的毛病很重,就像一座火焰山,你过了这五关就翻过火焰山了。

一要过"决心关",决心就是坚定不移的意志,没有这点决心翻不过这座山,要明知山有老虎,偏向虎山行。瞄不稳就不放箭,达不到随心所欲的程度,就不放箭。这是决心,是功夫,更是做人的尊严,也是一名热爱传统射箭朋友的训练底线。

二要过"恒心关",坚持达到目的或执行某项计划的决心,射箭要天天坚持规范动作的修炼,不能三天打鱼,两天晒网,时严时松是不行的。要对射术和射具有敬畏之心,这也是对自己的尊敬。修炼射箭的特点就是不急躁,不厌烦,耐心对待每一个动作。耐心是一种修养,一种能力,一种境界,是一切聪明才智的基础。

三要过"静心关",静思射箭。只有心境平稳沉着,专心致志,

射木与射道：
对中国射箭运动术与道的探索

才能厚积薄发，有所作为。静和慢是相辅相成的，在慢中求静和在静中求慢，什么样的困难都可以克服，什么样的技能都能掌握。夫君子之行，静以修身，俭以养德，非淡泊无以明志，非宁静无以致远。

四要过"耐心关"，做一件事要成功，耐心是必不可少的，射箭亦是如此，同样的事，反复去做，反复验证，反复修改，只有如此反复磨炼自己的心境才能在一次次冲破难关后领悟真知。在攻关的路上，会遇到许多困难，如果心情浮躁，急功近利，就会半途而废。

五要过"灰心关"，在改错过程中总会有失败，绝不因失败而丧失勇气或信心，不能半途而废，意志消沉，要坚持到底。

只有不畏艰难过了火焰山，才可成为一名随心所欲的优秀射手。

古人对"撒放"尤为重视，称其为"画龙点睛"。并要求做到"前手为撒"，"后手为放"，撒与放是一个动作，不能分先后，必须同时进行。撒是为放弦，放是保持前直线不受任何干扰。古今中外都这样。箭，不放，是射不出去的。可是怎么放，值得深思。这些年我也在琢磨，总感到有些射不准的箭，与这个"放"字有直接关系。

有两则故事可以说明这个问题。

西周时期有一个古国——谢国（也称射国）称，"把箭矢射出，即为'离'"。找不到其他资料证明这么说的理由，但是这种说法很有道理，值得我们思考。有个名叫吴银寅（蓦然）的小伙子和几位射手研究出了一种扳指，名曰"雪落扳指"，是对传统射箭的一种开拓。"雪落式放箭"说得很形象，也很有道理。可以把放箭理解

四、大道至简——九九归一

成一个动作，但理解成一种境界更准确。放箭的动作已到达了射术上的成熟阶段，进入出神入化的境界。

《学箭悟禅录》中有一段师徒关于放箭的对话：

师傅讲：别想着放箭！那样做注定要失败的。徒弟说：没有法子呀，肌肉绷得太难受了。

师傅讲：你感到难受是因为你并没有真正放下自我。道理很简单，你可以从一片普通的竹叶身上学到该怎么做。竹叶在积雪的重压下越弯越低，突然积雪滑到地面，而在滑落之前竹叶并没有抖动。当处于最紧张的点时应像竹叶那样待着，直到弓弦脱手而出。因而其情形应该是：一达紧张，箭便脱手，要像积雪滑下竹叶那样，箭手连想都没想，箭便射了出去……

他们的对话，并没有结束。

当徒弟练成这个诀窍之后，师傅说：这一次你在最紧张的时刻绝对做到了忘我与无求。因此，箭离开弦就像瓜熟蒂落一般。

对于这一段对话的理解，很难回答，只能意会，无法言传。正像卢老师说的那样，"射箭活动与其他许多体育活动不同，其动作过程有一个聚精会神的阶段。只有当射手在心无旁骛时才能发挥，在无感觉中平静撒放"。这是射箭运动项目的核心特征之一。

这一段就写到这里，再写也写不清了。希望热爱传统射箭的朋友们，有兴趣者去悟吧。

（二）以艺进道

我从事射箭这么多年，有两个体会。

第一个体会是，技术动作不论好坏都是修炼出来的。好的技术是运动员辛辛苦苦修炼出来的，错误的技术动作也不是天生的，也是运动员辛辛苦苦修炼出来的。不过,后者大部分是在不自觉的情况下形成的。因为运动员所射出的每一支箭,不是在强化一个正确的动作,就是在强化一个错误的动作,没有第三条路可走。修炼本身不是进行成功的修炼,就是进行失败的修炼。不是积累,就是消耗。成功的修炼是一个积累过程,这是一种正积累,是长期按规范动作进行修炼的正积累,"量"的正积累到一定限度,就会产生"质"的飞跃,运动技能就提高一步。失败的修炼同样也是一个积累的过程,是长期不按规范动作修炼的负积累,"量"的负积累到一定限度,同样会产生"质"的飞跃,运动成绩下降,犯毛病也是有过程的。

宋朝的苏洵在《论管仲》讲:"功之成,非成于成之日,盖必有所由起;祸之作,不作于作之日,亦必有由兆"。所以,教练员要深刻研究射箭运动的修炼规律,认真观察和分析运动员的技术状况。修炼应有一套系统的、针对性强的、科学的修炼计划,使运动员修炼的每一堂课都走在射箭运动规范的轨道上。要想成为一名传统射箭的优秀射手,必须克服自己的不良欲望,战胜自我,遵循"术道并重"的修炼原则,按规范动作的要求进行认真的修炼。

第二个体会是,运动员在成绩最好、射得最顺手时容易犯毛病。成绩好时运动员往往放低了严格要求,有一些错误动作会乘虚而入。成绩好时是运动员技术动作最顺的时候,出现些小的错误动作,箭照样可以射进高环区,这种情况的迷惑性是很大的,危害性也很大。如不及时采取措施,严格按规范动作的要求起射每一支箭,错误的动作积累多了,就会出现量变到质变的过程。这是个起点,这时的技术状况已到了危险的边缘,已开始由好向坏的转化,这个变化如不及时纠正,再练下去会铸成大错。

四、大道至简——九九归一

射箭这个项目还有一个特点，规范动作练了很长一段时间进步不大。错误动作练几箭就能学会，而且记忆还特别深刻。特别是在射手高度紧张时出现的错误，记忆犹新，好像永远忘不了，负面影响很大。这是有原因的，我也说不清。但是，有一条希望大家注意，射箭训练不可马马虎虎，要认真对待每一支箭。常言道"宁射一百支好箭，不射一支坏箭。"

教练员要认真观察运动员的技术状况，发现错误动作要当机立断，不要让运动员"继续强化错误动作"了，一旦形成错误的条件反射，那麻烦就大了。这是非常重要的一条，也是进入新时代射箭运动训练的一个突出特点。要把动作修炼得干干净净，白璧无瑕。

有些运动员越练成绩越差，当然，原因可能是多方面的，但是其中的主要原因还是他练"错"了，违背了射箭运动的修炼规律，没做好修炼上的转化工作。在射箭运动的修炼上，是不能任技术自由发展的。要根据运动员的综合情况，适时地调整强度与量的不同组合、修炼方法与手段的不同组合、小周期类型的不同组合等等，来调整和控制运动员的技术状况。要讲究科学修炼，克服修炼的盲目性，提高修炼的自觉性。不论新老选手，在射好时一定要注意，要采取保护性措施，保护好这种状态，保护好运动员修炼的积极性，增加可持续发展的后劲。"射多而始，不止不可"在这个节点上非常重要，要认真悟一悟。

由于现代射箭的引入，使传统射箭逐步退出，这个过程有半个多世纪了，这50多年来再无人问津。从20世纪90年代初，祖国大地上就涌现出了不少喜欢传统射箭的研究者。北起黑龙江，南到福建，东起山东大地，西至青藏高原，远至新疆伊犁，各地涌现出一批传统射箭爱好者，没有弓箭自己做，不会射箭找资料，似有

射木与射道：
对中国射箭运动术与道的探索

野火烧不尽，春风吹又生之势。没有经费，自掏腰包组织比赛，把传统射箭在全国开展得轰轰烈烈，他们这种热情感染了我，促使我成为他们中的一员。我和他们共同学习中国传统射箭文化，共同研究射箭技术，共同研究弓箭器材的制作，共同制订传统射箭比赛规则，调研各地传统射箭风俗、射法、射具的制作等等，结识了许多传统射箭的朋友，为后来传统射箭的开展打下了坚实的基础。这些年的四处学习也使我受益匪浅，提高了我对射箭运动深层次的认知，丰富了我的知识。

20年过去了，传统射箭的发展进入高潮期，后面的路怎么走该认真思考了。我感觉传统射箭发展到了一个瓶颈期。当前有些不和谐的因素，有违我们的价值观，如不按规则使用器材，总想办法做些不合规的事，有违平等竞争的原则。有的人只追求比赛的奖金，忘记了对人格的追求；有人只追求技术的提高，忘记了对道德的修炼。这样走下去会把传统射箭的路走偏，有违弘扬传统射箭的初心。我们要不忘初心，牢牢把握中国传统文化这个总纲，不要把路走偏了。中国传统文化是中国传统射箭的不竭源泉，是我们的根。

中国传统射箭博大精深，文化底蕴深厚，老祖宗给我们留下了丰富的经验，我们应该继承和弘扬。这些年来我总感觉我们好像是端着个金碗要饭吃。自己有这么多好东西，不去挖掘，不去学习，不去研究，不去实践。传统射箭的断代，是我国射箭运动的最大失误。中国传统射箭的优势在世界上是独一无二的，它植根优秀传统文化，它能促进技术水平的提高，其功能是提高射手的品德修养。发而不中，反求诸己；术道并重，内外兼修；射以观德，立德树人。如此好的修炼指导思想，没有继承下来，使射箭运动的发展走

四、大道至简——九九归一

了弯路。这块短板必须补上。至今我们还没有把传统射箭文化全盘继承下来，主要表现是重"术"轻"道"。

"道"与"术"是两种不同的修炼理念。这么多年来我在修炼时主要以术为主，比赛成绩总不尽如人意。后来认真学习中国传统文化，逐渐悟到在射箭修炼中"道"是不可或缺的，道和术共同组成了射箭这个整体，两手都要抓，两手都要硬。道是指导思想，术是方法，道术合二为一，才是正道。这是对射箭修炼认识的一种升华。

传统射箭最大的优势是"术道并重"的修炼指导思想。从目前的修炼状况来看是"术"好学，"道"难修。这条路虽然很难走，但是能走，通的传统射箭必须走这条路。

习近平同志在纪念马克思诞辰200周年大会上的讲话中引用了马克思的一段话："在科学上没有平坦的大道，只有不畏劳苦沿着陡峭山路攀登的人，才有希望达到光辉的顶点。"

这条不平坦的路怎么走？王琚的十戒是捷径。这十条哪一条也不难，想做都能做到，只要有恒心就能。前边讲到"射箭最难是坚持"，这是人性的一大弱点，只有战胜自我，拥有持久不变的意志，才是强者。最终成为一位有希望达到光辉顶点的人。

这个问题我从20世纪七八十年代就感觉到了，也想了许多办法，效果不明显，达不到我们希望的修炼效果。想来想去还是认为路走得不对，平时修炼时采取过一些心理训练方法，没有用，运动员不愿意练，比赛也用不上。这些都说明，这些方法不符合射箭项目最基本的特征。这个特征用好后能提高训练成绩，比赛能发挥训练水平。大家还记得韩国选手金水宁吧，当年他保持世界纪录好多年。欧洲人说他是教科书教出来的，他自己说："我的动作像机器

射术与射道：
对中国射箭运动术与道的探索

运转一样永恒不变"。

我当运动员时没有进行过什么心理训练，也不知道什么是心理训练，只讲政治思想工作。"文革"后到北京体育学院，院领导很关心射箭队的训练，建议我们学学心理学。

20世纪50年代初，国家派了一批年轻老师到苏联学心理学，北京体育学院有几位年轻老师去了，回国后用不上，都改行了。院领导请他们来与我们座谈，这是我第一次接触运动心理学。了解了许多心理学方面的知识，也请他们给队里讲过几次课，积极地在训练中应用，用了一段效果不理想。后来韩国射箭崛起，听说人家练坐"禅"。那时我渐渐认识到心理训练是不可或缺的，但是不了解怎么练，缺乏这方面的知识。

从那时起，我就开始走访名师。有一次在参加一次活动时，就这个问题我请教了一位国学大师，他说你们用的心理学，其实是生理学。我反复思考这句话，感觉有道理。有时我也想我们用的这些方法，有的属于思想方法，其他项目可能行，用到射箭上不行。根据射箭的项目特点，它应该具备有专门性的心理训练方法。当年如何把心理训练应用到射箭修炼中去，成了教练们最伤脑筋的一件事，不练肯定是不行的；练，又不知怎么练。

这位老师的一针见血，引起了我深深的思考，要冲破原有的思维模式，去寻找符合射箭特点的心理模式。向国外学，没找到，向前看，科研还没有到达这个范围。那就向后看，中国传统文化历史悠久，源远流长，中国传统射箭有上万年的历史，积累了丰富的经验。结果找到了中国传统射箭"术道并重，内外兼修"的修炼原则。

射箭需要有把技能充分发挥出来的能力，平时练得很好，自己射还可以，上赛场一紧张就不行了。修炼时，"心、技"必须融为

四、大道至简——九九归一

一体。射手站到起射线上，修炼必须同时开始，这是最大特征。修炼目的有三条：一是修心，二是提高射术，三是比赛发挥水平。这是一位优秀射手必须具备的能力。

怎样修炼才能使动作在任何情况下都"永恒不变"。射箭是很简单的，就是一拉一放，谁都能做。但要把箭射准，又很难，特别是在高度紧张时，更难。只有一条路，长期坚持对规范动作进行一丝不苟地修炼，练习时必须做到"道术"同步。千万不要练不规范的动作，一次也不行，练了就不是白璧无瑕了。这样建立的条件反射才是最牢固的，最"永恒"的，最能经得住比赛考验的。要达到这个目的，必须坚持"术道并重"的修炼原则，没有别的选择。

这件事说起来容易，做到很难，难就难在修炼方法不清晰，具体怎么修炼才是正确的？中国传统文化给我们指出了光明大道。正如庄子所认为的：以道驭术，术必成；离道之术，术必衰。初学者一定要坚定信念，走"以术悟道"这条路。学得快，悟得深，为以后提高射术打下扎实基础。

朋友们，要改变以前的修炼习惯，逐步走上"以术悟道"这条路，这是条光明大道。

"以术悟道"是光明大路，但又是一条陡峭山路。战胜自我就能走通。

走这条路也不容易，"只有不畏劳苦沿着陡峭山路攀登的人，才有希望达到光辉的顶点"。到顶点后你的修炼就到达了一个新的境界，进入一个新的层次，从必然王国到达自由王国。

要沿这条路继续前进，进入"以道驭术"。专家认为，"精于术者才能悟于道，悟于道者方可驾驭术"。这是辩证法，是中国传统射箭的哲学，到那时你将成为一名随心所欲的射艺高手！

（三）哲学三秒

2017年8月2—4日在嵩山少林寺，举行了首届无遮大会——少林禅弓射箭邀请赛，卢元镇老师观摩了这次比赛。赛后大会出版了一本纪念册——《少林禅弓》。卢老师在纪念册上发表了一篇文章，题为《无遮无拦、百发百中——观摩少林寺无遮大会禅弓比赛散记》。在这篇文章中卢老师写了如下一段话：

"射箭活动与其他许多体育活动不同，它的动作过程中有一聚精会神的阶段。只有当射手在心无旁骛时才能调集膂力，在无感觉中平静撒放。李淑兰对青年运动员说：'拉满弓后，要有三秒钟的停顿，要等完全安静下来再放箭。'她从1963年至1966年，曾先后17次打破八项射箭世界纪录，四次获国家体委颁发的国家体育荣誉奖章。她这'三秒钟'论说，不仅是她对射箭技术的提炼，也是她人生经验的总结。我称它为'哲学的三秒钟'。"

在少林寺我们没谈这件事，当我在杂志上看到卢老师这段话，我读了若干遍，也想了若干遍，想来想去，认为这段话特别是"哲学三秒钟"，说到我们射箭的"核心"里去了，他提出了一个绝妙的概念，堪称神来之笔。

事后，我和卢老师交流了多次，我希望早日理解他的思路，因为这段话对射箭运动太重要了。正像卢老师说的那样，"射箭活动与其他许多体育活动不同"，其实多少年来我一直在寻找这个"不同"，这是个不寻常的不同。它关系到射箭运动项目的性质，真是旁观者明，他不会射箭，但他的慧眼一眼就看透了这件事的本质，射箭有一个独特的地方，但是这些年我都没看到。我尝试着对射箭项目总结出了很多特点。但其中有一个特点，我感觉到了，没理出

四、大道至简——九九归一

来。几十年了我找射箭的特点不下10个。就是这个最重要的,我注意过、研究过,围它转了几十年,就是没把它揪出来,影响了训练工作的正常进行。这些年来我总感到有一个"阴影"在影响着我们的训练和比赛,这个"阴影"的根抓不住。这个"阴影"就像"病毒"在蔓延,时不时出来影响射手的训练和比赛,此"鬼"不根除,就不能轻装上阵。我经历的太多,看到的也太多了。在比赛中射手遇到这种情况时很无奈、很痛苦、很内疚。一直琢磨这个问题,我感觉还是我们的认识出了问题。

"训练"这个词大家都在用,现在我感觉用到射箭上不是很准确,特别是传统射箭,传统射箭由道与术组成,应该是"修心"与"炼术"。我决心就把"训练"改成了"修炼"。

至于"修炼","修心炼术"为修炼。射箭不"修心"是永远练不好的,这是射箭最大的项目特点。

训练以"形体"为主,修炼以"修心"为主,进行"术"的修炼。这是东西方文化的区别,也是传统射箭和现代射箭的区别。

这是射箭项目最显著的特点,认识不到这一点,只有辛辛苦苦训练的结果总不尽如人意。告诫射友,射箭时修心和练术都必须同时进行,因为它们两个是不可分割的一个整体。

把"训练"改成"修炼"是弘扬传统射箭的需要,是射箭项目的独有特点,正像卢老师讲的,射箭运动有其独特性。认识到这一点,就认识到中国传统射箭的优势了。搞运动训练就是要明确项目的特点,射箭的项目特点有多个,唯有这一个是射箭项目独有,这才是射箭的纲,抓不住这根总纲绳,就达不到纲举目张的要求。用修炼比较符合其特点,也符合中国传统文化,是我多年寻找的射箭项目的特征。

射术与射道：
对中国射箭运动术与道的探索

  修炼是我们需要的训练理念。多少年来这个问题一直都没解决好，平时讲得很好，一上训练场就把"心"与"术"分开了，全去练术，把修心忘了。这已成为一种习惯，修炼只进行了一半，把主体部分忘了，结果是事倍功半。把修心忘了，就失去了传统射箭的意义。在传统射箭文化里，修心是主要的，把修心与练技融为一体，就会取得事半功倍的效果。从现实情况看，只有在平时训练中坚持心术并重地修炼，经过较长时间的修炼过程，才能使射手体会到传统文化的优越性，养成这样的修炼习惯。

  在一些重大比赛中，比赛没有成功，队员很痛苦，我也很难过。我总感觉这不是他们的错，责任在我，他们执行的是我的计划，我总觉得我教得不全，缺某种东西。

  这个问题比较敏感，有些射友还不相信。没经历过的，没认真观察过的，没有参加过大赛的，没有在比赛中争取进入前几名的，没有在重大比赛中失败过的，都不知道怎么回事，这很正常。因它很隐蔽、很危险、藏得很深。有些人犯了这个毛病还不知怎么回事，危害很大。

  我从事射箭运动教学与训练60余年了，这60年来虽不是天天练射箭，但我每天都在悟射箭。成天琢磨如何把射出去的每一支箭都能精准地命中目标。想了这么多年，悟了这么多年，没悟明白，知道训练有问题，但这张窗户纸老捅不破。卢老师的"哲学三秒钟"提醒了我，这是技术，但又不全是技术，是在更大的范围内讲了一个射箭的哲学问题，是我找了多年的突破口。

  卢老师高瞻远瞩，善于总结，善于提炼。给射箭修炼解决了一个大问题，把射箭修炼的境界提高到一个新阶段。这次从"哲学三秒钟"中悟出了一定道理。从前是拼命走在一座独木桥上，成天围着"射术"转。如果只从术的角度理解哲学三秒钟，还是走不出

四、大道至简——九九归一

"围城"。以前要求射手"拉满弓后,要有'三秒钟'的停顿,等完全安静下来,待到最佳撒放成熟时再放箭"。可是有些运动员总做不到,就在这个关键点上出点事,这是为什么?问题出在哪里?

卢老师说:"'三秒钟'论说不仅是对射箭技术的提炼,也是对人生经验的总结。我称它为'哲学的三秒钟'"。这是否能够在命中靶心即得出成败判断的短暂瞬间里,哲学观念、宗教意识、人生感悟,都可以一闪而过,在灵光一现中让梦想成为现实?射箭的这棵参天大树盘根错节,应仔细地梳理一下。

哲学三秒的提出,在认识上给射箭解决了一个大问题。为什么说是认识上,瞄准是射箭中最不可缺少的一个环节,最常规的、最简单的,无论谁射也少不了的。只要是射箭总需有个目标,有个方向。就是这样一个理所当然的问题,使好多弓友不断的犯错误,有的还挺严重,甚至走火入魔。有的连弓都拉不了,怕拉弓"走火"。这都是瞄准惹的祸,瞄准是个很简单的动作,但它的背景很深,是和"心"连在一起的,去"心"病是很难的。所以,"哲学三秒钟"是射一支箭的内核,这不仅是个时间概念,是一个多方组成的综合体,还是一个优秀射手的境界。

"哲学三秒钟"包括两个技术环节:瞄准和撒放。在教材和教学上把它们分开了,这样便于教学。其实它们是一个动作,放箭是"哲学三秒钟"的重要组成部分。根据"知行合一"的理念,瞄中有放,放中有瞄,放箭是瞄准的延续,不可分离。

现在讲"哲学三秒钟"不光是瞄准,还应有撒放。犯瞄准毛病的人进入瞄准阶段,撒放也进入了预撒阶段。撒放是没有自由的,他抓不住撒放时机的,不是早,就是晚。撒放时机是射一支箭的核心时机,一是瞄准,二是瞄稳,"准"是术,"稳"是道。稳比准难,它包

射术与射道：
对中国射箭运动术与道的探索

括好几个因素，其中包括预撒。稳的因素全部就位后，才能撒放。以前我们研究其他国家运动员射箭动作时，发现有的不把撒放单独列成一个动作，他们认为撒放是瞄准的一部分，现在想来也有道理。

进入这种境界，就掌握了射箭的主动权，就进入了随心所欲的自由王国。否则，会在射箭中不断犯错误。出了毛病，会到处找原因，又解决不了。

就这个话题，我讲一段关于第一届新兴力量运动会的射箭比赛[①]时的故事。

射箭比赛，运动员们最怕的是大风天。印度尼西亚是千岛之国，三面临海。射箭赛场在新运会可容纳10万观众的朋卡诺主体育场西头，受这个庞大建筑物的影响，风向更加不定。这使整个比赛成绩受到很大影响。

那时射箭比赛执行的是双轮制赛制，运动员共射288支箭，分四个射程，每个射程72支箭，分上、下两个单轮，每轮36支箭，共分八个半天进行比赛。前七个半天的比赛，风刮个不停，纪录一个也没破。还有最后一个半天的比赛了，最有希望破世界纪录的射箭项目，还没有动静。代表团都着急了，要求射箭队一定要打破30米射程的世界纪录，比赛的那天下午，代表团的领导都到赛场来加油，各路记者也来了不少，期待能破一个世界纪录。

就剩下最后这个半天了，那是雅加达时间，1963年11月15日下午，天气晴朗，烈日当头，赤道线上的太阳直射下来是相当厉害的。风还是那样一阵大一阵小地刮着，没有停下来的意思。就剩

---

① 第一届新兴力量运动会于1963年11月10—22日在印度尼西亚首都雅加达隆重举行。48个国家和地区的2 404名运动员参加了21个比赛项目，这远远超过了第一届奥运会只有13个国家的285名运动员参加18个项目的历史纪录。

四、大道至简——九九归一

下最后 30 米这 36 支箭了，这是最后的机会，大家心急如焚。李淑兰的心中比谁都清楚，即将开始的这 36 支箭，力争突破的 30 米双轮世界纪录是 623 环，根据当时她的状态，是有希望打破的。

比赛开始时，风仍然很大。那时的规则，没有试射箭，开始就是比赛。在她起射第一支箭时，瞄准也瞄好了，在撒放的瞬间，正遇一阵强风，把箭吹偏了，射了个 2 环。在这个关键时刻射 2 环，是比赛的重大失误！我们都傻了，认为破纪录已无望。

事后她讲，射跑这支箭，她也有些懵。但她告诫自己，要冷静，要沉着。立刻想到毛泽东的名言："雄关漫道真如铁，而今迈步从头越。"这是她本次比赛的行为准则，也是写在她日记本扉页上的毛主席语录。

出现了这个情况，整个赛场上像凝固了一样，等待报道破世界纪录的几十位记者的脸上也纷纷浮现出了失望的表情。新运会这样的比赛，破世界纪录比拿金牌更重要，破纪录显示的是真正实力，金牌只是排个名次。这种理念在代表团从北京出发时，中央首长的讲话中大家都感觉到了。

从比赛开始至目前的情况看，中国女队的团体成绩和个人全能成绩，已占很大优势，就差世界纪录。这个大家都清楚，她自己也知道。在这种强大的压力下，她很冷静，立刻调整自己的思路，迅速调整比赛方案——"没有把握，绝不放箭"。她想，还有 35 支箭，如果把每支箭都处理好，破纪录还是有希望的。

她就从第二箭开始一丝不苟，把握每一个技术环节，感觉不好的箭，绝不犹豫，立刻放下重来。不知道放下了多少次，每一次放下，她的信心就增加了一分，成就感就多一分——她把握住了自己，没有把握的箭坚决不放，她没再犯错误（当时的规则射一支箭没有时限)。

当射出第 35 支箭时,距世界纪录还差 10 环。也就是说,这最后一箭必须命中 10 环,才能完成破世界纪录的光荣任务。

最后一支箭了,偌大的赛场只剩她一人。她平静地面向靶面,观察风势。

第一次开弓,瞄了一会,没有放箭,把弓放下。

放下的不只是没有把握的这支箭,而是体现了她战胜自我的决心。这次的放下,是为下一箭射得更有把握。

第二次开弓,瞄了一会,没有放箭,把弓放下。

第三次开弓,依旧没有放箭,把弓放下。

全场紧张得心都快跳出来了,唯有她如入无人之境,她平静的站在起射线上。当她第四次把弓举起后,果断开弓,稳稳固势,静静瞄准,冷静撒放——命中靶心!打破了 30 米双轮世界纪录。这项世界纪录是英国选手海伊伍德保持的。

同时她还以 2 168 环的成绩荣获个人全能冠军,和赵素霞、王锡华以 6 145 环的成绩荣获双轮团体冠军。完成了祖国交给的光荣任务。回国后受到了国家体委给予记特等功的表彰。

在这次比赛中,由徐开才、韩有录、赵连璧组成的中国男队,获双轮团体亚军。获得男团冠军的是苏联队,第三名的是波兰队。

第一届新运会射箭比赛的中国 18 岁的女选手李淑兰 30 米双轮取得 628 环优异成绩

四、大道至简——九九归一

【新华社雅加达 15 日电】参加第一届新运会射箭比赛的中国 18 岁的女选手李淑兰,今天下午在这里以 628 环的成绩,打破了女子 30 米双轮(共射 72 支箭)623 环的世界纪录。博得了现场观众和各国运动员及教练员的热烈掌声和欢呼声。

李淑兰在四天的比赛中,成绩一直领先,在今天的比赛中,她沉着稳健地开弓射箭,克服了天气炎热、风向多变的困难,打破了一项世界纪录。并且以 2168 环的成绩取得了双轮全能的冠军。

她在比赛结束以后对记者说,"能够为新兴力量运动会增加一份较好的纪录,我感到光荣和幸福。我希望参加新运会其他国家的运动员能创造更好的成绩"。

印度尼西亚总裁判甘觉罗对记者说:"我们为中国运动员李淑兰打破世界纪录而感到喜悦。使我们更加感到喜悦的是,她是在雅加达举行的新兴力量运动会打破这项世界纪录的。"

中国女选手李淑兰在 11 月 15 日举行的射箭比赛中,以 628 环打破女子 30 米双轮的世界纪录。新华社记者 唐理奎 摄(传真照片)

射术与射道：
对中国射箭运动术与道的探索

举办新兴力量运动会的1963年，是我国自然灾害的第三年。全国人民的生活十分艰苦，运动队的生活也是一样。运动员的粮食同部队战士一样定量，每月45斤。总感到粮食不够，领导号召我们开荒种菜，补充伙食。种菜需要肥和水，天刚蒙蒙亮，趁早去积肥，还要赶回来出早操。下午训练完，立刻去挑水浇菜，收获的菜送去食堂。晚上还要坚持2小时的训练。就是在这种条件下，我们比赛的成绩还较好，破了不少全国纪录和世界纪录。

现在回忆起来，当时生活得很愉快、很充实、很有干劲，无怨无悔。这归功于毛泽东思想的伟大，我们这一代人是毛泽东思想培养的，要不忘初心，继续前进。

像上面说的那种情况，李淑兰在好像没有希望的情况下，承受住巨大压力，经过艰苦奋斗，打破世界纪录。成功的原因其实很简单，她除了在平时训练中练就了一套扎实规范的基本功外，她相信毛泽东思想，相信按毛主席指示办事，什么困难都能克服，什么事都能办成。有些人可能不相信，事实就是这样，信念加上基本技术，这就是"术道并重"。

四、大道至简——九九归一

1965年在第二届全国运动会上,李淑兰与她的战友王锡华、石桂珍三人打破了单、双轮团体的世界纪录。这是刘少奇主席在北京工人体育场举行的庆功会上为她们发奖的照片。

(四)九九归一

(射箭运动的基本技术)

无论是运动生涯,还是执教生涯中,我研读古今中外的射书时,总会遇到一些与运动生物力学有关的技术问题。主要内容是分析讨论射箭时,运动员的"臂与弓""弓与箭"的相互作用和作用力的效果,以及运动员采用怎样的射箭动作与发力,才能使射箭时力的作用正确与合理,保证高质量、合理地将箭射出,命中高分环区。

射箭是一项典型的生物力学运动,每一位射手最初在形成技术动作时,都必须符合运动生物力学的特性。为了让广大教练员和射手掌握运动生物力学在射箭中的应用,根据教学实践与运动生物力学理论相结合的要求,我体会到运动生物力学的重要性。

在北京体育学院期间,我就报名去听生物力学专业课程。后来又聘请生物力学教授、博士生导师李良标作为射箭队的科研顾问,在队那几年,他帮我们解决了不少困难,也提高了我的认知。

当时我们多次讨论射箭时的"直线力"问题。他说从力学角度讲,没有"直线力"这种叫法。基于两点之间可形成一条直线的理论,我反复给他解释,射箭运动中,直线力是射10环的重要条件,但它又不是单纯只有两点之间的直线,实际上,是四个点的连线构成的。

李老师认为这是一个很复杂的问题,你们可以理解成射箭运动的专有名词——"直线力"。几十年过去了，大家也都认可了这个词。

彼时，射箭运动中的生物力学是全球从业者的讨论焦点，"直线用力"是运动生物力学在射箭技术上的具体体现。美国射箭运动员瑞克·麦金尼的著作《致胜关键》一书的第一章，"基本动作"中就写道："射箭的姿势是制胜的关键，虽然每位射手都是独立的个体，但基本姿势的重要性对每一位射手都是一样的。不同射手依自己体型的不同对姿势稍做调整，然而保持正确的基本姿势仍然是很重要的。"中国古代射箭讲究的"射贵形端志正"和"节节相对"等，都与之异曲同工。

最初给运动员设计动作时，一定要慎重，要根据射箭的规范动作去要求，根据运动员的个性、特征和人体形态特点来规划技术动作。这套动作既要符合运动生物力学——"直线用力"的要求，又要符合射手的特点。这对修炼来讲就成功了一半。

所有体育项目都有一个共同的特点，重视基本技术的修炼。基础决定上层建筑，只有基本功扎实，才可能掌握高难度的技术动作，进而形成独特的技术风格，练出绝活。基本技术落到实处就是规范动作。

从古到今，善射者都很注重基本功的修炼，因为它是提高射箭技术的不二法门，这个基础打得越是牢固、合理、轻松、自然，就能长时间地发挥其能力，随心所欲地去完成射一支箭的全过程，这就是射手的"功夫"。

基本技术的修炼不仅是初学者的主要内容，也是高水准射手必不可少的，因为任何项目的技能，都是基本技术与高难技术的结

四、大道至简——九九归一

合,这就是射箭运动最突出的特点。有些优秀射手放松了基本技术的修炼,这就是走下坡路的开始。因此,修炼的全过程都应坚持不懈地狠抓基本技术。因为基本技术是经常变的,调控训练有一条就是解决这个问题的。

"本体感觉"是射箭最重要的动作感觉,这种感觉是说不清的,只能意授不便言传,这种感觉是哪里来的,是长期一丝不苟用"心"修炼得来的。在大脑皮层建立运动功能区,运动功能中再获得。这就是射箭的"道"。也是射箭的基本技能。一个射箭没有感觉的人,修炼又有何用。

射箭运动员必须有一种理念,所射出的每一支箭都必须是对上一支箭的超越。这是一种高水平的修炼理念,是一种科学的修炼方法。

射箭动作要"去繁就简",一步能完成的动作,千万不要分两步去完成。去繁就简是很难的,是智者的作为,保持简单比复杂更难。这也是射箭项目修炼的特点之一。

仔细想一想,射箭不就是把弓拉开把箭放出去,其内容只有两个字,"拉"与"放"便构成了全部。初学者是把弓拉开,把箭放出去。世界射箭顶尖高手也是同样为之。从初学到学成,动作是相同的。可越是简单的事反而越是难,难在坚持,有些人往往不够重视,甚至敷衍了事,草率的态度造成了"黄心病"这种复杂的问题,所以,基本功要重视,要稳更要慢,一丝不苟才是高级的修炼智慧。

射箭说简单却又复杂,不是光会拉弓放箭就行。从初学者开始就要走"以术进道"这条路,不能学好术再悟道,这就走了弯路。

射术与射道：
对中国射箭运动术与道的探索

因为术和道是紧密相连的，在修炼中要同步进行。以道驭术，术必成；离道之术，术必衰。这是射者的必经之路。

射箭技术虽简单，但有着深厚的文化底蕴。如果把射箭仅看为一项体育运动，未免把它看低了。它对人有更深层的教育功能，是修心养性，还能为国家培养栋梁之材。

"直线力"的形成是由多条线汇集而成。在射一支箭的过程中，身体各部的动作都与其有关，都在为形成这条直线而努力，当各部动作准确到位后，这条直线就完成了。再加一个完美的撒放动作，结果必然命中靶心。

撒放，它不是直线用力的终结，而是继续。一个完美的结果，也不是射箭的结束，而是下一箭的开始。如此循环往复，并非机械性反复，而是一种升华，一个新的起点。优秀射手就是沿这条路成长起来的。

最大限度保持"直线力"和最大限度减少"分力"的产生是射箭的基本要求。

古人射箭的标准是（从后肘至推弓手）"节节相对"和"胸开背紧"。以"五平三靠"来保证，即：两脚平、两肩平、两肘平、两手平、心平为五平；箭靠嘴、耳听弦、弦靠胸为三靠，三靠就是三个定位点，是每一位射手拉距的标准。拉距是箭射准的必然条件，古人要求"簇上指"。西方射箭人专门装一个橡片筋控制拉距，之后国际上允许在弓上装有一个"信号片"控制拉距，使世界射箭整体水平提高了一大截。

全世界各国的射箭运动，国际箭联以规则的形势允许安装，去看世界上规则最权威，最大规模的射箭锦标赛比赛，还有不用"信

四、大道至简——九九归一

号片"的吗？世界射联允许安装信号片是射箭的的一次伟大革命。它不仅全面提高了成绩，还把一大批犯有技术毛病的射手解放出来，是一件大好事。至今还有部分传统弓射手，为了一点小利争吵，真是无知。

运动员都非常重视"直线力"。还是以美国射箭运动员为例，尽管他们的射箭姿势差别较大，用他们的话说，他们都在"够一条线"，这条线就是我们说的"直线力"，美国射手瑞克·麦金尼讲："以生物力学的角度来看，在直线上的力道越多，越不容易疲倦，且射箭时动作越不会紧张。而且，骨骼系统会将重心放在直线上及平衡上。如果没有做好直线，会造成疲劳、不稳定及箭的不集中，而射手需要花很大的肌肉力量来射箭。"

怎样做才能保证"直线力"不受干扰？要做到"一个面"和"九条线"。

"一个面"——即"射箭面"。弓弦到位，起射基本姿势形成的同时就形成了一个"射箭面"。"射箭面"是钩弦点、推弓点和靶的中心点连在一起所构成的，这个面叫"射箭面"。此平面通过靶心与箭靶正交，并垂直于地面。在起射过程中，要使弓的平面和箭的纵轴位于"射箭面"内，保证撒放后箭在"射箭面"内飞向靶心。

人与弓接触的第一个点就是推弓点，在这个点上除了"射箭面"外，还有两个面，那就是水平面和弓的垂直面。这三个面（也可理解为三条线）在推弓点上交汇，作用力与反作用力产生的这三个平面，交汇在推弓点上。

如果推弓的力量不对，偏高、偏低、偏左、偏右，都会影响弓的反作用力，拉弓力的作用方向不在推弓力的延长线上，即非直线用力。那么，拉弓力的作用会改变弓平面的方向，使它偏离"射箭面"，最后导致箭的飞行偏离。从现在开始，起射过程的一切动作都必须在"射箭面"内，也就是说都不能离开那条连线及延长线。离开了就是"分力"，就破坏了"直线力"。

影响射10环的直接因素就是"分力"。那什么是"分力"呢？拉弓时发生了"力量内合的现象"，简称"合力"。

举例说明，瞄准时箭在不由自主地慢慢向前移动。出现这种问题有用力和心理的双重原因。分力的出现是动作的某一部位脱离了直线用力，动作发生变形，在某种意义上讲射箭就是与"合力"作斗争。

在此基础我打算绘制"九九归一"示意图，以九张不同姿势，不同角度的图，供大家在训练中参考，让喜欢射箭的人一目了然。这个"九九归一"示意图是射箭基本技术的重要组成，这九条线构成了完美的射箭规范图。其中包括高规格的规范动作、严谨的起射节奏和苦其心志的心境三部分。这不是一条孤立线，而是多条线组合而成，动一点便会引起诸多变化。

"直线力"是射箭运动的基本用力形式，"对称直线用力"是射箭运动的发力特点。这套"九九归一"示意图是做好这九条线的重要保证。

"九九归一"，表面上看是九条线最终合并，其实每一条线都有标准，九条不同标准的线合并成一条，就很难了。这就要求修炼者要严肃认真对待，做到去繁从简，简单的重复做，重复的用心做。这便是大道至简，悟在天成，结果必将站在巅峰。

四、大道至简——九九归一

第一条线

第一条线：从站立开始至动作暂留，在每一个技术环节上，身体重心必须垂直于地面。这条垂直线和开弓后形成的横向直线，共同构成了"十"字用力。这条线必须做到上下垂直，左右对称。射箭的用力特点就是十字用力，任何情况都不能变。

第二条线：研究证明，人在自然站立时，人体重心垂直线是从枢椎齿突，髋关节中心之后，膝关节中心和踝关节中心之前通过。这是正常人在自然站立时最稳定，最轻松自然的站立姿势。这个道理射手必须明白，因为起射时身体姿势和用力都与其相关。

射术与射道：
对中国射箭运动术与道的探索

枢椎齿突

髋关节

膝关节

踝关节

第二条线

重心垂线

第三条线

第三条线：从侧面观（额状面）人体应以踝关节为轴，身体略前倾，使人体重心垂直线前移，保持重心在前脚掌的三分之二处，前额的投影点不能超过自己的脚尖，脚趾有用力抓地之感。因为脚趾是脚掌部分唯一可以活动的关节，它可以调控人体重心，风天射箭可有利于控制身体的稳定性。

在人体处于这种身体姿势时，为保持身体的平衡，肩胛骨会自然内收，两臂也会自然后伸。这样就加强了后背肌群的用力，也就是加强了"直线力"。有利于"胸开背紧"的运用。一定要记住，

四、大道至简——九九归一

开弓后的体态和自然站立时有很大不同，重心前移了，重心从脚底中心移至脚掌的 2/3 处。这种体态可提高射姿的稳定，利于撒放动作展开。如果开弓后身体重心在脚根部位，身体处于后仰状态，重心就不稳了。这个姿势要始终保持。

从背后观，重心垂线应落在两脚之间，并与这三条水平连线保持重叠。从前或后看都必须是十字用力。

第四条线：从背后观，两肩关节的中心点与推弓点应在一条直线上，箭的延长线通过拉弓臂的肘关节中心。这是保证"直线力"的重要条件。平常说的直线用力就是它。

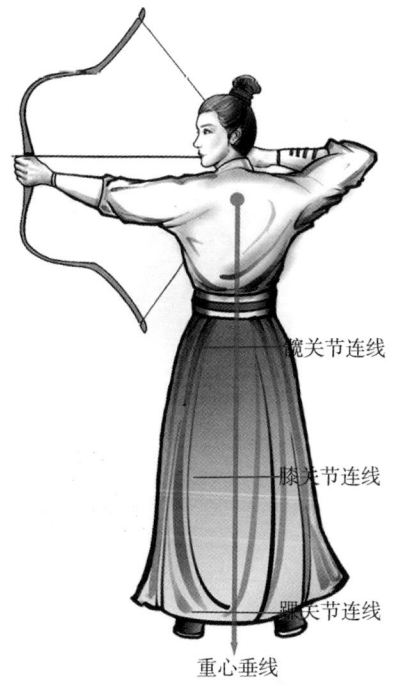

纵向线

横向线

射术与射道：
对中国射箭运动术与道的探索

推弓点、勾弦点、肘关节中心点在一条直线上

拉弓臂
肘关节中心点

箭延长线　勾弦点　　　　　　　　　　推弓点

第四条线

第五条线：从胸正面观，推弓点、钩弦点与拉弓臂肘关节的中心点应在一条直线上。箭的延长线应从肘关节中心点或中心点的

下方通过。这条线关键的部位除做到两肩平外，还应做好"塌肩抬肘"的动作。

持弓臂关节中心点与右脚的重心垂线应该在一条直线上并在同一射箭面内

第五条线

第六条线：持弓臂（左手持弓者）肩关节的中心点与右脚尖应在一条直线上并在"射箭面"内。这条线平时很多射手不太在意，所以容易出问题，易出现"合力"。射箭运动最重要特点就是与"合力"作斗争，这样可以最大限度的保持直线用力，防止"合力"的产生。这条线的两点在同一射箭面内，是防止"合力"的有效手段。

射术与射道：
对中国射箭运动术与道的探索

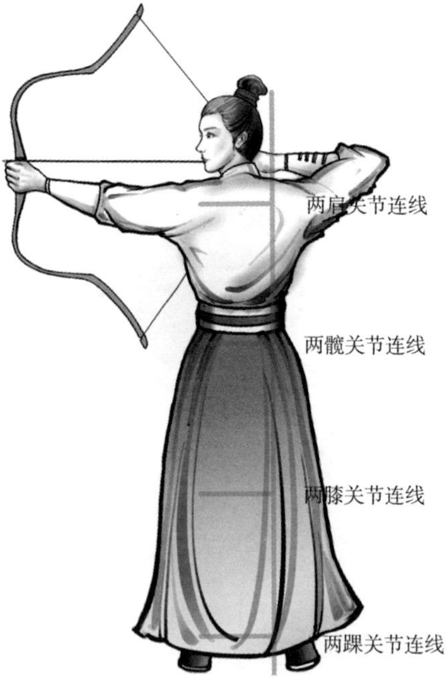

两肩关节连线

两髋关节连线

两膝关节连线

两踝关节连线

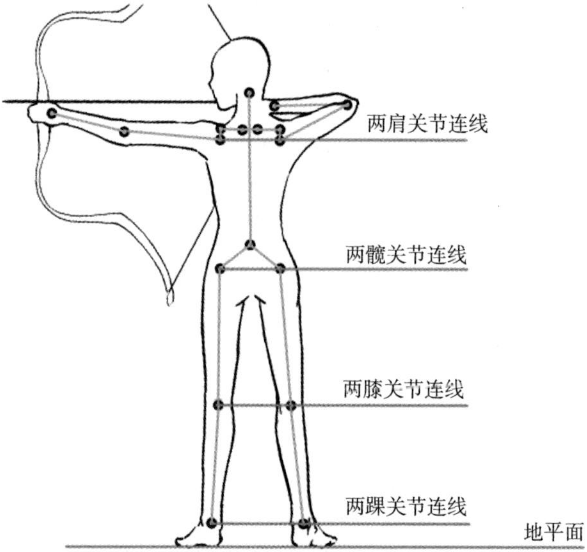

两肩关节连线

两髋关节连线

两膝关节连线

两踝关节连线

地平面

第六条线

四、大道至简——九九归一

第七条线：两肩关节的连线，两髋关节的连线，两膝关节连线，两踝关节的连线，都应与地面保持水平、并相互保持平行、还应相对重叠。这是"形端志正"的保证。这条线可理解为一组平行线。

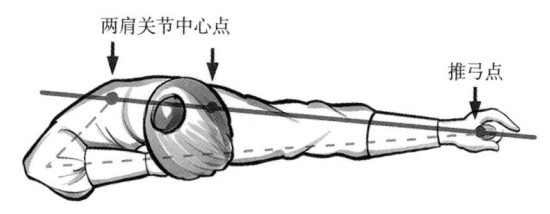

推弓点、两肩关节连线在一条直线上

第七条线

第八条线：从头顶观（俯视角），两肩关节的中心点与推弓点应在一条直线上。这是九条线中最重要的一条线，平时讲的"直线力"指的就是它。（也可称其为"拉力线"）由于人体形态的差异，如两肩宽窄的不同，形成一条直线很难，但是这主要体现在两肩的功能上。常言道"唱戏的嗓子，射箭的膀子"，两肩平的功能练成了，不论是动作的架构和用力上都会流畅。

第九条线：是用力线和拉力线在撒放时形成的一条正对 10 环的直线。用力线和拉力线关系是密切的，互为影响，互为促进的。用力线形成了"身体平面"，拉力线形成了"射箭面"。这支箭能否射进 10 环，关键在这条合并的线。

要形成这条直线有两点需把握好：一是把握好一个"开"字，撒放时要做到"胸要开，背要紧"，撒放动作要做的大胆果断，表现出信心和力量。二是要把握好以用力线为主，将用力线与拉力线合并成一条线。具体动作是，在撒放时用力线前移（身体重心前

射术与射道:
对中国射箭运动术与道的探索

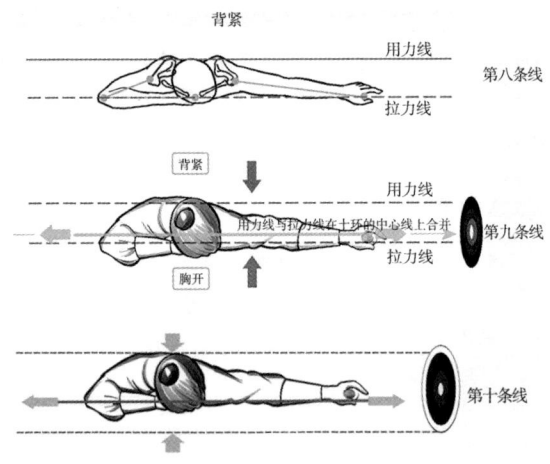

胸开
用力线与拉力线合并成一条线

移),拉力线后靠,这两条线在其中间合并,形成"胸开背紧"潇洒而又有力的撒放动作。

这个动作不仅要自然、协调,更要准确,"开"与"紧"要恰到好处,准确地汇合在这条直线上,就是一个完美的撒放。若撒放时畏手畏脚,拉力线不前移,站着不动甚至有后仰之感,就会产生"分力",是射箭的"大忌"。

在撒放后这两条线在其中间部位合并成一条线(一个面),那么九条线全部完成,做到九九归一。在这九条线的相互作用下,所射出的这支箭应该是命中靶心的。

这里大家还需注意,这九条线中最基础也最重要的是"两肩平",两个肩关节要下沉,要平,要在一条水平线上。古人特别重视这条,我刚学射箭时,满族师傅教的第一个动作,不是拉弓。而

四、大道至简——九九归一

是怎么"吊膀子",两脚分开,成骑马蹲裆式,两臂平举,眼睛正视前方,两肩下沉,练成两个肩窝一边放一个鸡蛋,都不能掉,一次练一炷香的时间。3个月以后,练成了,再教下一个动作。

古人练肩示意图

尚未接触弓箭的时候,要练习下肩。这便是高颖在《武经学射正宗》中一再强调的"彀法根本,全在前肩下卷"。肩下卷就是下肩与持弓臂内施用力,必须同时进行,这是射箭所必须的支撑用力,前撑直线力要发于肩。

最后说一下撒放,这一点尤为重要。撒放动作古人称其为"画龙点睛",可见其重要性。为什么是这样呢?

射箭的重要目的之一是射中目标。撒放是射中目标的最后一关,也是最重要的一关。大家都明白"射10环的决定性因素是直线用力"。本文说的"九九归一"就是为了最后形成命中10环的

"直线力"。可这条"直线力"开始并不存在，是从无到有，在撒放的瞬间形成。要完成它必须具备两个条件，一是瞬间形成，撒放时机抓得要准，要恰到好处，早、晚都不行，因其稍纵即逝，撒放时机的提前和推后都降低了箭中 10 环的概率。

从表面上看撒放只是钩弦手指的脱弦过程，但是箭和弓，弓与人仍连在一起，我们叫它撒放。为什么叫撒放，这是古人的智慧。主要有两部分组成，持弓臂和拉弓臂。持弓臂在撒放时前"撑"用力不停，是撑不是推，但要稳固不动，弓在撒放时向 10 环方向运动是顺势而为，这是射 10 环的基础。拉弓臂在弓弦脱弦的同时迅速后移，至耳后结束，充分体现流畅和果敢的随心所欲地撒放。是耳后不是颈后，颈后动作就大了，会造成对直线力的干扰。迅速后移有强化和完善直线用力的作用，在特殊情况下有纠偏的功能。撒放这个技术环节是九九归一的具体体现。持弓臂向前，拉弓臂向后，一前一后对称用力，体现了大开大合的完美境况。如果撒放出现"分力"是这支箭的最大失误。这就是术道兼容射箭境界。

撒放动作的最高境界是随心所欲和无限伸展，是强化命中 10 环的关键一步。手指放弦只是完成了撒放的一小部分，持弓臂前撑和钩弦手后走才是撒放的高峰。撑、拉都必须在这条直线上，持弓臂用"力"撑，臂不动，钩弦手后走，到耳后。完成这套动作的基础，一是胸开背紧的用力，二是重心在前而用力在后的身体姿势。有的射手说他是用后背肌撒放，此人悟出了撒放的真谛。

如今看来，撒放这个过程还包含人的心理状态、用力，各部动作的协调配合，天气及客观条件，等等。撒放是一个集大成的综合因素，它是哲学，不可小视。不仅要认真去做，更重要的是认真去悟。

四、大道至简——九九归一

撒放不是一个简单的动作,它是一个过程,过程是指事情进行或事物发展所经过的程序。它不是一个动作,一个动作完不成"九九归一"全部内容,它必须动用全部技能,每一步都必须准确到位,哪一个环节出了瑕疵,就会影响"九九归一"的正果。

"九九八十一,乘法口诀里的这样一个算式 $9×9=81$,来到了中国民间,叫九九归一,既是一切归于'一'的证明。九是最大的数字,但是九个九的结果是归于'一'"。

反观射箭同理,在射一支箭的过程中,这九条线每一条都是重要的,缺一不可的,它们相互叠加形成了射中目标的那条直线,这就是我们所讲的"九九归一",这个"一"是射箭的唯一,谁掌握了这个"一",谁就能成为最佳射手。

根据射箭运动的特点,它每一支箭的动作重复又必须是绝对一致的,只有这样才有可能箭箭射中目标。比赛不是射一支箭,是若干支的组合。这个"一"既是开始又是结束,完成了"九九归一"后,又回到本源状态,又开始了新一轮的"九九归一"。这样周而复始完成了一组又一组箭,直至整场比赛结束。要想"九九归一"修成正果,运动员就必须把每一条线都做到准确无误。

写到这里,我想反问每一位射手,射箭运动中最重要的宝典是什么?它就是基本技术,再普通不过的基本技术。聪明的射手拿它当宝贝,自作聪明的射手把它当垃圾。其实这是射手常犯的最大错误,总觉得自己基本技术没有毛病,修炼基本功是小儿科的事。我有了一定成绩,不想再练基本技术了,放不下架子,这是修炼的最大失误。仔细观察,水平越高的运动员,基本技术越扎实,因为射10环全靠基本技术。基本技术在射箭运动中是最具竞争力的。那些自视高傲的人,很难射出高成绩,因为基本技术上存有许多不规

范的动作，必须不断夯实基本技术，方能脱颖而出。

（五）道不可说

2014年2月10日彭林老师在《光明日报》的文章《从〈仪礼·乡射礼〉看中国古代体育精神》。尤其是编者按，内容写的真好，彭老师是我进入中国传统射箭的引路人。当时我正处在中国射箭往何处走的迷茫中。一是我渴望学习，二是我有长时间的射箭修炼实践，有充分的成功经验和失败教训。我在长期思考和认真研究中遇到的问题逐步得到了解决，使我对射箭运动认识，产生了飞跃。

认识了彭老师是我学习研究中国传统射箭的开始，使我在迷茫中有了"柳暗花明又一村"的感觉。

如果说东方文化长于不可道之道，那么西方文化则长于可道之道。既然道或禅是不可说的，那么说了也等于白说，但不说又无法传道，所以不可说还是要说。

孔子说"吾欲无言"，还是留下了《论语》。

老子说"道不可道"，还是留下了《道德经》。

释迦佛说"不可说，不可说"，还是说了四十九年法。

因为明白了本质上的不可，就不会在说上下功夫，往往是随机而说，对机而说……

五、大道无垠——踏入中庸之境

（一）《学箭悟禅录》的启示

1. 偶遇《学箭悟禅录》

《学箭悟禅录》这本书通俗易懂，一般人看两遍就可能明白了，我看了多少年，多少遍都没悟通。

20年前，当我认真思考和寻找执教之路时，我得到了一本书——《学箭悟禅录》，是由德国人欧根·赫里格尔著，余觉中老师翻译的。本书是北京市体委体科所所长任维忠老师送给我的，他是研究心理学的专家，我常向他请教有关射箭心理训练问题。当时因为脑梗病休息了两年多，身体得到一定恢复后去射箭场散步，一到训练场任老师就和我打招呼说，

《学箭悟禅录》

射术与射道：
对中国射箭运动术与道的探索

他得到了一本书，最适合我看。我接过书一看是《学箭悟禅录》。因为是关于射箭的书，如获至宝，回到家我就认真研读。因为那时我特别需要这样的书，仔细读完后，静下来认真想了想，结果是什么也没看懂。我又连续看了几遍，没有什么变化。我研究射箭这么多年，连个写射箭的书都看不懂，自己也感觉奇怪。我感觉这是本奇书，是对我有用的书，我要坚持看下去。为了加深认识，我有空就看，看了几年作用不大，总觉得没有看懂。为加深理解，我费了几天的时间，一字不落地手抄了一遍，效果并不明显。我渐渐认识到，这本书我可能看错了。我的初心是想从该书中找更科学的技术动作和训练方法，这些内容该书都有，但都是些很初级的内容，对执教多年的我作用不大。这样断断续续过了几年，还是常看这本书，每一次看总有新的认识，但总是悟不透。

这些年我一直在干两件事，第一件事是学习中国的传统射箭文化，想从中找一些现代射箭运动训练要解决而没有解决的问题。第二件事是我常参加各级举办的现代射箭运动教练员培训班，给各省、市教练员讲课，包括我国台湾、香港地区。

在讲课中我常常提到《学箭悟禅录》这本书，我说这是一位德国人写的关于射箭的书，是我们射箭人应该读的一本书。这本书我读了十多年了到现在没看懂，但是我还在看，你们说奇怪不奇怪。因为我觉得这本书对中国射箭有益，我就想看明白它，然而至今仍没悟到。希望你们也买一本，看懂这本书肯定对中国射箭运动有帮助。

这些年来，我一直在想该书的译者余觉中老师，他是北京外国语大学的老师，听说不会射箭。不会射箭的人能清清楚楚翻译出这样的中文书来，一定有其独到之处，我一定要去拜会他，请他答疑

五、大道无垠——踏入中庸之境

解惑。

我有一位朋友叫谢一元,是位传统射箭爱好者,同时是一位国学研究者,我与他说起这本书,他说他认识余老师,还是好朋友。他说余老师已不在北京外国语大学住了,搬到北京天通苑了,他创办了一个名为"中和书塾"的书院,开班讲国学。我说你和余老师联系,他何时方便我去拜访他。

2017年7月7日,我去拜会余老师。我们到他家后,他热情地接待了我们,寒暄后我拿出那本书,开门见山地说:"余老师这本书您译得真好,您未曾射箭但能译出这般吸引我的书,我很佩服您,可是这本书我先后看了20年都没看懂。"他惊讶地说:"你可是中国的射箭泰斗,你看不懂,那谁还能看懂!"我便说:"今天才特地登门求教,请您指点迷津。"接着我就向他诉说如何获得此书及我的困惑所在,我越看越不懂,可是越不懂我越想看。本书笔者是德国人,在日本苦熬六年,终成正果。他的观点和前几年学习中国传统射箭文化有相似之处。我们俩讨论了整整一个上午,充分交流意见,畅所欲言。这次讨论使我的思想开朗多了,在训练上的好多模糊认识也清楚多了。我又遇到贵人了,是我训练指导思想上的又一次飞跃。

最后我说:"您不会射箭,也没真实地见过射具,更没有观看过射箭比赛,却译出了这样一本精彩的射书,很是敬佩。过一段时间河南嵩山少林寺举办'第一届少林寺传统射箭邀请赛',我想正式邀请您去当嘉宾参观比赛。"他说:"我什么也不懂,从来没当过嘉宾。"我说:"您去什么也不用干,就看射箭是怎么比赛的,再交些射箭的朋友。您去河南的往返路费、食宿、参观等,我都会安排好,过一段时间会有人给您打电话,具体告知您行程安排。以后会

射术与射道：
对中国射箭运动术与道的探索

有许多传统射箭爱好者来找您，您来加入我们的队伍吧，希望咱们以后就是一家人，为中国传统射箭的恢复和发展多做些工作。我给您带了一套适合您用的弓箭，您家院这么大，安个靶射箭，既锻炼身体，又能体会一下射箭的感觉。"

回家的路上，我想，我来晚了，早几年来会更好。很高兴我又找到了一位老师。传统射箭的发展特别需要这方面的人才，他研究国学，精通经典，要充分发挥他的特长，助推传统射箭事业的发展。

过了一段时间，余老师给我打电话说《学箭悟禅录》第三版快复印了，书的序还没有写，请我写序。我听后吓了一跳，说不行，我刚明白点，这不是哪壶不开提哪壶吗？余老师说："那天咱们谈完后，我想了好几天，越想越得非你莫属。你早就看明白了，你要没看明白怎么能坚持看20年，怎么知道这本书里有中国射箭需要的东西。你不用多想，你就写写你看这本书的过程。"

怎么写，我想了几天，盛情难却，下决心写了一段发给余老师。内容如下：

我是1958年10月应召入伍到济南军区体工队的。到体工队后，领导分配我练射箭，说是准备参加1959年2月在武汉举行的全军第二届运动会。当时谁也不会射箭，谁也没见过射箭，也没有弓箭，是名副其实的一穷二白。领导就从社会上请了一位会射箭的老师，那位老先生年龄很大，胡子很长很白，据说是位满族射箭高手。给我们讲了些射箭的基础知识，教了我们部分基本技术，先教了些徒手动作，主要教站立和两手侧平举、骑马蹲裆，骑马蹲裆练成后，骑在马上稳，掉不下来，两臂可放开拉弓射箭。立在地上可"入地三尺"，风吹不动，

五、大道无垠——踏入中庸之境

瞄得稳。两臂侧平举,肩要塌下,形成两个肩凹,放两个鸡蛋掉不下来,好拉弓用力。每次练一炷香的时间,3个月后再来教我们下一个动作。因为没有弓箭,说完老爷子就走了。

从此我就走上射箭之路,弹指一挥间,近60年,回忆起来就像昨天的事一样。至今我还是很想念那位老爷子,是他领我走上了射箭之路,是我的启蒙恩师,他那严格的教学态度,使我终生难忘。那时年轻,不懂事,不久我就离开了济南,再也没有见到他老人家。现在我也老了,更怀念他老人家。年轻时我回济南去过一次,去"大观园"看了看,多少年过去了,那里全变了,什么也没打听到,成了我终生的遗憾。

1952年2月我们去了武汉,参加第二届全军运动会射箭比赛。各大军区射箭队都到了,人很多,很热闹,怎么比赛我们也不知道。后来听领队讲这次比赛男子最远的距离是70米,大家都说70米太远射不到。第二天领队不知从哪里弄来了几张硬些的木弓,拉了拉感觉是重。比赛从70米开始,开始箭根本都射不到靶,当时武汉总下大雨,雨下太大了就停止比赛,雨停了再开始比,比了好几天才结束。比赛后公布成绩我是男子全能第12名,我也不知道我一共射了多少环,后来被选进了解放军队,当时都称"八一队"。

比赛完的第二天,领队告诉我,让我带弓箭去参加破纪录赛。那时我还不知道什么叫纪录,就问领队,领队说旧纪录,射程近,只有20米、30米和40米。我说我不行,你找别人吧,领队说跟我走,然后就去比赛场了。比赛一个射程射10支箭,刚开始就下大雨,本来只有三支箭,20米射完就剩下一支了,其余两支箭的羽毛因下雨都掉了,成了光杆。当时雨越下越大，大会领导决定把靶子搬进食堂去比赛。我给领队说我不参加了，没箭了。领队说你不是还有一支吗？用一支射，有战士来回给你拔箭。我就开始了30米破纪录赛，糊里糊涂第一箭正中红心（那时靶心是红的），全场响起了热烈的掌声，我也搞不清楚我是怎么射进去的，那时射一支红心的箭是很难的。余下的那9支箭射得都挺好，没有跑远箭。最后公布成绩我10支箭射了82环，破纪录了。全场都给我鼓掌，让跟我握手祝贺。我当时也有点懵了，自己都不相信，射得这么好，都成了英雄了。其实我也不知旧纪录是多少，济南军区体工队给我记了三等功，说我放了颗"卫星"。前段时间政府登记我参军时的情况，我在部队12年立了很多次功，据查至今我的档案里只有济南军区给我立的这次三等功证书。"文革"到处都乱了，有这个立功证书留下来我很满意。60多年前的第一次立功证书还能保存到现在，也是个奇迹。其他的证书丢就丢了吧，都是历史了，也没有什么具体用处。

从那以后我感觉干射箭还行，说明我和射箭有缘，这一干就这么多年。1959年5月在北京举行的全国射箭锦标赛上，我获得了亚军。9月在北京举行的第一届全运会的射箭比赛中，获得了男子全能冠军。

当时我们单位有一位宣传干事叫马庸，是位老同志，文章写的好，他不知从哪里得到一本《清代射艺丛书》的片段，内容不多，给了我。因为那是本文言文，字我认识，内容弄不明白，有空我就找老马给我讲，我听了也是似是而非，依旧不太明白。为什么弄不太明白，我读不懂文言文是原因之一，主要还是我还不懂射箭。那时我虽已是全国冠军，全国十项个人纪

五、大道无垠——踏入中庸之境

录大部分由我保持,但只能说是会射箭,其实不懂射箭,更不理解射箭深层次的内涵。毛泽东同志说:"感觉到了的东西,我们不能立刻理解它,只有理解了的东西才能深刻地感觉它"。说明那时我对射箭只有点认识并无深入的理解。

从1959年第一届全运会结束,我当了八年的运动员,当时成绩还不错,连续五年获全国冠军,破了很多次全国纪录,还有两项世界纪录。以后作为教练还多次参加奥运会、亚运会、世界锦标赛等世界大赛。1966年开始从事教练工作,长期在一线从事教练工作。

为实现国家奥运战略跻身世界体育强国,我拼尽全力,身体渐渐吃不消了,在1993年11月运动司召开的备战1996年奥运会的教练员会议上,我意外地突发"脑梗",被送进了医院。当我清醒后躺在病床上,反省我的执教之路时,我就想,我当了这么多年的国家队总教练,还是全国教练委员会主任这么重要的岗位上,其实我这个教练不够格,我的执教之路成功的少,失败的多,我总感到教队员只教了"一半","那一半"在那里?问题出在什么地方,百思不得其解。

两年以后,我的身体得到了一定的恢复,能活动了,就开始了探索射箭所缺少的"另一半"的工作。我想起了教我的启蒙老师,我就到传统射箭里去找,当时最缺的是资料和传统弓箭。

就在这时我得到了这本书,我得到这本书真是如获至宝,这位朋友真是雪中送炭,当时我非常需要这类书籍。这本书我先后看了十余遍,为加深理解和认识,中间我手抄了一遍。开始我看不太懂,我越看不懂,说明越需要这方面的知识。看到一半时我逐步认识到,是我看这本书的基本思想错了,我一直想从这本书里找到射箭的技术与训练方面知识,其实书里技术和训练谈得都很一般。谈的是射箭的"另一半",正是我缺的"那一半"。铃木大拙在序中讲:"假如一个人真想精通一门艺术,光有技巧方面的知识是不够的。他必须超越技巧,让艺术成为一种源于无意识的'无艺之艺'。"

这时我也收集到部分古代射书和有关文章,加上这本《学箭悟禅录》,我就开始认真投入研读这些材料中去了。路漫漫其修远兮,这一学一悟就是20余年。在学习过程中我逐渐认识到,传统射箭是中国传统文化的重要组成部分,很多中国传统文化附加在习射里,从中可以了解中国古人的哲学理念、生活习惯和思考方式,我深刻地认识到这些理念正是现代射箭所缺乏的。在中国所有的古代文化遗产中,没有哪种文化形式像射箭一样充满了多民族文化交流与融合的特征。

中国传统射箭博大精深,源远流长;它有深厚的文化底蕴,儒家修德养性的要求及《学箭悟禅录》的各种理念,正是我所缺的"另一半"。现代射箭从本质上来说,其核心的属性是体育。它是以提高竞技运动水平、夺取比赛优胜为目的的,因此现代射箭重视的是结果。相较于现代射箭,传统射艺的体育的属性只是它广泛内涵的一部分,因此传统射箭是一种文化结合体,是改造自我身心,发掘自我潜能,术道并重的能动修炼过程。

在学习过程中我逐渐认识到现代射箭是一种体育,它重视结果,属于"术"的范畴;传统射箭是文化,叫"无为之射",它重视的是过程,更着重怎样修炼自己的射准,属于"道"的

五、大道无垠——踏入中庸之境

范围。如果把这两者结合,也就把"术"和"道"结合了。"术"与"道"会产生质变,会产生巨大的精神力量,创造出世界上最科学的射箭运动的训练方法。以前我的训练理念是重"术"轻"道",对"道"缺乏认识。《学箭悟禅录》讲的是"道"。从那时开始,我在全国不同规格的射箭培训班讲课时,我就给大家介绍这本书,我说这是射箭者必读的一本书。

传统射箭的训练理念、指导思想讲的是中国的哲学观和方法论。古人讲射箭之道,实际上讲的是内外系统的互动。人怎样调整自己,去做到顺应"天意"(自然规律),因为每个事物都有其发展的客观规律。射准,客观存在着一套合乎"天意"的标准动作。人需要不断练习,不断调整,不断去悟,找到自己的"天意",并一步步从内到外,调整自己的身体达到"天意"的要求。

在"反求诸己"的过程中,在做到"顺应天意"的那一刻,通过长期规范训练进入了一种"天人合一、人弓合一"的境界,这就是"量变"到"质变"的飞跃,也就古人常讲的"道法自然"。现在,越来越多的人开始喜欢传统射箭,不为射准,只是享受那种汇聚心神,修炼身心的过程。

余先生要重版此书,命我写序,序不敢写,写点学习体会供各位射友参考。

余老师收到这段话后,回复说,很好,这就是他理想的序,就用它了。

2. 余觉中的《射箭与做人》

余老师应邀参加了少林禅弓比赛的观摩,回北京后他为《少林

射术与射道：
对中国射箭运动术与道的探索

禅弓》刊物写了篇文章。名为《射箭与做人》刊于首届少林禅弓邀请赛纪念集上，这是他第一次看射箭比赛，就写出了这么深刻的文章，看完后我感觉我又遇见了一位"贵人"，我说的贵人，不仅知识渊博还是位高尚之人。

余觉中文章节选：

徐老认为，恢复传统射学的核心在术道并重与内外兼修；西洋射法与中国传统射法也不是完全对立，两者是可以融合的；清净无为、无艺之艺是射艺的灵魂；通过不断习练，合乎射箭的规矩与规律是习射的必经之路。徐老的话是他一辈子从射箭实践中体悟出来的，深刻而富有启发性，也是我深表赞同的。

徐老在退休后的几十年时间里退而不休，仍四处奔波，孜孜不倦地为恢复和弘扬传统弓射法鞠躬尽瘁，从这种献身精神中也可窥见徐老的射道修为，那种不耻下问、求贤若渴的精神更是令人感动。这种崇高人格的塑成才是射学最有价值、最有魅力的地方。

徐老从直观上感受到恢复传统射法很难。为什么很难？我也陈述了一点个人的浅见。

我说西洋射法与中国传统射法似是两个不同的系统。西洋射法属功利系统，注重技术，其目标是外在的。而作为六艺之一的中国传统射法属修身系统，注重以艺悟道，其目标是内在的。也就是说，学射不是为名为利，而是为了更好地做人。

中国传统文化是一种人本位文化，不但射箭，百艺都是为人生服务的。这本来是很自然的，但在习艺过程中如何与做人有机地相结合，使习艺真正有益于人生，却又是极其不易的。困于艺、伤于艺、死于艺的大有人在。高度发展的技术也会葬送文明社会，这在

五、大道无垠——踏入中庸之境

历史上也是有前车可鉴的。

这不得不使人想起孔子论做人的四句大纲："志于道,据于德,依于仁,游于艺。"("志于道、据于德、依于仁、游于艺"——《论语·述而》有悟"志于道",首先是理解这个"道"字,"道"——天道、人道。天道是不可说的最高存在和理想境界。而人道是人们可以实践的。人的一生是不断实践人道,以其接近天道,实现"天人合一"。"据于德",立志虽然高远,但实践"人道"要依据于德,"德"——道者谓于德,志于道是思想上的认识,"据于德"是为人处世的准则,诚信是生命线。"依于仁",做事要"依于仁",有爱心,会有体用之分,仁是体的内心修养,是性命之学,心性之学,是内在的,表现于外用的则是仁的"推己及人",如"老吾老、以及人之老、幼之幼以及人之幼"和穷则独善其身,达到兼济天下,依傍于仁,修炼好"道"与"德"。"游于艺"关键是"游"和"艺"的本质含义,"游"是游泳的"游",而不是游戏的"游",古代这二个字是有区别的,"艺"在古代是指礼、乐、射、御、书、数六艺,即:丰富的知识,做事的本领,"游于艺"就是做事有知识,以理想为基础,不断学习,提高业务能力,游刃有余。所以,道、德、仁、艺是做人做事的修养要点,无高远的志向,就难免俗气,没有相当的德行为依据,人生就无根,最终也不能成熟,没有仁的内在修养,在心理上没有安顿的地方,"没有游于艺",知识不渊博,人生就会枯燥,实现先圣提倡的志道、据德、依仁、游艺的境界,达到人生的理想境界)原来要真正达到游于艺的境界,前面还有三个条件。

志于道。志是做人做事的原动力,道是万事万物之理的总和。求道、明道、合道是中国文化的根本特征。与人相交要通情理,习艺做事要通物理,否则做人没有真正的自由可言。志于道是明道、

射术与射道：
对中国射箭运动术与道的探索

合道的前提，它代表人生的大方向。每一种艺皆有其自身的规律，志于道才能明通诸艺的规律，从而达到游于艺的境界。

德是人修道所得。合一分道，得一分德；得一分德，又能明一分道。道与德相互作用，无法割裂。所以真能志于道，就能自然地据有德。古人常说行善积德，何谓行善？即做合情合理的事，以善心对待他人他物。所以行善即是行道，行善即在积德。

仁是人符合天理的良心，是人人本具有的至善本性，是无条件的、不计回报的、对他人他物平等的大爱之心。但是人的私情贪爱与不良习气将之遮盖难显，致使人的善性不能当家作主，从而做出伤天害理之事，结果给自己的生命带来不幸，甚至毁灭。依道而行即在明德，德明之时即是仁爱彰显之时，所言所行所思自然合乎天理良心，这便是"依于仁"。

艺是人身心所需的特殊活动。人通过艺的劳作与创作来表达自身的价值与滋养身心。"游于艺"是人通达物理后在艺中达到自由自在的一种境界。艺是道的一种表现方式。道不可见，以艺显之。广义的道包括艺在内。道与艺本为一体，非一不二。因此，有了上面的志于道、据于德、依于仁，自然会有游于艺。艺虽是道之末，但道之圆满恰恰是最后通过艺的完善来实现的。

根深才能叶茂，叶茂又促使根深。根深指道，叶茂指艺。根深才能叶茂，说的是以道统艺。叶茂又促使根深，说的是习艺进道。所以中国文化奉行的是内外兼修、动静交养、本末相资、情理并重、知行齐到的中庸之道。

由此可见，孔子说的四句话是做人做事的大系统。因为我们的文化传承失落得太多太久，我们一时无法立足于大系统来恢复传统文化，如果只怀着急功近利的心态，单想抱住一门艺去恢复，结果

五、大道无垠——踏入中庸之境

往往是徒劳的,甚至会事与愿违。百年树人,大文化的恢复是需要多少代人的不懈努力的。而习艺的问题实质上是做人的问题,是需要人努力一生的,一切一蹴而就的想法都是不切实际的。因此恢复道艺的艰难性是客观存在的。人是艺之本,人成艺才成,做人难,成艺自然不易。习艺不忘本,则是习艺过程中最需要提醒自己与他人的地方。

射箭作为周代教育中的六艺之一,并被视为诸艺之道是有道理的。

射箭的历史极其久远,考古发现3万年前就有弓箭了。作为自卫、杀敌、狩猎的武器,大概跟人类的历史差不多一样久远。弓箭在古代能做到远距离杀敌,自然算得上兵器之首,直到近代火器的发明才逐渐退出战争的历史舞台。

但在中国古圣的倡导下,这种具有高度杀伤力的武器居然也能摇身一变,成为"射以观德"的礼器。这是中国文化最伟大的创造之一。

文与武是两个极端,但在中国文化里面这两端是存在于一体之中的,叫"文武一理"。就像一支箭,代表武的箭镞与代表文的箭羽是以一根箭杆相连的,表示文如不通武不算真文,武如不通文也不算真武。所以大武之人必有文气,大文之人必有武气,就像智、仁、勇三种品格在圣人身上必同时具备一样。

但射箭的文的一面是需要特殊的引导与培养的。孔子说:"射不主皮,为力不同科,古之道也。"射箭不看重射穿兽皮的强力,而看重静定才能射准的志正体直,这就将推崇强力的霸道转向推崇"发而不中,反求诸己"的王道,即从胜人转向克己,将外在目标转向内在目标,从而将习艺与修身有机地结合起来。

射术与射道：
对中国射箭运动术与道的探索

　　孔子又说："君子无所争，必也射乎！揖让而升，下而饮，其争也君子。"争与不争也是两个极端，而射箭又将这两个极端统一了起来，做到在不争中争，在争中不争。某些运动如篮球、足球等，双方面对面直接较量，都为了取胜，难免会出现伤害对方的小人之争，而射箭双方先作礼向对方表示敬意，输掉的一方下去要饮酒，表示自己是弱者。谁都不想承认自己是弱者而接受罚酒，所以谁都想射得好一些，这也是一种争，但这是一种双方都力求自己上进的君子之争，而不是想伤害对方的小人之争。难怪中国的圣人孔子是喜欢射箭的高手，印度的圣人释迦牟尼也是喜欢射箭的高手。试想，除了射箭，同时为中西圣人皆喜修习的技艺还有什么？由此也可见射艺在诸艺之中的独特了。

　　射箭不但在世俗社会中普遍传习，在儒道释三教中也有广泛传习，而真正达到百步穿杨的神箭手，自古以来却没有几个。这是一门易学难精、雅俗共赏的技艺。

　　既然射箭与修身有这么紧密的联系，我们就不难理解为什么古代的学校"庠""序"都是表示射箭的地方，选拔官员也要通过"射侯"，而乡射礼在古代为什么那么普遍。据说在现代的韩国尚能见到古代中国重视射箭的影子，而在中国，其衰落的程度与恢复的缓慢比起古琴有过之而无不及。没想到我二十八年前出于个人兴趣所译的小书《学箭悟禅录》在多年前就引起了徐开才先生的注意，并促使他思考中国射箭运动的方向，也促成他于退休之后一心挖掘、践行并推行中国传统射法。可喜的是现在国内已有不少高校成立了射箭协会，开设了射箭课程，像嵩山少林寺、江西石碧寺等寺院也开始将射学引进寺院。相信在不远的将来，旨在修身的射艺将会在学校、寺院、道观及社会上重新引起人们的普遍关注与研习。

五、大道无垠——踏入中庸之境

射道真正兴起之时,必将是中国文化全面复兴之日。我们将拭目以待。

余老师这篇文章我拜读了好多遍,从此我对中国传统文化的认知上又提高了一个层次。

过程与结果是射者追求的两种不同的目标。庄子认为:以道驭术,术必成;离道之术,术必衰。这种中国传统哲学观,对传统射术有实际的指导意义。中国射箭向这个方向走,才能真正变得强大。只有享受这个过程,才能体现出中国传统射箭的真正魅力。

这个过程分两个层面:宏观与微观。从宏观讲,学射这个过程可分为两个阶段,第一阶段是"以术悟道",中国自古就有"以术入道"的传统。第二阶段是"以道驭术",以道作为指导思想,具体指导技术修炼,这一周期就是一个完美的修炼过程。

《学箭悟禅录》记述的是作者去日本学东方哲学来修炼弓道,拜日本弓道大师阿玻研造为师。在老师的严格管教下,走的就是"学箭悟禅"这条路。经过6年艰苦的修炼,终成正果,悟到了禅,射术也得到提高,回德国后写出了这本世界畅销书。

当我得到这本书时,也是我大病初愈之时,正在思考我学射40余年来的坎坷之路,40余年来有辉煌,更有失败。中国射箭以后不能这样了,要改革。训练怎么改革,往哪里走?正在这个十字路口,《学箭悟禅路》送到我的手上。我如获至宝,拼命研读,结果我和此书无缘,愣是20来年怎么也没看明白。

对此事我曾反复思考过,《学箭悟禅录》的作者欧根·赫里格尔先生的老师——阿波研造大师,其前期的经历与我相仿。

据余觉中老师考证,阿波研造大师是日本一位百发百中的神

射术与射道：
对中国射箭运动术与道的探索

箭手，据有关资料推测他比我年长60岁，如健在已是百岁老人了。他应该是在少年时代就会演练弓道，1920年，在他不惑之年的某一个深夜，当他独自一人在演习厅面对靶子射箭时，突然产生了悟境：随着自我消失的念头掠过脑际，他听见一种奇妙的声音回荡在虚空中，那弓弦的嗡嗡声以及箭穿靶子的声音是那么地清晰、响亮、强劲，是他过去不曾听见过的，在那一瞬间，他的自我融入无边的虚空，化为无数的尘埃……他倾毕生之力经历了这次"大爆炸"似的神秘体验，并开始宣扬他的射道主张。"一生一射"与"射里见性"成为他射道主张的核心理念。根据学者研究，虽然阿波研造一生中跟禅师并未有过什么接触，也未有过禅坐之类的习练，但他通过精勤地习练弓道，自然达到了"弓禅一味"的境界。我在射箭上虽然没有达到"弓禅一味"的境界，但也下了不少功夫。我和阿波研造的不同之处，在于我没有同他一样倾毕生之力，经历这种"大爆炸"的神秘体验。

当时那个年代，我不论怎么学习也达不到这种对射箭认识上的飞跃。出于社会制度的不同和东西方文化的差异，是不可能将它们融于一体的，也没想过把它们俩凑一起。但是现在看来《学箭悟禅录》这本书的奇妙之处还要归功于"东西方文化的有机结合"，还可能是这位德国哲学家，在日本苦度6年，接触了东方文化的教育。那个时候我也在苦读与中国传统射箭的有关书籍，总感觉到它们有共同之处，就是没明白问题在哪里。我生无慧根，感觉到自己很笨，这样的事都悟不透。现在我看明白了些，东西方文化有相似之处。当年我们在解放军体育学院那个环境里面学的是毛泽东思想。结合射箭训练，读毛泽东的《实践论》和《矛盾论》最多。当年我精读的那本《毛泽东选集》，50多年了我至今还保存得很好。

五、大道无垠——踏入中庸之境

其实，我学射的经历与他差不多。我1958年学射，1966年"文革"开始，射箭训练被禁止，整整8年，那个时期正是我们比赛成绩的上升阶段，不论是年龄、身体、心理、智力等都是一生中的最佳时期，一心一意放在训练上。那时叫"天天练"，不是一天练一次，每天的上午、下午、晚上都在练，成天像着了迷一样，星期天是可休整的一天。即使是在休整日上午也必须去训练，有事下午才抽空进城。上进心也强，着了迷一样。那时有点成绩真是练出来的。我们在解放军体育学院，几乎年年都被评为"模范共产党员""五好运动员""学毛著积极分子"等，年年立功授奖。在解放军这所大学校里，受的是毛泽东思想教育。读毛主席的书，听毛主席的话，做毛主席的好战士。"文革"前的全国射箭比赛实行的都是双轮赛制，即男女各四个射，全国纪录分单项单双轮和全能单双轮共10项全国纪录。1960—1965年，个人全国纪录都由我一人保持。

1973年10月11日，加拿大特鲁多总理来我们国家访问的时候，在邓小平同志亲自陪同下参观了北京体育学院，观看了射箭队的表演后，特鲁多总理还兴致勃勃地体验了射箭。那时邓小平副总理刚刚恢复工作并兼管体育，能亲自陪同外国贵宾来观看射箭队的表演，全体射箭队员、教练员深受鼓舞。

"文化大革命"后我被调回北京，在北京体育学院训练期间，我又深刻认识到我的体育基础理论非常缺乏，我需要多学些这方面知识才能适应运动训练的需要。经院领导同意，院教育处批准，我跟随本科生，认真的学习运动训练学、运动解剖学、运动生物学、运动生理学、运动心理学等各学科的知识，这次学习不仅提高了我对运动训练理论的认识，而且提高了我对射箭项目的认识。国家射

射术与射道：
对中国射箭运动术与道的探索

箭队在北京体育学院训练 12 年，这些年来我在这个高等学府，学了不少知识，结识了不少高水平老师，也解决了不少射箭基础性的问题；与此同时，在各科老师的帮助下写出了中国第一部射箭教材，大幅度提高了我对射箭项目的认识和训练水平。

那些年来，我在解放军体育学院院苦练，破过两项世界纪录，破过若干次全国纪录，连续五年全国比赛个人全能冠军。我参加过多次奥运会、亚运会、世界锦标赛等国际大赛，国内比赛若干次。每次比赛不论成功与否，我都认真进行总结。我这个经历和阿波研造差不多。北京体育学院我待了 12 年，我利用一切机会学知识，加上"文化大革命"流浪 6 年，共 26 年的时间，这是我学射的第一阶段。这一段时期我什么都想学，可就是没接触"禅宗"方面的知识。

《学箭悟禅录》是帮助我敲开中国传统射箭这扇大门的敲门砖，余觉中老师又引领我在中国传统射箭这片广阔的天地里遨游学习，学习这么多传统射箭的知识，推动了中国传统射箭向纵深发展。

中国传统射箭爱好者大都在研读这本书。这本小书之所以在全世界都被认可，是因为书中的哲学道理不仅射箭可用，各行各业都能用。希望中国射箭爱好者都来悟这本书。

前几年我有缘看到了季羡林老师的一本《人生的境界》。上面有篇文章《禅趣人生》，是他老人家 1995 年 8 月 15 日写的。我对他老人家是敬仰已久，也读过他不少书。因为那时我正在苦读《学箭悟禅录》，此书看得晕头晕脑，如看"天书"，不得其解。我一看是说"禅"的书，就认真研读。季老的文章写的好，虽然写的是大问题，文字用得很少，不像我看《学箭悟禅录》一样，十几年没看明白。季老在文章中讲："古今中外，关于禅学的论著，可谓

五、大道无垠——踏入中庸之境

多矣,我也确实读了不少。但是,说一句老实话,我还没有看到任何书,任何人能把禅说清的。"我反复琢磨后,感到季老说了大实话,说不清就是说不清。不像有些人本来说不清的事,瞎编乱造糊弄别人,还写了些他自己也不明白的话欺骗别人,害人不浅。季老才是真正的学者、老师。看了季老这篇文章,我脑子忽然清醒了。我虽没把"禅"看明白,但季老的意思我明白了。季老说:"也许妙就妙在说不清楚。一说清楚,即落言筌。"

我为什么说季老这篇文章我看明白了,有两点。我不是看明白了"禅"的内核,而是看明白了季老对禅的理解,我很同意他老人家的理解。据说"禅"是外来语,传到我们国家千余年了。"禅"在国外有国外的解释,在国内千余年来传说就多了,怎么说的都有。正能量的说法有启发人们的智慧,悟性,搞好本职工作,大的说法有如何建设国家,造福人类等;也有假禅师装神弄鬼,危害人民,危害国家。谁也说不清楚是怎么回事,扰乱人心。我理解"禅"没有那么复杂,人们的生活就是"禅"。大到建国大计,小到生活小事,都与"禅"相连。

"禅"的伟大就在于,在悟禅的路上没有终点,永远在路上,永远悟不完。老人家这句话,让我明白了一个道理,有些问题是说不明白的,说不明白就去悟。想想我当年带队比赛时,即使用同一个周期训练计划,比赛结果往往也不一样。以后逐渐懂得了,因为事物是在不断发展变化,运动员技术状态不同,训练计划必须随时调控才行。不明白是绝对的,明白是相对的。越悟越明白。传统射箭的修炼规律也是这个道理,要不断学,不断悟,对修炼规律的认识才会步步深入,这是从事教练工作的差异。

（二）调控训练

1. 机缘巧合

第 11 届亚运会于 1990 年 9 月 22 日至 10 月 7 日在中国北京举行。这是新中国举办的第一次综合性的国际体育大赛，来自亚奥理事会成员的 37 个国家和地区的体育代表团的 6 578 人参加了这届亚运会。中国派出 636 名运动员参加了全部 27 个项目和 2 个表演项目的比赛。

能举办亚运会对中国来说是中华民族的光荣。在这亿万人瞩目的盛会上，中国射箭队比赛失败了，这是一件天大的事情。比赛失败了，我百思不得其解，不知道原因何在。我就给领导写了个请辞报告，辞去国家射箭队总教练的工作，领导不同意。我给领导说，我不是不愿意干了，是我不知道今后该怎么带队员训练了。领导说技不如人，认真总结一下，争取下次大赛打个翻身仗。

当时第十一届亚运会在北京举办，全中国家喻户晓，我们这些搞专业的人更明白这件事对我们来讲意味着什么。总局更是高度重视，层层动员来布局工作。我们的训练工作进入了迎战亚运会的冲刺阶段，从训练计划的制订到每日的刻苦训练，能想到的都想到了，能采取的措施条条落实。忙忙碌碌了两三年比赛却以失败告终，这就像天塌了一样，当场就有点懵。冷静下来后我就开始反省，这几年费了这么大劲，真是苦练了，一点都没有休息，冬训期间晚上都安排训练，达到了"挑灯夜战"的程度。就是这样练，运动员也从不叫苦叫累，想到后来我都感觉到很对不起这些运动员，执行我的训练计划从不打折扣，我却把他们带到失败中去了，我是个不称职的教练。领导不同意请辞，我就认真回忆我的训练过程，

五、大道无垠——踏入中庸之境

认真总结我的训练工作。认识到我训练有失误,进行了费力不讨好的训练。我虽然从事了这么多年的射箭,但我对射箭运动的认识还很肤浅,还没有达到认识射箭运动深层的训练规律,在射箭训练中有些问题还没认识到,是个只懂射箭皮毛的教练。带着这个问题我认真的去找资料,查书籍,找我熟悉的学者、专家,仔细给他们讲我的训练计划,训练安排,他们都认真帮我分析,给我很大的安慰和帮助。现在仔细想一想,他们的意见都很珍贵,但思想深处那个结还没解开。

1987年在澳大利亚举行的第34届世界射箭锦标赛上,马湘君和姚雅文分获以冠军和季军,这次比赛女队表现很突出。如果不是因风大马少荣射出了一支失误箭,很可能我们就是女团冠军的得主,取得这样的成绩领导们都很高兴。回到北京后,徐寅生副主任来射击场看训练,对我说这次比赛成绩很好,但成绩出早了一年,要等第二年[1988年汉城奥运会,汉城(今首尔)]出现这个成绩,那就好了。这其实是我面临的最大问题,我的训练还处在必然王国里,我还左右不了训练进程。为了解决这些问题,我认真学习了运动训练学的知识,这使训练水平提高了不少。但就如何进行射箭运动的训练,我没理清。我最大的困惑是,带领队员认认真真练了,各种办法都想了,怎么还不行,付出和收益不成比例。1987年世锦赛主力就是"两马一姚"(马湘君、马少荣和姚雅文)。1988年汉城奥运会还是他们三人,比了几百支箭的预赛,仅一环之差未进决赛,当时我就想这是天意。1990年北京亚运会又失败了。那一年我到处请教专家给我答疑解惑,访问了不少老师,他们都热情为我讲解。我回来后认真分析思考,还是没解决问题。在走投无路之时,我去内蒙古呼和浩特看了场全国射箭锦标赛,在那里我遇到了"贵人"。

射术与射道：
对中国射箭运动术与道的探索

  1991年9月，全国射箭锦标赛在内蒙古呼和浩特举行，这是当时国家体委每年都会举行的锦标赛，国家队队员都回到各省市，代表各自的单位参赛。开始我没打算去，临近又决定去看看。当天还碰到了广东省队教练李顺福①，他是我1965年去沈阳招收的队员，我们关系很好。他看我情绪不好，就问我怎么回事，是不是身体不好，我说国家射箭队总教练这个工作我不想干了，想辞职，领导不同意。他惊讶地看着我，我就详细向他介绍了亚运会比赛失败的情况，他说我知道。我说我不是不想当这教练，只是不会当了，辛辛苦苦这么多年还是失败了，我很茫然，我不知道下一步该怎么带队员进行训练，不想混了。他说，你怎么能不干，你辞职了我们怎么干。我给你介绍位科研工作者，近期来我们队调研，他叫许永刚，是广州体院科研处处长，是个篮球教授，对训练学很有研究。在运动训练上有些新的认识，你找他谈谈说不定能帮你解决些问题。晚上他就带我去见了许老师。许老师很年轻，虽是体育教授但文质彬彬，有些学者风度，听说不喝酒不吸烟，就喜欢看书、写文章。见面后我就下意识感觉此人能帮我解决问题。

  开始我们谈得就很投机，有相见恨晚之感。开始谈的是一般运动训练，后来又从我对射箭运动训练的认识，具体谈到亚运会前近两年的训练，最后详细谈了亚运会比赛的失败。主要是听我说，他不时也插几句提些问题。我说，亚运会的失败是件天大的事情，带队真是经历了艰辛万苦，该想的都想了，该练的都练了，大家无怨

---

① 李顺福（1950—），山东烟台人。高级教练。中国人民解放军体育学院毕业。曾任广东省射箭队教练组长、广东省射箭协会副主席。

五、大道无垠——踏入中庸之境

无悔,结果还是失败了。我知道训练上有问题,但是什么问题找不到,下一步怎么练我不会了。我只得请辞,请别人干肯定比我好,领导不同意,说总结教训,继续训练。从那时开始一直到处取经,总没有找到我所要的答案。李顺福让我来找你,是来向你取经的。就这样连续向他汇报三个晚上了,他仍是中间插几句话,从不进我希望的主题。我知道,他是知道我找他的目的,我耐心地等待。第四天晚上,我又去找他说,明天是比赛最后一天了,比赛结束大家就都回去了。昔日刘备三顾茅庐,躬请卧龙先生出山,共图霸业。我岂能与刘备相比,谈了这么多,我的良苦用心,他应该明白。我希望他对我的训练提点建议。我感觉到他不是给我摆架子,他这几天是在根据我的训练计划认真思考问题。

许老师静静想了一会说:"你训练抓得很好,计划周密,和队员一起吃了不少苦,是位优秀的教练。但你忽略了一个很重要的问题,即缺乏对运动训练进行适度的'调控',所以训练效果不好。运动不是光训练就行,怎样训练才是最重要的。"

我听到"调控"两个字,脑子里有了激烈的反响。

我立刻回想起了这几年的训练,天天在练,有时晚上加班还是练。每天都在练怎么没有想一想怎么练,这就是我训练的最大失误。我立刻感觉到,这就是我这段时间苦苦思考而未解的问题,这是我多年来没解开的"结"。我的脑子立刻敞亮了,许老师的一句话,有的放矢,给我指出了以后训练的光明大道,明确了下一段训练的指导思想。当场我就给许老师鞠了个躬,说:"谢谢您的帮助,我现正式聘请您为中国射箭队的科研顾问,回北京就把聘书寄给您。"许老师愉快地接受了我的邀请。

当晚我和许老师就谈起以后训练工作的事情,当时面临的首要

射术与射道：
对中国射箭运动术与道的探索

问题是翌年的奥运会。当时距奥运会还有不到一年的时间，我回北京就组建国家队，准备去广西武鸣射箭训练基地冬训。最后希望许老师回广州后安排一下工作，能尽早到队，我还有好多问题要向许老师请教。

第 25 届奥林匹克运动会在 1992 年 7 月 25 日至 8 月 9 日在西班牙巴塞罗那举行。留给我们的时间不多了，还有三个阶段的工作需要安排，第一也最重要的一个是冬训阶段，安排好冬训阶段的工作，是冲击奥运会的基础；第二是选拔奥运会队员；第三是冲刺阶段，即赛前训练阶段。请许老师当即思考这三段怎么安排，当时主要是看冬训 4 个月怎么训练，请他安排个预案，他到队后再具体研究落实。

在回北京的火车上，我仔细想这次呼和浩特没白来，找到了一位不是来写论文的而是来帮忙的名师，训练起来就放心了。因为我们有一群经过多年训练、吃苦耐劳、基本功扎实的运动员。当时我就预感到如果调控训练解决好了，将会成为训练上一次质的飞跃。我渴望这一天早日到来，巴塞罗那奥运会将有翻身的希望。

当时我也想，女队这两年比赛不尽成绩如人意，像当年的马湘君、王红、马少荣、姚雅文和王晓竹等实力都很强，就是我这个当教练的训练安排上有失误，致使 1988 年汉城奥运会仅一环之差止步前八名，后又造成 1990 年亚运会的全军覆没。

后来请许老师来队里，又深入了解我们许多的训练情况，我们共同研究射箭项目的训练特点及规律，为 1992 年巴塞罗那奥运会前的训练做准备。

许老师到队里后，与我们同吃、同住、同训练，研究了许多有关射箭运动训练的问题。许老师是位没有架子的学者，我们成了

五、大道无垠——踏入中庸之境

好朋友。他和运动员的关系也很融洽，运动员有什么事也愿意跟他谈。当时我还有一个打算，就是请许老师给大家讲课，讲运动训练理论课，提高大家的认知水平。"调控"训练理论达到上下认识一致，训练效果会更好。许老师理解这样安排的意图，他结合射箭运动的项目特点，有针对性地讲课，有的放矢，运动员也愿意听，起到了良好的效果。

就是在这种融洽的气氛中，我们对射箭运动的训练规律进行了深入的探讨。研究出了几套行之有效的训练方法，最先落实的是冬训的具体计划安排，制订出了各种周期的修炼计划。特别是制订出了2套奥运会赛前8周的训练预案。还制订出了几套不同类型小周期的组合，供修炼中参考。这些方法、计划和预案的最大的特点是可调，要跟踪运动员的修炼状态进行及时调整和控制，配合教练员主动参加调控训练，这种修炼调控运动员是认可的。

这一段时期我们和许老师在一起探讨，是科研工作者和教练员的最佳组合。他用他的理论和学识，我用我多年执教的经验与教训，我们相互交流、相互学习，取长补短，达成了许多射箭运动修炼的共识，我也学到了许多知识，训练水平有了质的飞跃。不像以前有些科研工作者，到队里来不是来帮助解决问题的，而是来写论文的，收集完材料一走了之，再不过问。有一年科研单位来找我们座谈，那位领导开头就说。当时我想这是领导讲的话吗，我们射箭成绩不好，你可否给我们来点雪中送炭。看到这个座谈会和射箭没关系，我就走了。

在射箭运动的修炼上，是不能任技术状况自由发展的，特别是高水平选手，训练不能搞自由主义，不能想练什么就随他练，怎么舒服怎么练，不能自负，太自负就会走向反面，历史上这方面的教

训不少。这种放任自流的修炼是极不负责的,教练对运动员的训练不能失控,要根据运动员的综合技术情况,适时地调整量与强度的不同组合、训练方法与手段的不同组合、小周期类型的不同组合等等,以此来调整和控制运动员的技术状况。现在修炼讲究"术道并重",虽说术好练,道难修,但在修炼"术"的过程中也要提高认识,不断完善以此提高竞争力。要讲究科学训练,克服训练的盲目性,提高训练的自觉性。不论新老选手,在射好时一定要注意,要在训练上采取保护性措施,保护好这种状态,保护好已形成的动力定型,保护好运动员训练的积极性,以增加可持续发展的后劲。

经过了一段时间的讨论,提升了我们对于射箭运动调控训练的认识,初步掌握了调控训练的方法和步骤。

2. 训练调控

调控训练是根据运动员的训练状态,采用不同的训练手段、方法、"负荷量"与"负荷强度"的不同组合等,对训练过程进行适时的调整和控制的训练方法,是射箭运动训练的灵魂。

毛泽东曾在1948年在对报社编辑人员讲话时,就曾引用"文武之道,一张一弛"的典故,利用射箭过程的"一张一弛"来指示报社的工作,这"一张一弛"就是我们射箭训练中需要做到的调控训练。

修炼调控是有条件的,必须具备良好的修炼基础、良好的技能、良好的体能和良好的心理,这样调控后的训练效果才能体现出来,否则调不调都一样。运动训练是个很复杂的东西,它面对的又是更加复杂的人,人是一个活体,时刻在变化之中。如果不动脑筋,用一成不变的方法去修炼,只能是碰南墙,碰了南墙还不一定知道回头。

五、大道无垠——踏入中庸之境

调控训练的依据是负荷、应激与恢复原理,竞技状态的形成与科学调控原理,周期性与节奏性原理,以及竞技能力的训练适应原理等而确立的运动员在修炼过程中必须遵循的准则。其主要目的是更科学、更合理地安排修炼内容和运动负荷,以使运动员的修炼水平和运动成绩不断地提高。

科学调整运动负荷原则是指在修炼过程中,根据修炼的任务及个体情况,并按人体机能的修炼适应规律,以大负荷为核心,坚持长期、系统和有节奏的运动负荷。这里有一个重点是"以大负荷为核心",修炼的目的是提高技能,技能就是"功夫",功夫是练出来的。

这个问题从理论上讲好理解,落实到修炼实践中难度很大,因为修炼过程太复杂,运动员的技术和修炼状况千变万化,怎么合理安排修炼才是最大的问题。我们就请许老师同几位训练学专家帮我们分析讨论。我给他们讲我们自己的修炼计划,是怎么练的,比赛是怎么失败的等。最后我们讨论出了以下几条,在训练中用起来效果不错。

当时我们认识到修炼计划的安排非常重要,修炼计划的制订要科学合理,每个阶段的修炼重点要突出,措施要得力。

现代运动训练理论与实践证明:运动训练过程实际上是一个复杂的系统训练工程。从整个训练过程的时间划分来看,一个优秀运动员完整的成长过程实际上是由几个多年的训练过程组成。因此,在漫长训练过程的任一训练时间内,都应有不同的训练内容与之相对应,从而使各类繁杂的训练内容,在有机相连的训练时间序列轴上得到系统的安排。从整个训练过程的结构划分来看,任何不同时间跨度的训练过程基本结构实际上是由运动员现实状态的分析、训练目标的确定、训练方法的设计、训练方案的实施、训练过程的监督和训练结果的评定六项基本因素组成。其中,每项基本因素又由多种因素组成。由此可见,在运动训练的实践过程中,教练员不仅需要掌握进行某一训练内容方面的具体"工艺"手段,更重要的是,还应掌握科学控制运动训练进程中的"工程"方法。唯有如此,教练员才能科学驾驭整个训练过程及其各阶段的训练工作。现代运动训练控制理论的产生,不仅为现代运动训练的理论宝库提供了具有划时代意义的指导思想,同时也为现代运动训练过程的科学控制提供了具有重大意义的应用手段。

小周期在运动修炼过程中起着十分重要的作用,技术状况的调控,竞技状态的形成等都是通过变换不同类型的小周期来实现的。

不同类型修炼课的组合,构成了不同类型的修炼小周期;不同类型修炼小周期的组合,构成了不同类型的修炼中周期;不同类型的修炼中周期组合,构成了修炼的大周期。在这些不同类型的修炼组合中,小周期起着承上启下的重要作用。因而,安排好小周期的修炼是搞好修炼的重要部分。

3. 无始无终

许老师帮助我们对射箭运动修炼小周期的具体内容进行了系统的分析研究,并研究出了若干类型的小周期。小周期的类型是根据不同小周期的修炼任务来确定的。一般分为三种类型:准备性小周期、比赛性小周期和恢复性小周期。根据射箭运动的修炼特点,又具体分了如下的若干小周期。

这次共安排了18个小周期,还可以分细些。作为一个大周期的修炼,从始至终安排就够了。从第一个引入性小周期开始,到比赛性小周期共17个,赛后安排一个休整性小周期共18个。前17

五、大道无垠——踏入中庸之境

个小周期,就是17级台阶。台阶是往高处爬的,越高难度越大。但是对技术规范的要求是不变的。第一级是这样,到比赛的第17级仍然是这样,走得要更流畅才行。如果中间有一个台阶失足了,再爬可就难了。所以作为一个射手必须高度重视每一个修炼小周期的内容安排。为更好贯彻"道术并重"修炼的原则,在每一个小周期修炼时还必须共同遵守以下几条原则。

静 清静无为,静为躁君。静是动的主宰。动起于静,而又复归于静。

平 射不动心,心如止水。

聚 聚精会神,心无旁骛。

创造一个好的修炼环境,保证每一堂课都是建设性的。

(1)引入性小周期。修炼开始的第一周安排小周期。本周期的主要任务是将运动员的机体引向即将开始的紧张的基本修炼,通常安排在准备期的第一阶段,因而也是全年修炼的开始。运动员经过一段时间的休整,身体往往很难一下子进入紧张的修炼状态,容易出现疲劳或损伤,直接影响准备期第一阶段的正常修炼,引入性小周期的安排能促使运动员机体尽快进入修炼状态。

本周期负荷总量不高,其作用在于将运动员的机体引向紧张的修炼。该周期的修炼,技术方面应以拉放橡皮筋、拉弓和撒放基本功等基本技术修炼为主;身体修炼方面应以全面身体修炼为主,专项身体修炼应遵照循序渐进的原则逐步展开,防止出现对局部肌肉群的过分刺激,造成恢复过程加长,影响整体的修炼进度。

因为该周期是处在一个大周期的起始阶段,意指一个新的训练阶段开始了,因而在技术上需要完善和强化的部分应十分明确,并逐步开始进行严格的、规范的系统训练。

射术与射道：
对中国射箭运动术与道的探索

最复杂的技术要从最简单的修炼开始。本周期的训练内容都比较简单，更应用"心"去修炼，方可达到预期的修炼效果。

（2）撒放性小周期。本周期修炼的主要内容是近距对草靶射箭。本期也具备引入性小周期的功能，有两个主要任务：一是通过撒放基本功的修炼，让身体达到恢复和适应作用。二是对技术上需完善和强化的部分继续进行严格的、规范的、系统的强化训练。撒放应在 5～10 米进行。

撒放性小周期具有双向调节的作用，技术状况好时，可以起到强化技术的作用；技术状况不好时，可以起到完善技术的作用，是调控修炼的主要手段。

带有基本技术性质的小周期，在修炼中有一个共同的要求，不论是拉放橡皮筋、拉弓或撒放基本功，其动作程序和技术规格的要求必须和规范动作、比赛同步；必须按射箭基本技术的要求，对规范动作、起射节奏和心态进行缺一不可的全面训练，要采用高标准去完成各项内容的训练，起射节奏方面要做到"宁慢勿快"。否则，就失去了这些小周期的训练意义。

撒放基本功修炼，是用弓射箭最简单的方法，但也是"道术"同步的最佳修炼方法。虽然方法是简单的，但态度必须是认真的。修炼时要做到心无旁骛，心静如水，道术一体，节奏宁慢勿快，为道术结合创造条件。

本类型的小周期可安排较大负荷量和中、小负荷强度的修炼，大负荷量主要作用是强化动作规范，负荷强度主要体现在对每一支箭的认真思考和评价上，真正做到"术道并重，内外兼修"的要求。

（3）撒草性小周期。本周期是由撒放基本功向射草靶的转移，

五、大道无垠——踏入中庸之境

射草靶就是在比赛射程上对草靶（不贴靶纸）进行基本技术的修炼。本周期以撒放基本功为主，部分穿插在比赛射程上的射草靶修炼，修炼难度提高了一步，逐渐让运动员在心理和技术上进行一种适应，也是将在撒放基本功修炼中所获得的运动技能向比赛射程上的转移。

转移在基本期是一个很重要的修炼环节，解决好了就可将在撒放基本功修炼中（基本期的前期）所获得的运动技能转移到实射或比赛中去。否则，距离一拉开，一上环靶，基本技术修炼期间所获得的运动技能就开始消退，起射节奏变了，技术规格也不规范了，有的又回到上周期的"老路"上去了。本周期的转移是初步的，也是转移的开始，因而一定要做到基本技术修炼怎么起射，在比赛射程上就怎么起射，绝不走样。

这种类型的小周期也具有双向调节的功能，是初学者应多采用的方法，因为它对形成良好的动力定型是非常重要的。难度高了一点，但方法还是简单的，用简单的方法去练难度大的技术，关键的问题是要求不能变，修炼态度要端正，在技术规范的要求上绝不后退，否则就前功尽弃了。

（4）草撒性小周期。本周期是由射草靶向射环靶转移，修炼难度又提高了一截，这个提高是逐步的，是自己一步一步走上来的。本周期以在比赛射程上射草靶为主，并进行一定比例的射环靶修炼，两种方法穿插进行。其主要目的是将良好的起射节奏、技术规格和用力感觉在比赛射程上表现出来，逐步向环靶转移。

该周期是撒草性小周期的深化，进一步强化在基本技术修炼中所获得的运动技能，并坚持继续做好运动技能的转移工作，这个转移既是初步的又是深刻的。所谓初步的就是对技术修炼的各种要求，只能坚持，绝不后退。不能降低修炼标准或减少难度。坚决按"术道并重"的原则进行修炼。

这几种类型的小周期对运动技能的积累是十分重要的，作为一种修炼手段，也是调控技术状态可采用的方法。因为它们都具有双向调节的功能。

（5）草强性小周期。本周期要在射草靶的修炼过程中把强度提高起来。在射草靶的过程中提高修炼强度，在草靶上设一个较模糊的目标，（不贴标准靶，放一个大于10环的目标）要求箭中靶的密度，这对心理和技术上是一种适应。该周期是前几个小周期的延续，是不断提高修炼难度的具体手段，也是进一步做好"转移"工作的一个重要环节，修炼难度不能降低。其主要目的是实现起射节奏、技术规范、用力感觉及箭的密度"四位一体"的统一。也是实现"术道并重"修炼的有效手段。

（6）发展性小周期。从本周期开始射箭修炼就进入一个新的阶段。本周期的修炼特点是以基本技术修炼和一般体能修炼向专项修炼过渡。

在过渡修炼过程中，要求起射节奏、技术规范、用力感觉、心态等均保持基本技术修炼时的标准，使动作程序和心理程序，也就是说使"术"和"道"的修炼同步进行。否则，就达不到本周期的训练目的。

本周期一般安排在基本技术修炼向综合技术修炼的过渡时期。在一般冬训的中前期要安排这样的周期，以达到良好转移的目的。

在前几个小周期中，反复强调了技术动作的转移问题，如果转移的效果不好，就应专门安排这样1个小周期，以更好地解决技术的转移问题。

五、大道无垠——踏入中庸之境

（7）分化性小周期。所谓"分化"，就是把"正确"与"错误"的动作进行鉴别。这是一个比较特殊的训练小周期，分化修炼本来是应该对射出的每一支箭进行反省和鉴别的，安排这种小周期是将比较模糊的技术动作通过分化修炼，使运动员明确哪些是正确的，哪些是错误的。要达到这一目的，需要有一个专门过程，故作为一个单独小周期来安排，希望大家对射出的每一支箭进行认真鉴别。

其具体方法：运动员在心无旁骛的前提下，对环靶进行实射修炼，许多箭射在一个靶面上，从箭射到靶面上的位置，可以看出运动员技术动作的优劣状况。

进行这种训练时，运动员不要受靶面情况的影响，更不能受人为的干扰，要以规范动作为标准进行起射，才能达到预期的效果。

运动员通过这种修炼，可根据箭命中环靶的位置对技术动作进行分化。体会命中高环区的箭是什么感觉，命中低环区的箭是什么样的感觉。这样经过多次反复修炼，运动员就可以区分什么样的起射过程是正确的，什么样的起射过程是错误的。对于一名运动员来说，能分清楚起射过程的正确与否是十分重要的。只有这样，运动员才能明确在修炼中该强化什么，该消退什么。最终才能提高修炼的效益，才能保证完成一次成功的修炼。如果正误都分不清楚，这样的修炼是危险的，有可能是在进行破坏性的修炼，射手所射出的每一支箭，不是在强化一个正确的动作，就是在强化一个错误的动作，二者必其一，没有第三条路可走，修炼态度决定修炼结果。

（8）撒环性小周期。射环靶的修炼过程离不开撒放基本功的修炼。通过基本技术的修炼，基本上掌握了理想的起射感觉。这是一个十分重要的小周期，与前几个小周期不同，开始接触环靶，是一

射术与射道：
对中国射箭运动术与道的探索

个大周期的转折，也是做好转移工作的关键一环。就一个训练周期来讲，这是一个拐点。

"拐点"是事物发展过程中，运行趋势或运行速率变化的一个点。对射箭运动的修炼来说是很重要的一个点。就冬训而言，一般意义上我们会分两部分，冬训的前期以基本技术修炼为主，目的是通过冬训的各种训练方法，来提高和完善运动员的体能和技能。但这不是冬训的最终目的，冬训的主要目的是全面提高竞技能力，在之后的比赛中创造优异的运动成绩。冬训的前半期进行的以基本技术为重心的多种修炼，是为后来创造优异成绩打基础的。这类打基础的训练时间很重要，不能无限期延续下去，那么需要按运动员的状态，找准这个拐点，拐早了修炼程度达不到该达到的标准，修炼做了夹生饭；拐晚了也没用，这个拐点时间点的选择是非常重要的，是对一个教练的真实考验。在这方面我有过失败的教训，也有成功的经验。若不到拐的时候拐了，训练不到火候。需要厚积薄发，大量地、充分地积蓄，才能喷薄而出。实践证明，基本技术的修炼水平，决定着竞赛期的比赛成绩，也可以说优异的比赛成绩是建立在基本技术之上的，基本技术的量与强度达不到应有程度，是不能轻易拐的。正式进行全面射环靶前，一定要做好充分准备，在射环靶过程中一定要把握好起射质量。其中最难的是起射节奏和起射心态，最易走回头路的也是这两点。所以，上环靶后一定要做到"射不动心"、起射节奏不能变，这两条做到了，才是真正做到了"术道并重"，就为下一步创造优异成绩扫清了前进道路上的障碍。其次是把握好用力感觉，真正做到动作不变型，用力不走样。寻找这种感觉要靠基本技术的修炼，保持这种感觉也靠基本技术的修炼。

五、大道无垠——踏入中庸之境

一般情况下，本周期修炼比例：撒、草、环各占1/3。采取进一进，退一退，逐步过渡的方法。

（9）草环性小周期。本周期以在比赛射程上射草靶为主，根据技术状况穿插部分环靶实射。这是一种逐步提高训练难度，继续进行技术转移的修炼小周期。要用较大的训练量和较高的强度进行修炼。

本周期草、环各占多少比例要根据技术状况进行安排。技术状况好时，环靶比例多些，以达强化规范动作之目的。否则，射草靶比例多些，以达到完善技术的目的。

这种类型的修炼小周期在各个周期内都可采用，是一种调控技术状态很好的手段。

（10）环草性小周期。本周期以射环靶为主，根据情况进行一定负荷的射草靶和撒放基本功的训练。射环靶的目的不是为了射多少环，而是通过射环靶训练来强化在基本技术训练中所获得的运动技能。要求射手用规范的动作完成射环靶的任务。

运动技能转移到这一步，到了关键的时候，在射环靶时一定要做到用力感觉、技术规范不能变和起射节奏不能变，保证"哲学三秒钟"落实，力争实现心理程序与动作程序的高度统一。用"术道并重"的核心理念，用清静无为的保驾护航，保证规范动作的具体落实。

训练到此，算是一道难关，要下决心过这关。这一关过去了，才算取得了第一阶段修炼的初步胜利。否则，可真是又回到原来的老路上去了，白白浪费了前面辛勤的修炼成果。

根据修炼状况，安排好草、环靶的修炼比例和顺序，有时可交叉进行，以达到最佳修炼效果。

（11）环突性小周期。本周期是按比赛要求进行修炼，在比赛射程上以起射为主的小周期。以比赛环境为条件，进而发现修炼中的问题、提高修炼质量、改进修炼工作，最终使运动员产生与重大比赛相适应的最佳竞技状态为主要目的。比赛修炼法是根据人类先天的竞争和表现意识、竞技能力形成过程的基本规律和适应原理、现代竞技运动的比赛规律等因素而提出的一种修炼方法。其基本结构是由比赛规则、比赛环境、比赛对手、比赛方式、比赛负荷、比赛间歇时间与方式等因素组成。采用此方法进行修炼，有助于增强运动员坚韧不拔、顽强拼搏、努力奋斗的进取精神；有助于强化运动员自觉积极、全心投入、刻苦敬业的训练作风；有助于培养运动员遵纪守法、尊重裁判、尊敬对手的思想道德；有助于提高运动员沉着稳定、机智果断、临危不惧的心理素质；有助于形成运动员同舟共济、团结一致、协同作战的集体观念；有助于发挥运动员心身相应、骁勇善战、高度发挥的竞技能力。

　　本周期是以射环靶为主的大强度修炼周，其结构和持续的时间以即将参加的比赛为目标。也是一个促进竞技状态形成的小周期。对于那些技术状况良好而成绩不甚理想的运动员，可以通过此种小周期促进成绩的提高。

　　在本周期修炼中应特别重视修炼的"质量管理"，以高标准的技术规范来完成每一堂修炼课，实现心理程序与动作程序的同步。在本周期的修炼中，如果心理因素和技术因素发生矛盾时，一定以心理因素为主；万万不可为多射几环，安排那些不该安排的修炼内容，那可是得不偿失的事情，始终坚持"术道并重"的修炼原则。

　　如果训练强度上去了而技术规范下来了，这就是一堂失败的修炼课，一次失败的修炼小周期。射箭运动的修炼强度不仅表现在对环数的要求上，同时也表现在起射过程的动作规范质量上，不仅表

五、大道无垠——踏入中庸之境

现在技术上,更表现在心理上。我们说基本技术修炼中也有强度,就是这个意思,不过难度不同而已。

该周期也应保持一定量的基本技术修炼,以保持运动员技术动作的良好感觉和在大强度修炼中消耗的技能得以及时补充。

在本周期修炼前,应根据本周的性质,制订出详细的比赛方案,以便使运动员深刻理解本周期内容的安排目的、方式。周后应认真总结比赛中的经验教训,以便使运动员深刻地了解目前修炼过程的不足之处。从而促使运动员今后能够更加积极自觉地科学修炼。

(12)突击性小周期。这是一个修炼强度很大的小周期,所谓"大",不仅表现在数量上,更表现在对修炼质量的把控上。本周期修炼总量要大,负荷总量要高。其任务是促进运动员的机体产生适应性过程,该周期构成准备期的基本内容,赛前也可广泛采用。

该周期中的体能训练,以专项体能为主,技术也以专项技术为主;保持技术与体能的平衡。兼顾全面体能和基本技术修炼。同时应加大修炼的负荷量或负荷强度。

本周期就是大负荷修炼周,虽说大,但不是越大越好,要有一个科学的量。其标准就是技术规格的质量,在保证技术规格质量的前提下,负荷量越大越好,它会更有效的促进运动员的机体产生适应性过程,也会对正确的技术规范起到良好的强化作用。否则它会起到破坏作用。根据射箭运动的项目特点,负荷的大小是相对,如果每周每堂是100支,老用这种负荷修炼,就是大的。如果一堂课300支,一堂课200支。那一堂的100支就是休整性的小负荷,运动员对此很敏感。所以负荷的安排一定有节奏感,反差要大,这样修炼效果最好。

在修炼中,负荷量应有明显的节奏,该大时一定要大的上去,该小的时候一定要小下来。在负荷量的安排上千万不可平推。该大，大不上去；该小，小不下来，这样的修炼效果不仅是负面的，还易造成疲劳。如果对安排最大负荷量心中无数时，宁可小一点也不要过了头。但最终必须找到修炼量大、中、小的最佳负荷节奏。

（13）引导性小周期。本周期为赛前修炼周期。修炼内容应多样化，其内容取决于运动员接近比赛要求的引导方式，取决于运动员的个人特点和最后阶段的修炼特点。在该周期中，可模拟即将进行的比赛状态，解决全面恢复和心理调整问题。

这一小周期安排在赛前1周，也可以称为"赛前诱导"小周期，在该周期中，力求使运动员的机体逐渐适应比赛的要求和条件。把在前期修炼中所获得的各种技能集中到专项比赛的特定方面，提高专项竞技能力，形成比赛所需要的良好竞技状态。而这种状态是处在整个发展曲线过程中的上升阶段，而不是到最高阶段。

由于本周期是处在赛前1周，小小的失误便会导致比赛的失败。因而在修炼安排上应提高科学性，防止随意性。在实际修炼中应确保每一支箭的高质量，不一定每一支箭都要射进高环区，但每一支箭都必须做到心中有数。这样在比赛中才能把握住取胜的机会，避免或减少失误箭的出现。

本周期的修炼不要一刀切，修炼的针对性要更强，也应带有一定的调控性质。本周以小负荷量、中负荷强度为宜。要注意运动员心理变化，控制好负荷总量，防止出现过度修炼。要创造一种轻松的修炼氛围，让运动员在一种"无为"的心态下进行修炼。

（14）恢复性小周期。本周期恢复为主，防止疲劳积累。强化恢复修炼原则是依据负荷、应激与恢复原理、周期性与节奏性修炼原理、竞技状态的形成与科学调控修炼原理以及竞技能力的修炼适应

五、大道无垠——踏入中庸之境

原理而确立的。该原则是运动员必须遵循的准则,其主要目的是使运动员在大负荷训练后得到科学的恢复,从而更好地提高训练水平。

强化修炼原则是指在运动修炼的全过程中,必须十分重视运动员承受连续负荷后的恢复过程,并采用各种科学的恢复手段与方法尽快消除运动员机体的疲劳,以产生最大的超量恢复效果,为进一步实施强化修炼打下良好的身体基础。

射箭运动的修炼,一般安排在一个突击性小周期后,通常以恢复性小周期结束。在比赛活动以后也可安排该周期。

本周期也带有一定的总结和调控性质,要根据前一小周期的技术状况,结合射箭运动调控的四种方法,进行适时的调控修炼。因而在修炼内容的安排上可多给运动员些自主权,让他们结合自己的技术自选修炼内容,这样也可调动运动员修炼的主动性和积极性。据初步观察验证,一个以撒放基本功为主的大负荷量修炼周后,其恢复时间为2～3天;一个以射环靶为主的大强度修炼周后,其恢复时间为3～4天。两个以撒放基本修炼为主的大负荷量修炼周,结合一个大强度修炼周的组合修炼后,其恢复时间为7天左右。一般每一个中周期阶段修炼中间,至少要安排一个以上的恢复性小周期,有人把它称为"练二调一"的修炼模式。教练员要解放思想,不要舍不得,要敢于放下,放下也是一种担当。今天的放下,是为了明天会更好。

(15)调控性小周期。本周期为调控修炼周,是整个修炼过程中重要的组成部分。调控修炼是根据当前运动员的技术状态采用不同的修炼手段、方法和"负荷量"与"负荷强度"的不同组合,对修炼过程进行适时调整和控制的方法。调控修炼不是根据运动员的技术状态,选择该调或不该调,而是根据修炼计划、周期安排、技术状态,有计划、有针对性地进行,技术状态好时是锦上添花,技

射术与射道：
对中国射箭运动术与道的探索

术状态不好时是雪中送炭。

科学调控运动负荷修炼原则，是依据负荷、应激与恢复原理，竞技状态的形成与科学调控原理、周期性与节奏性原理以及竞技能力的修炼适应原理等而确立的运动员在修炼过程中必须遵循的准则。其主要目的是更科学、更合理地安排运动负荷，以使运动员的修炼少走弯路并且运动成绩不断地提高。

科学调整运动负荷原则是指在修炼过程中，根据修炼的任务及个体情况，按人体机能适应的修炼规律，以大负荷为核心，坚持长期、系统和有节奏的运动负荷。大家不要误会，调控不是减负荷、降难度，而是为了更好的提高修炼效果。大家都知道功夫是修炼出来的。古人对修炼的调控也有很深刻的认识，唐朝王琚写了一本专教射箭的书——《教射经》，其中他对射箭修炼提出了十戒，其中第九戒是："射多而好，不止不可。"古人都知道这个道理，更何况我们，因此我们必须深入地研究射箭运动的修炼规律。调控修炼自古就有，我们只是加以应用而已。就目前情况来看，在射箭运动的训练中有以下几种情况值得我们注意：

训练状况	调控方法
前期负荷量较大，成绩稳定或上升	保持较大的负荷强度和一定的负荷量
前期负荷量较大，成绩不稳定	用负荷强度促成绩，降低负荷量
前期负荷强度较大，成绩稳定或上升	保持较大的负荷量和一定的强度
前期负荷强度较大，成绩不稳定	保持一定的负荷量，降低负荷强度
技术较理想，成绩好	保持较大的负荷量，降低负荷强度
技术不理想，但成绩较理想	保持较大的负荷量，降低负荷强度
技术较理想，但成绩不理想	用负荷强度促成绩，降低负荷量
技术与成绩均不理想	保持一定的负荷量，降低负荷强度，多进行基本技术训练，找回良好感觉

五、大道无垠——踏入中庸之境

目的：对技术状况进行适时的调整和控制，防止出现过度修炼，形成比赛所需要的最佳竞技状态。

不管是在修炼的开始，还是在整个修炼过程中，都应经常及时地对运动员的技术状况进行适时的检查和评定，也就是对运动员的技术状况进行及时的诊断。不要等到问题成了堆，形成了一定的障碍再采取措施，那就形成了过度修炼。这是教练工作的失误，造成了修炼的失控，有此失误是因修炼过量造成的，修炼过量是很麻烦的。我们提倡艰苦修炼，但反对过量修炼。教练员要把握好这个量度，科学的负荷量是正能量，过了"头"就不对了，射手的修炼把控不住动作的质量，就会造成负增长，这是修炼的失误。

因为运动员是个活体，所以运动员的现实状态是在不断发生变化的，在修炼过程中的某些重要阶段，能否及时进行诊断，准确地把握运动员修炼状态的动态变化，掌握运动员现实状态的基本信息，并对修炼计划及其实施情况做出准确的判断和评价，对于顺利组织和有效控制修炼过程有着及其重要的作用。

根据射箭运动的修炼特点，不仅在技术状况不好时，对技术进行诊断是重要的，在技术状况好时，对技术进行诊断也同样是重要的。因为许多错误动作的萌芽是在技术状况好时产生的。

运动成绩的提高不是直线上升的，是波浪式前进的。在技术状况好时进行适时的调控，可缩小这种波浪式前进的幅度，这对控制整个修炼过程是十分重要的。

搞好调控修炼的前提条件是：对技术状况的准确诊断。对技术状况进行准确诊断是调控基础，是进行调控的条件。应建立科学的运动负荷监测、诊断系统。根据运动负荷的构成因素及运动负荷可监控性特点，正确确定修炼内容、手段和修炼方法，以及不同运动员个体的运动负荷监控指标体系，建立科学的运动负荷监控、诊断系统和诊断模型。在对运动员的技术状况进行调控时，教练员要尊重运动员的意见。运动员是直接实践者，他们对自己动作最有发言权，虽然在认识上有些差异，运动员的本体感觉无疑是最真实的。教练员要有虚心向运动员学习的态度，及时总结运动员的修炼情况，丰富自己的教学水平。

古人云："知人者智，自知者明"，"知人"并不重要，但"自知"是非常重要的。只有自知，才能自明。只有有自知之明的人，才能准确把握自己的技术状况，这是搞好调控修炼的重要条件。

调控修炼是很重要的一种修炼手段，有人称调控修炼是灵魂，一点都不为过。根据一般规律：修炼得好，调控得好，状态最佳；修炼虽好，调控不好，前功尽弃；修炼不好，调控得好，实力犹在。调控修炼是一个教练员教学水平和修炼艺术的具体体现，也是科学修炼的具体运用。

对于这个问题，我们进行了长时间的研究和思考，也听取了部分教练的意见。射箭技术是复杂的，有些表面现象不一定能代表内在，有假象，易造成误判。经过一段时间的思考和研究，我们从运动成绩的起伏和技术状态的表现入手研究。成绩好时和成绩不好时，技术好时和技术不好时分别怎么应对。研究出来十余条，最后归纳出这四项技术，共八条，经过一段时间的实践感觉还不错。供大家在安排修炼时参考。

（16）瓶口式小周期。本周期指的是处在一个恢复性小周期之后，在进入比赛前的一个突击性小周期。处在这样一个特殊的位置以及这个位置的重要作用，便造成它的安排合理性会是运动员形成良好竞技状态的关键。

五、大道无垠——踏入中庸之境

本周期在量和强度的安排上,是大量中强度,还是大强度中量(是以基本技术训练为主,还是以射环靶为主)这要根据运动员在环突性小周期里的训练状况而定,如果运动员已接近或达到本人的最好成绩,则安排大量中强度。如果运动员的成绩尚未达到或接近本人的最好成绩,则安排大强度中量,促进成绩提高。

从本周期的名称就可看出,它是肚大口小的形状。中国有句成语"厚积薄发"有类似之意。这一周要把大量的技术能量储存起来,等到比赛去薄发。所以它的训练很有特点,最大的特点是夯实基础去厚积薄发。这个修炼周期要狠下一条心,要忍受住煎熬,耐住寂寞,有的放矢,坚持到比赛的那一天。

(17)比赛性小周期。科学安排好比赛周期的修炼工作。本周期结构和持续的时间取决于即将到来的比赛规模和特点,竞赛日程的安排等因素。其主要任务是为运动员在各方面进行最后的和最直接的调控,使之在比赛时达到最佳竞技状态,参加比赛创造最优异的运动成绩。

该周期是运动员通过一系列小周期训练后,以最佳竞技状况进入实际比赛,以争取最优异的成绩为目的。要保持瓶口式小周期的优势,把前后两个小周期的安排紧密相连。在本周期中,由于心理强度和生理强度都比较大,为保持最佳竞技状态,应坚持赛前制定的比赛方案,必须加强比赛期间的心理与生理恢复,万万不可造成新的疲劳积累。这一段工作要创造条件让运动员在轻松愉快中度过,让运动员以良好的心理状态、身体状态和技能状态去迎接比赛。

(18)休整性小周期。休整对连续修炼的运动员十分重要,要科学安排好这个小周期的修炼,千万不要不舍得拿出时间让运动员休整。本周期的主要任务就是休息和调整。经过了较长时间的训练和紧张的比赛，运动员的身体、心理、精神都处于非常疲劳的状态。运动技能也因为紧张的比赛有所消耗，比赛结束了也该总结一下前一段训练工作，处在这样一种情况下安排这样一个小周期是十分必要的。它不仅能防止过度修炼造成的过度疲劳，同时对修炼工作起到承上启下的作用，它是全年训练的重要组成部分。子曰："张而不弛，文武弗能也；弛而不张，文武弗为也；一张一弛，文武之道也。"

在本周期内身体应得到充分休息，心理上应进行放松和调整，同时利用这段时间对过去的修炼和比赛进行认真总结，明确修炼和比赛中的问题，找准下一个修炼周期的方向。

在进入一个大赛期时，安排这样一个类型的小周期也是十分必要的。大赛前修炼准备的时间比较长，负荷量与负荷强度也比较大，心理负荷压力也比较大，运动员容易产生疲劳。在射箭运动的修炼中有这样一条规律，绝不能将疲劳带入下一个修炼期。否则，就不可能形成最佳竞技状态。安排这样一个类型的小周期，让运动员在心理和身体上彻底放松一下，随后精力充沛地投入赛前修炼中去，对形成最佳竞技状态是十分有利的。

跳跃形安排A

周期 / 周期名 / 量 强度	1	2	3	4	5	6	7	8
	撤草性小周期	环草性小周期	环突性小周期	恢复性小周期	环草性小周期	环突性小周期	恢复性小周期	比赛性小周期
大								
中								
小								

五、大道无垠——踏入中庸之境

跳跃形安排B

量强度 \ 周期名 周期	1	2	3	4	5	6	7	8
	撤草性小周期	草环性小周期	环草性小周期	环突性小周期	恢复性小周期	撤环(环突)小周期	恢复性小周期	比赛性小周期
大	▨			▨		▨		▨
中	▨		▨				▨	
小		▨			▨			

跳跃形安排C

量强度 \ 周期名 周期	1	2	3	4	5	6	7	8
	微环性小周期	环草性小周期	环突性小周期	恢复性小周期	草强性小周期	环突性小周期	恢复性小周期	比赛性小周期
大	▤		▨		▤	▨		▨
中	▤	▨					▤	
小			▨	▨			▨	

递减形安排A

量强度 \ 周期名 周期	1	2	3	4	5	6	7	8
	草强性小周期	环突性小周期	恢复性小周期	撤环性小周期	环突性小周期	引导性小周期	恢复性小周期	比赛性小周期
大	▨	▨			▨			▨
中		▤	▤		▨	▨		
小			▨	▨			▨	

射术与射道：
对中国射箭运动术与道的探索

递增形安排B

量\强度\周期\周期名	1	2	3	4	5	6	7	8
	草强性小周期	撤环性小周期	环突性小周期	恢复性小周期	瓶口性小周期	恢复性小周期	引导性小周期	比赛性小周期
大								
中								
小								

递增形安排C

量\强度\周期\周期名	1	2	3	4	5	6	7	8
	草撤性小周期	草环性小周期	环突性小周期	撤环性小周期	环草性小周期	恢复性小周期	引导性小周期	比赛性小周期
大								
中								
小								

递增形安排C

量\强度\周期\周期名	1	2	3	4	5	6	7	8
	草撤性小周期	草环性小周期	环突性小周期	撤环性小周期	环草性小周期	恢复性小周期	引导性小周期	比赛性小周期
大								
中								
小								

五、大道无垠——踏入中庸之境

递减形安排A

量强度 \ 周期周期名	1 草强性小周期	2 环突性小周期	3 恢复性小周期	4 撤环性小周期	5 环突性小周期	6 引导性小周期	7 恢复性小周期	8 比赛性小周期
大	▨	▨		▨	▨			▨
中		▤	▤			▤		
小			▥	▥			▥	

递减形安排C

量强度 \ 周期周期名	1 撤草性小周期	2 草强性小周期	3 环突性小周期	4 恢复性小周期	5 撤环性(环突)小周期	6 引导性小周期	7 恢复性小周期	8 比赛性小周期
大	▤	▨	▤		▤	▤		▨
中					▤			
小	▨			▥			▥	

递增形安排A

量强度 \ 周期周期名	1 撤放性小周期	2 草强性小周期	3 环突性小周期	4 恢复性小周期	5 瓶口性小周期	6 恢复性小周期	7 引导性小周期	8 比赛性小周期
大	▤	▨	▨		▤		▤	▤
中				▤		▤		
小		▤			▥			

射术与射道：
对中国射箭运动术与道的探索

递增形安排B

周期 周期名 量 强度	1	2	3	4	5	6	7	8
	草强性 小周期	撒环性 小周期	环突性 小周期	恢复性 小周期	瓶口性 小周期	恢复性 小周期	引导性 小周期	比赛性 小周期
大								
中								
小								

递增形安排C

周期 周期名 量 强度	1	2	3	4	5	6	7	8
	草撒性 小周期	草环性 小周期	环突性 小周期	撒环性 小周期	环草性 小周期	恢复性 小周期	引导性 小周期	比赛性 小周期
大								
中								
小								

递增形安排D

周期 周期名 量 强度	1	2	3	4	5	6	7	8
	撒草性 小周期	环草性 小周期	恢复性 小周期	撒环性 小周期	环突性 小周期	恢复性 小周期	引导性 小周期	比赛性 小周期
大								
中								
小								

五、大道无垠——踏入中庸之境

中国射箭队第25届奥运会赛前训练计划的实施

1992.6.15—8.4

量与强度安排	小周期	1 引入性小周期	2 发展性小周期	3 突击性小周期	4 恢复性小周期	5 突击性小周期	6 恢复性小周期	7 引导性小周期	8 比赛性小周期
量	大								
强度	中								
量与强度	小								

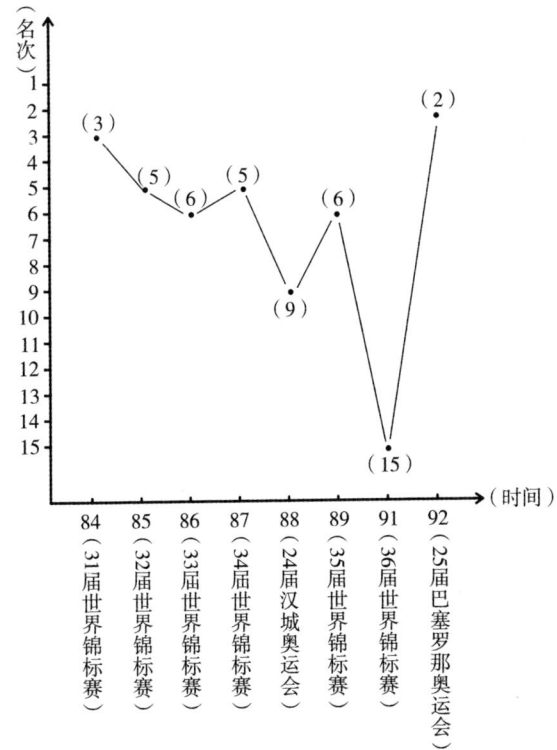

中国射箭队历年女子团体名次

以上图示仅供参考。

（三）踏入中庸之境

1. 精心准备

1992 年巴塞罗那奥运会是奥运史上参赛国最全、规模最大、竞争最激烈的一次盛会，是全面考察我们这支队伍的考场。考试结果令人满意，赛后我们认真总结。准备奥运会的赛前修炼和比赛过程，有许多值得总结之处，特向大家汇报。

为迎接奥运会的到来，1991 年 11 月 15 日国家射箭队去广西武鸣训练基地开始冬训，这时先后到武鸣训练基地进行冬训已有十余个年头了。这是一个美丽的地方，青山环城、碧水绕城、绿树融城。武鸣地处亚热带季风气候区，冬季温暖少雨，很适合射箭的训练。由于多年来此冬训，我们同县委的领导、基地的领导和员工都建立了很好的关系。听说我们要来此进行奥运会的备战，他们早就做好了准备。这真是一个天时、地利、人和的风水宝地。

这个冬训不同往年，是奥运会年的冬训，根据我们当前的状况，要进奥运会的前三名，运动水平必须还要再提高一大截。现在距奥运会射箭比赛还有近 9 个月的时间，今年冬训是个关键，时间紧，任务重，有许多问题需要我们解决。在这短短的修炼过程中，要小心谨慎，不能走错一步，小小的失误，都会造成不可挽回的损失，没有时间让我们走回头路。

为此，我和许老师及各位教练们反复讨论了今年冬训的具体安排。到武鸣后就邀请许老师到队里去，对我们的训练进行现场监督和指导，对现场训练中出现的问题进行及时修改和调控。

在传达冬训计划的最后，给大家讲这个计划是在许老师参与

五、大道无垠——踏入中庸之境

下,经过我们反复讨论后报领导批准的。要求大家共同执行,你们有意见可以提,我们跟进研究,但每一位都必须严格执行。如果不执行或执行有困难,就请你回省里去训练。到奥运会选拔时可以来参加。没有别的意思,自古华山一条路,就是严格执行计划,确保奥运会比赛的成功。

根据以往的经验与教训,冬训过程中从基本技术训练阶段向综合技术训练阶段过渡,这是一道关也就是我们常说的"拐点",早了晚了都不行。冬训4个月,分两个阶段(两个中周期),第一段为基本技术训练期,主要任务是提高身体机能,提高控制弓的能力,也称提高拉弓的稳定能力,完善夯实基本技术。在完善基本技术方面,不以环数为标准,要看技能水平的全面发展;用环数去衡量,往往会出现假象。也向运动员讲清楚这个道理,奥运会是在9月举行,冬训基本技术打的越扎实,越能提高在奥运会的竞争力。我们认真观察,仔细评估,准确把握住了这个拐点,提高了冬训的质量,为奥运会前的紧张的选拔和赛前修炼打好了基础。

由于冬训计划在专家的指导下安排比较合理,执行比较灵活,整个冬训显得紧张而又活泼,运动员训练积极性高,因而训练效果显著。不论身体素质、基本技术还是运动成绩整个技能水平与往年都有提高。在科学训练的指导下,进行了一次成功的冬训。

4月上旬我们回到北京,准备参加奥运会选拔赛,这是计划之内的安排。像奥运会这样的选拔赛,人数不多,规模不大,但它比一般的全国比赛重要得多。参加这样的选拔赛,我是旁观者。队员都代表各队参赛,因此各单位的有关领导、教练都来关心。用不着我管,我也管不了,也没有这个资格。能参加奥运会对各方都是有利的,选拔赛很紧张,这是可以理解的,这是参加奥运会的第一步。我希望比赛紧张，竞争激烈，只有这样才能选出真才。对他们的训练我是按计划严格执行的，经过几场的选拔，选拔赛进行得很顺利。我说的顺利有两层含义，顺利的第一层含义是选拔程序流畅，大家公认公平合理，认可选拔结果。我坚决反对选拔搞小动作，这是对国家的不负责任，应该让运动员凭本事选。顺利的第二层含义是，我是国家队总教练，奥运会这样的顶级赛事，什么样的运动员去最合适，我心里是有数的，结果也在我的意料之中。这几年我和他们在一起训练，每个人的情况我都比较了解。参加奥运会这样顶级的赛事，责任大、压力大、比赛的难度大。选谁去完成是有希望的我心中有数。选拔的结果是马湘君、王红和王晓竹，射箭界都认可，我也很高兴。这是一个很好的组合，老、中、青三代结合，老将马湘君是1986年汉城亚运会70米金牌得主，1987年第三十七届世界锦标赛女子全能冠军。王红这几年比赛成绩在全国一直名列前茅，她最大的特点是比赛作风顽强。王晓竹是后起之秀，这两年我一直在注意她，基本技术扎实，有冲劲，这样的组合是有竞争力的。离奥运会所剩时间不多了，这是一段崎岖的山路，我相信他们会坚定地执行赛前计划，奥运会比赛我们是大有希望的，我对此充满信心。

当时离奥运会还有3个月的时间，下一个任务是选一支高水平的国际赛事去锻炼队伍，实践奥运会比赛方案，回来后才能更有的放矢地制订赛前训练计划。5月下旬德国有一场奥运会前规模最大的国际邀请赛，据了解世界各国的高手都去。这是一次大赛前锻炼队伍的绝佳机会，我们积极报名参加。到德国后看到当年的世界强队早就到了，独联体、韩国、美国以及德国、瑞典、荷兰、英国等，以及中国台湾、朝鲜也踌躇满志。到训练场后，我给队员讲，

五、大道无垠——踏入中庸之境

咱们这两天沉住气，按计划进行，该练就高质量的去练，该歇就静静去休息，有能力的比赛见，咱们也搞点韬光养晦。

比赛开始后，各路高手纷纷亮相，展开了激烈的竞争。从成绩看，世界射箭水平普遍提高，奥运会必将是一场大战，要做好各方面准备，否则将会很难。比赛几轮后，不论团体或个人，我们都有名次。运动员表现都很沉稳，技术发挥也正常。经过4天的激烈竞争，女团获团体第三名，在预赛中以3 909环打破了保持多年的3 894环的单轮团体全国纪录。王晓竹个人能力突出，以1 336环打破了1 325环的单轮全国纪录，并打破了女子30米双轮全国纪录。这些成绩说明今年的冬训是成功的，运动员的竞争力普遍提升。为奥运会的比赛打下了良好的基础。下一阶段的核心任务是怎么安排好奥运会前的训练工作。

回来后与许老师等人进行了反复的讨论，统一了以下几条意见。一是使运动员得到充分的休息；从选拔赛至这次德国邀请赛，运动员都拼尽了全力，取得了这么好的结果，运动员在身体上、心理上，精神上等都非常疲劳，需要充分休整，要保持运动员这种状态，绝不能把疲劳带到赛前训练阶段，更不能带到奥运会上去。二是重新审视奥运会前各小周期训练安排。

想起亚运会的惨败，我犯了个极大的错误，运动员太疲劳了，精神过度紧张，致使比赛处于如此被动的境地，举步维艰。这次要下决心解决这个问题，被同一块石头绊倒两次是一种耻辱。我真有点豁出去了，下决心按计划休整1周，我向领导申请离开北京去山东休整1周。开始领导不同意，说现在是什么时候了，你还带队去休整。后又提出经费有限，这是领导的好意，怕重蹈亚运会的覆辙，奥运会回来怎么进射击场大门。我感谢领导的担心，射箭队的

射术与射道：
对中国射箭运动术与道的探索

奥运会计划早就报给领导了，请领导尊重我们的训练安排。我说钱必须给，多少都行。射击场派一辆好车给射箭队，1周准时安全返回。我总结了亚运会失败的教训，才下的这个决心，请领导理解。

1988年汉城奥运会和1990年北京亚运会两场大赛都失败了，可找出多条原因，但主要原因还是训练的失误，特别是赛前训练的失误，责任当然是归咎于我这个主教练，弦绷得太紧，过劲了。就算是形成了竞技状态，也过了，浑身有劲用不上。面对奥运会我不会再犯第三次错误。我们决定在这非常时期去外地休整，还有一个原因是为了避免外界的干扰。我们平常训练训练场很安静，外人去得很少；大赛前就不同了，贵客不断，有各级领导的关心、记者的采访，等等。有位领导给我说："这次比赛很重要，我请领导来给你们讲讲话，鼓鼓劲。"我说："饶了我们吧，比赛后随时恭候领导大驾。"像我们这些小项目，一年到头领导也不来一次，大赛临近来关心我们，都能明白领导是来干什么的。

我知道经费是个难题，我是山东人，才选择去山东休整。当时山东省体委主任是杨季泉，我们是很熟悉的老乡，随即给他打了个电话说明了我们的计划。杨主任当时就表态，欢迎国家射箭队来，省体委一切全管，保证接待好。我们到山东后，受到了热情的接待。当时的计划就是利用这个小周期让运动员玩好、吃好、住好、放松好，找个清静的地方，没有干扰。把这几个月艰苦的训练和紧张的比赛积累的疲劳消除掉。以更好的状态投入奥运会赛前训练中去，投入更紧张的奥运会比赛当中去。7天休整很顺利，感谢山东省体委热情接待，这次休整很成功，运动员不论在精神还是体力上都得到了充分的休息。

奥运会射箭比赛的时间是1992年7月31日至8月4日，距

五、大道无垠——踏入中庸之境

离比赛还有 1 个多月，运动员呈现出这么好的状态，处理不好会走向反面。为此，我们对赛前这一段的训练进行了反复讨论。讨论的一个主题是赛前训练周期，这一段是安排 6 个小周期还是 8 个小周期，一般情况 6 个小周期就行，讨论的结果是按 8 个小周期进行训练。理由是：一、当前运动员处在比较好的状态，光保持不行，要科学安排，谨慎训练。二、当前我们的实际水平和世界最高水平还有差距，要想进前三名取决赛，成绩需争取再高一点，找准短板再补一点，该想到的都要想到，竞技状态要在最佳时刻表现，难度很大，必须谨慎行事，不能有任何失误。三、奥运会的比赛时间是 5 天，3+2，前三天是预赛，后两天是决赛。要掌握好这个时间点，形成比赛所需要的良好竞技状态。而这种状态是处在整个发展曲线过程中的上升阶段，而不是到最高阶段。要科学安排，把握住每一个细节，把最佳竞技状态在最后两天表现出来。

一开始，巴塞罗那奥运会的训练执行表的最小周期顺序为：1. 引入性，2. 发展性，3. 突击性，4. 环突性，5. 发展性，6. 引导性，7. 恢复性，8. 奥运会比赛。当时我们训练真是小心谨慎，及时分析和观察运动员的技术状况。当进行到第三周，突出性小周期时，就发现三位运动员的技术已进入到很好的状态，周末按奥运会的比赛规程进行了一次单轮全能的考核，三个人的成绩竟然都在 1 320 环以上。我一看不对，成绩太高了，三个人的团体成绩超当时全国纪录 80 余环。这当然是件好事，但对奥运会比赛来说又不是好事，离奥运会开赛还有 26 天，竞技状态哪能保持这么长时间，按如此发展，到奥运会时竞技状态将处于下降期。于是我就和许老师商议，赶快采取措施，及时改变计划，把第五周的出性小周期改成恢复性小周期，以基本技术训练为主，再进一步夯实一下基本技术，控

制一下，防止竞技状态过早出现。降低负荷强度，保持负荷量，保护好技能的良好状态，以达到"厚积薄发"的功效。积蓄技能，迎接奥运会的到来，就改成下面这张执行图。

1992年奥运会前各训练小周期安排
1992年6月15日—8月4日

周期	大周期	准备期					比赛期		
	中周期	一般准备期		专门准备期			赛前期		比赛期
	小周期	6月15-20日	6月22-27日	6月29-7月4日	7月6-11日	7月13-18日	7月20-24日	7月25-30日	7月31-8月4日
	小周期类型	引入性	发展性	突出性	恢复性	发展性	引导性	恢复性	比赛性

（训练要素：素质、技术、心理；柱状图比例10%—80%）

训练时数及内容	周时（时:分）	(30h) 7:30 19:30	(30h) 7:30 19:30	(30h) 6 21	(30h) 6 21	(30h) 4:30 22:30			
	周次（次）	3 9	3 9	3 9	3 9	2 10			
	日时（时:分）	2:30 2:10	2:30 2:10	2:20	2:20	2:15 2:15			
	训练内容	一般体体术练	专项体本体术训练	专一般体体术训练	专项体本体术训练	专一般体本体术训练	专项体技心训	专项体技心训	比赛
训练度	量 强度 量+强度	大 中 小							

1992.6.15-8.4奥运会前各训练小周期安排

说点题外的话，这张图我们研究过很多遍，还有备用图，以防训练不利时备用。现在看来这个赛前训练计划的安排是科学的，比赛结果也证明了这一点。现在看来技术、素质、心理上的比例分配是不妥的，脱离实际的。比方说心理只占10%～20%，显然是不对的，按传统射箭的训练理念，心理占100%一点都不为过，传统射箭的核心理念是"术道并重"。庄子说，以道驭术，术必成。离道之术，术必衰。这就是射箭最突出的项目特征，在射一支箭的过程中，技术和心理谁也离不开谁。以前这是认识上的错误，本文多处提到过。在此再说多点，以防此图误导感兴趣的射友。

自把第四周的环突性改成恢复性小周期，向运动员说明了情况

五、大道无垠——踏入中庸之境

后,训练正常进行。后面3个小周期的训练都按计划进行,训练进行得很顺利。据当时有关资料了解到,奥运会期间从驻地到赛场,需要坐一段汽车,其实这是一件很正常的事情,从以往大赛看,这又是一件很麻烦的,安排不好会消耗运动员不少精力,影响比赛成绩的发挥。为适应这个过程,安排了几天去北京市射箭场进行适应性"拉练",中午不休息,头顶烈日训练。在最后一天,按奥运会正式比赛安排,进行了一次单轮全能的考核,个人单轮成绩都超过了1 320环,团体成绩达到了3 970环以上。又是一个成绩的高峰,我这心里就更有数了。

2. 决战奥运会

7月底随中国代表团到达了巴塞罗那。到达后,我们根本无心去顾及那享有"地中海名珠"之称的美丽古老的海滨城市。安顿好后,我就带他们在奥运村熟悉一下情况。到比赛场和训练场去看看场地的方位、周围的地形、建筑、光线、风向等情况。我还是和运动员们说,保持低调,按我们的预案。该练就练,该歇就歇,排除干扰,保持平静之心,不被外界左右。到驻地后,每日三餐我们一起去食堂用餐,去训练场或比赛场都是同车去同车回,晚上督促他们按时休息,不准自己单独活动,一切都很正常。

有一天在奥运村中国代表团驻地门口,碰见了伍绍祖主任[①]。他热情地过来和我握手,满面笑容地对我们进行询问,表示这次比赛代表团没给我们什么重任务,只要有一个项目进前八就行。我说如果比赛不出大的意外,进前八没问题。主任说:"这就好,这两天

[①] 伍绍祖(1936—2012),男,湖南衡阳人,毕业于清华大学,曾任国防科工委政委,时任国家体育运动委员会主任。

带她们好好休息,我去场地看你们。"我听了他的话,心里很温暖,他年长我一岁,说起话来有点老八路的作风,关心群众、联系群众、不说官话。

准备奥运会期间,除在整体训练上加强调控外,运动员自身的准备也十分重要。从奥运会队伍组成的那一天开始,就让写运动员个人奥运会比赛方案。内容主要是比赛的指导思想、比赛流程、比赛会遇到的问题及解决的办法。个人方案写了若干遍,讨论了若干次,修改了若干遍,直到比赛前才最后确定。

作为教练员,我们早就对奥运会的计划进行了反复修改,前两年的训练和比赛都不好,主要是训练上存在着较大的问题,想了许多办法,费了很大劲。作为一个教练员不能掌控整个训练过程,训练好像被一支无形之手左右着。虽然有时比赛成绩也还行,但心里底气不足,赛前心中没有底,比赛成绩是乱碰的,当了个很尴尬的教练。前一年结识了许永刚老师,提出了"调控"训练的核心理念。我认识到这个理论非常符合射箭项目的特点,几乎在我走投无路之际,给我指点了迷津。在他的帮助下,我们研究出了一套系列的提高技术、提高比赛能力的训练方案。我坚定地在训练中应用,幸而也取得良好效果。这个时段的中国女队,不论在技术还是竞争力上较之前都有了一定的提高,特别是提高了参加奥运会的竞争力。

当时世界女队的实力格局变化不大,为迎接奥运会,各国都进行了积极的备战,运动成绩都有显著提高。韩国当数最强,其次是独联体、美国及德国队、英国队、法国队、瑞典队、荷兰队、波兰队、匈牙利队、捷克斯洛伐克队等。还有我们的近邻朝鲜队以及中国台湾队也不可忽视。在奥运会的比赛中挤进前8名,这一座座火

五、大道无垠——踏入中庸之境

焰山都不好过。我队3人的实力,比较平均,重点放女团上,团体是3人轮流上场比,强人的比赛压力可分散到3人身上,有利于运动员技术水平的发挥。我们是新老搭配,要充分用好战术预案,赛前训练安排必须万无一失,该想到的都要想到,不靠运气靠实力。要进前八必须苦战,"决胜局"的局面很可能出现,这座火焰山很不好过,必须做好充分准备,随时准备好应对可能出现的这种局面,才能有备无患。规则规定两队成绩平局时,在60秒以内,每人各射一箭,成绩高者进。对此,赛前训练每堂课都安排一定量的60秒射三箭的大强度训练。把60秒时间改成45秒。每人15秒,当时我们对时间节奏的要求是每支箭7秒左右,15秒可射两支箭,万一出了问题放下重射还来得及。这样安排即便有人出了问题,还有15秒的备用时间。我给运动员讲,打决胜局心理要有准备。时间是短的,心必须是平的,训练时不准赶时间,要按起射节奏按部就班,这样的训练不是越快越好,而是越稳越好,静为躁君,心躁易出错,要保持好自己的"平常心"。我相信"熟能生巧",这是有科学依据的,根据条件反射的理论,长期反复地强化就可达到熟能生巧的效果。这对心理和技术是种适应。在关键时遇到这种情况,它会自动唤醒这种功能。赛前我们进行了反复的、大负荷的强化训练。奥运会比赛在进入前16名后,在4次决赛中,有两次遇到"决胜局"的时候,都是有惊无险地过来了。

当时3位姑娘的状态都很好,都具备向前冲锋的能力。我最担心的就是王红,她身体较弱,专项力量不足,控弓能力不强,技术上有一个薄弱环节,起射过程中如有一点闪失,动作就流畅不起来,一旦出现这种情况就会影响箭的精准命中,在一般情况下出现这种情况影响不大;但在奥运会上,在巅峰对决时出现这种情况,

射术与射道：
对中国射箭运动术与道的探索

后果是不可想象的。按照当时对规范动作的要求，在起射一支箭的过程中，瞄准和撒放时间是 3 秒左右。这是最佳撒放时机，也是射一支箭的最稳定阶段，我们称第一撒放时机，精准命中 10 环的成功率最高。如果这个时机不能如意撒放，必然要往后延，尽快促成第二个撒放时机。出现这种情况后，不仅延误了时间，关键是由于内部动作的变化，使整体动作质量下降，弓的能量降低，这时即使撒放动作是正常的，箭命中 10 环的概率也会大大降低。奥运会的对决需要的是 10 环，否则，就没有用了。经过长期观察，王红出现这种情况时箭易偏低，我和王红讨论这个问题时，向她提出的要求是"宁射上八不射下十"。王红是位聪明的姑娘，悟性很高，她明白了我的意图。我又跟老马和晓竹说明了这个问题，并要求她们比赛时认真观察她的起射动作。你们离她最近，在赛场有大声说话的权利，我站在教练的位置上，不方便。老马说，您老放心吧，有我呐！比赛规则规定，教练员是不准进场的，连讲话都受到限制，好多时候有问题就由她做工作。她是老队员，经验丰富，又是她俩的大姐，比赛时我常常感觉到老马的作用比我大。

奥运决战的时刻到了，早晨我带 3 位姑娘早早到了比赛场。奥运赛不同寻常，比赛场上庄严肃静，各路高手已先后到达，在各自的位置组装弓箭器材，准备决战的开始。奥运会是全世界体育工作者向往的地方，并以参加奥运会为荣；能参加比赛更是求之不得；若能登上奖牌榜首，就是天下第一了。全世界几十亿人口，争夺第一，只有身临其境才真正体会到责任的重大。只有此时才体会到祖国的伟大，我们要感恩祖国，是祖国为我们创造了这样一个伟大的平台，有机会能报效祖国。在这个时候任何的私心杂念，都是一种耻辱，唯有竭尽全力，拼搏到底！

五、大道无垠——踏入中庸之境

上午九时，随着裁判长一声令响，比赛开始。各路精英按自己的靶位登场，亮相。从靶面上看，箭射得都很集中，一开始就展示出了这是一场高水平的竞争，不愧是奥运会的比赛。再看我们的3位姑娘，平静严肃，都按比赛方案有序地进行着比赛。接着看成绩公告的大屏幕上，不论团体还是个人，都有我们，我的心情也平静了。我给她们说，就按此节奏比赛就行，这是预赛，能进淘汰赛就是胜利。随着比赛的推进，成绩公告屏幕上的名次排列，已变化不大，我队在三、四名徘徊。但比赛显得更激烈，姑娘们正常发挥，在这种高度比赛形势下，才彰显出实力是多么的重要。奥运会前的修炼夯实了基本技术，提高了动作规范的标准，在奥运会这种高强度比赛的关键时刻经过艰苦奋战才能平安过关。其实这两个问题是中国射箭的短板。

个人和团体赛要走到最后，需要过五关，关关都是不好逾越的火焰山。

个人比赛晓竹发挥得好，真是初生牛犊不怕虎，一路过关斩将杀进前8，在进前4名时，淘汰了当时夺金呼声最高的韩国名将李某某，最后取得了第四名的佳绩。

团体决赛开始，我们第一个对手是瑞典队，这是一支欧洲强队，很有竞争力。当时我就给老马说，记得1988年汉城奥运会，预赛时你、雅文和少荣共射出了432支箭，以一环之差败给瑞典队，我们未进决赛。当时我就仰天长叹，天意呀！老马说这次报"一箭之仇"，淘汰他们没问题。比赛一开始我们就占了一定的优势，果然我们顺利地进到前16名。

在16进8的时候遇到了麻烦，对手是荷兰队，欧洲强队。欧洲几乎个个是强队，比赛发挥起来是很猛的，这是欧洲人的特点。

射术与射道：
对中国射箭运动术与道的探索

当时我预计过这一关应该没什么问题。比赛开始后她们发挥得很好，我们也不错。射完最后一组，感觉没有什么问题，可成绩公布后，两家平局，进入60秒每人轮射一支箭的决胜局。这个结果吓了我一身冷汗，这一关对我们太重要了，因为过了这一关就进入到前8，这是队里的主要比赛任务，如果在此止步，一切就前功尽弃。姑娘们看出了我的心情，对我说放心，这3支箭我们准赢。60秒瞬间即过，最后一支箭射出后，姑娘们面带笑容地走下赛场。我长长地舒了一口气，谢谢姑娘们，进前8是领导交给的任务。最重要的是精神上的解放，包袱没有了，对后面每一场都充满了信心。

进前8后，领导很高兴，一司司长给我说，开才，争取进4。如能进前4，回北京我请射箭队吃饭。我说一言为定，司长说绝不食言。回北京后，饭当然没请，见到司长说，我们10个人，到哪个饭店。司长说，司里没有这笔经费，下次再请。其实比赛的结果要比吃顿大餐更有意义。

进前4的比赛意义更大，比赛难度也会更大。比赛到现在，下一关与我们对决的是朝鲜队和中国台湾队的胜者。这两支队伍是这两年涌现出来的新军，由于预赛的排名较后，能进到现在不容易，说明她们的势头正在上升。中国台湾队两年前就高薪聘请了原韩国国家队总教练金享锋任教，使得成绩突飞猛进，想在奥运会上大显身手。当时我的想法是这两队都好打，但心里还是希望对手是朝鲜，对朝鲜心理压力小，利于运动员技术水平的发挥。结果如我所愿，朝鲜队战胜了中国台湾队，我们也如愿淘汰了朝鲜队，挺进了前4名。

奥运会规则规定，女团预赛前16名进入淘汰赛。分4组进行，也就是我们常说的四条线，每条线最终淘汰赛胜者进入决赛，进决

五、大道无垠——踏入中庸之境

赛的是四个国家。根据预赛的排名韩国居首,二、三、四,三个队,水平有差距但不大,独联体稍占优势。预赛我队排名第三,名次很好,位置不好。据当时战况预计,韩国必占决赛的首位。如我队和韩国对决,负多胜少,为防止和韩国过早相遇要选好位置。

预赛60米结束时我队排名第三,第一是韩国队,第二是独联体队。50米开赛前,给姑娘们说,比赛至今你们都发挥了最好水平,50米再加把劲,争取超过独联体,与韩国决战金牌。50米三人的成绩都不错,结果是不仅没超独联体,反而美国队超过我们名列第四。我没有紧张,第四名也是理想的位置。30米开始后,竞争到了极致,三人一组9支箭,成绩都在87环以上,出现90环的成绩,名次都不会发生变化,比赛到了这个程度,已经白热化了,教练什么也不用说了。只感叹这才是奥运会的比赛。比赛的结果是,韩国、独联体、美国、中国。

下面准备半决赛,对手是独联体。独联体队员是由原苏联队组成,领衔的是当时的世界冠军、前世界纪录保持者阿尔让尼克娃。这次奥运会她带领另外两名选手,比赛以来就表现出了优异的成绩,是这次团体金牌的主要争夺者。

这毕竟是奥运会,为这一刻大家都备战多年,大家都想战胜对手进入决赛。两队比赛开始后,就进行到白热化的程度。团体赛是在70米射程上进行,三人共射27支箭,当射完18支箭时,也就是说比赛已过2/3,对方领先我们6环。这时的6环是个很大的数字,要在最后9支箭超越难度太大了。比赛到了最危险的时候,场上的气氛有些凝固了,观众也鸦雀无声静静等待。这时,我的心跳越来越快,偷偷地吃了两次速效救心丸。我很理解她们此时的心情,3位姑娘站在场上,个个跃跃欲试,走过来信心十足地对我说:

射术与射道：
对中国射箭运动术与道的探索

"教练，我们都不戴帽子了，你也把帽子摘了吧。"我说对，在这样的关键时刻，光脚的不怕穿鞋的，拼搏到最后一箭。比赛继续进行，姑娘越射越好，与对手的差距逐步缩小，这9支箭几乎全中黄心，最后一支箭射出后，追上了对手，终于以224环追平，进入决胜局。这是一次起死回生的决战，看到追平了姑娘们欢呼起来，对决胜60秒的比赛充满了信心。

我们要乘胜追击，接着和姑娘们共同研究，这60秒怎么射。我当场决定这次决胜60秒，改变第一方案的上场顺序，晓竹射第一箭，王红第二箭，马湘君最后。老马还有一个重要任务，仔细观察王红的起射过程，万一出现情况他知道该怎么办。为什么要改变起射顺序，在进前8时，与荷兰队打成平局，遇到了第一个决胜局。在北京进行强化决胜局训练时，我们研究了几套起射顺序的方案。先前与荷兰队进行决胜60秒时，用的第一套方案。

在与荷兰队进行60秒决胜时，比赛出现了一个意外的小插曲。按预定的方案是老马射第一箭，她动作稳定，经验丰富。让她射第一箭是种试探，根据箭中靶的位置，给两师妹提供修订瞄准上的依据。根据规则规定，前一位运动员必须完全退出限制线后，下一位运动员才能进场。在晓竹与老马交替时，晓竹急了点。荷兰当即提出抗议，说马湘君后脚还未跨出限制线，晓竹前脚就跨过了限制线。我理所当然一口否决。他们继续上告，裁判委员来调查，我平静地对裁判说，一我们没有犯规，二我们早就认真学习了奥运会的规则，赛前进行反复演练，三快和犯规是两个概念，这是我们训练的要求。裁判听后感觉有道理，就这样过去了。回到驻地后团部也很关心此事，因为他们从电视转播中看到了，没弄明白，综合司朱司长就问我，在转播中你们和人家争论是怎

五、大道无垠——踏入中庸之境

么回事,我就向朱司详细汇报了有关情况,并告知他解决了,没有事了。

以前我们吃过亏,1984年洛杉矶奥运会我国李玲娟完全具备了争夺个人金牌的实力。到达洛杉矶后,接到国际箭联的通知,比赛不准使用双响信号片,这明显是指李玲娟的,我们反复交涉后都没有用,比赛的结果是韩国队金水宁夺得金牌,李玲娟屈居第二。这件事肯定有人捣鬼。在这之前遇到的几次事件说明,国际箭联裁判队伍里没有中国人不行。回来后,我就去国际司有关部门反映了这个问题。应向国际箭联推荐中国射箭裁判,领导问我是否有合适人选,我推荐了上海射箭队教练郭蓓,会英语、懂技术、懂规则且人又聪明。自从郭蓓进入箭联的裁判队伍后,对我国射箭运动发展起了很大的推动作用。

比赛开始后,晓竹稳定开弓,精确瞄准,果断撒放,箭飞向中心10环。我悬着的心情立刻得到缓解,看对方也是一个中心10环。王红上场后,动作很稳定,但是在第一瞄准稳定中没有放箭,吓了我一头冷汗,眼看已到了最危险的边缘,就听老马和晓竹大声喊,"坚持住""顶住""果断撒"。真王红也,她战胜了自我,果断出手,箭飞向靶心,和晓竹的箭紧紧靠在一起,为祖国立了一大功。看对手,仍是10环。到老马了,真不愧是久经沙场的老将,沉静的把弓拉开,在稳定中果断撒放,3支箭整齐地插在中心10环上。可惜,对手射了一支右下8环。3位姑娘高兴得拥抱在一起,最关键的第三关在姑娘们团结拼搏下,我们起死回生闯过来了。

他们高水平的发挥,连射三个中心10环,射出了第25届奥运会射箭比赛的最高水平,当场博得了射箭界人士的惊叹与赞赏。大

射术与射道：
对中国射箭运动术与道的探索

会射箭裁判委员会评价说："中国队在半决赛中胜了实力强大的独联体队，3人射3个10环，这是非常了不起的，在射箭历史上也是没有过的。"世界箭联的官员来向我们表示祝贺。中国台湾《民生报》的记者对我们说："这也是全中国人民的光荣。"一直不为人注意的3位姑娘被外国记者团团围在中间。

这个结果是我渴望的，连中三元是我没想到的。此情此景，令我心潮澎湃！为了这一天，我们的姑娘们，不知付出了多少血汗和代价！不论严寒酷暑，从未中断过一次训练。由于团体决赛是在70米上进行，姑娘们就在80米甚至90米射程进行强化训练。巴塞罗那天气炎热，在临行的训练中，为适应奥运会比赛的需要，她们就中午不休息顶着烈日练。王红有较重的颈椎病和肩部伤痛，医生诊断说颈椎已积水，须住院治疗，她硬是不去，她坚决表示不能因个人的伤病而影响集体。她积极配合医生的治疗，保证了赛前训练的正常进行，也保证了奥运会的比赛。28岁老将马湘君，为了保证正常训练，狠狠心，将三岁的儿子送到几千里外的西藏奶奶家去。

为了这一天，我们对训练进行了大胆的改革和创新，这是科学训练的胜利。为此队里制订了科学的调控训练计划，把姑娘们的竞技状态调控到奥运会比赛的关键时刻，创造了奥运比赛的最高水平。

为了这一天，全队齐心协力。出发前，为给每一位运动员选出12支精准度最高的箭，从领队、教练到队医，连续8天，蹚着露水上靶场，顶着星星回宿舍，每天轮流用选箭仪器，上千次地反复选，终于在出征前把箭选好，保证了比赛的需要，这是集体的功劳。

五、大道无垠——踏入中庸之境

有人说这是偶然,说得对。赛前连做梦都想不到是这样的,是运气,也是天意。如果让她们3人再重射这样3个中心10环箭,给她们1周的时间也做不到。这又是必然,我们预计参加奥运会这样的比赛,要取得好的成绩,不会是容易的,会是艰苦的甚至是残酷的。赛前针对60秒3支箭这种决胜训练,一直反复强化训练,设计各种可能出现的困难,进行反复演练。功夫不负苦心人,奥运会比赛我们遇到了,虽然艰苦,但我们走过来了。

决赛我们负于韩国,是预料中的事,按说这就行了。比赛总归是比赛,比赛要往金牌上争,这个结果姑娘们都努力了,就算是有责任也在我。当时我就想,按上场战胜独联体的气势,胜韩国是有希望的。与韩国比赛时她们比得很认真,看靶面的箭集中不好,当时我就感觉她们的兴奋度下了,精神没有上一场亢奋。我意识到她们由高度的兴奋转入抑制。和独联体争夺决赛权时,战平,又进入了决胜局。比赛紧张又兴奋,把个人的一切潜能全都调动起来了。这时由兴奋转变成抑制,对技术也产生了一定的抑制,这是一个生理方面的问题,不以人的意志为转移。

在奥运会女子团体比赛中,费了九牛二虎之力,进入前4名,在半决赛中,战胜了强大独联体队,进入了决赛。比赛到这个程度,是夺冠最有利的时机。可是半决赛时那种生龙活虎的兴奋劲降低了。最终对决时,韩国队成绩并不突出,但我们还是输了,这次有希望但没有实现夺冠,我在心理上是有准备的。从当时我队实力来讲,与独联体和韩国还是有差距的,"功夫"没有人家深,说到底还是训练问题。在奥运会前几年里的国际大赛上,与他们常会面。有一年在德国的一场比赛,那时还是双轮全能的赛制,前两天进行的第一单轮比赛,苏联队打破了单轮团体的世界纪录。比赛结

射术与射道：
对中国射箭运动术与道的探索

束时是下午四点多钟，各队都离开赛场回宾馆了，那次各队都在一起，我就发现苏联队没回来。六点钟吃晚餐，用餐时苏联队还没回来，到快八点了，他们才回来去用餐。我就请翻译侧面向苏联队员打听，他们干嘛去了。过后翻译告诉我，他们在场地又训练了3个小时，练的是基本技术。时任苏联队总教练的是巴洛夫，是个典型的苏联人长相，一脸横肉，训练要求严格，喜欢喝酒。每次与他见面，我总送他两瓶高度白酒，他很高兴。当时我就想，刚破了世界纪录，又是比赛的中间，紧接着进行3个小时的基本技术训练，3个小时是一堂完整的训练课，我做不到，我也不敢安排这样的训练。我心里清楚，我们队员没有这个训练实力，如果我们这样练，队员会受不了，直接影响明天的比赛。当时我也发现韩国队的训练能力，也比我们强。认识到这种差距后，我就想回去后要逐渐让运动员适应这种大负荷的训练，否则要成为世界领先者很难。训练能力是运动素质的重要组成部分，光能拉弓射箭，但其他素质都很弱，绝不会成为一位高水平的射手。规范顶尖射术，靠强有力的体能保证；技术水平在比赛中稳定发挥也必须靠强有力的体能保证；连续比赛的能力靠平时艰苦的训练积累。

"文明其精神，野蛮其体魄"。这是毛泽东年轻时的名著《体育之研究》提出来的著名论断，是值得现代体育工作者认真学习和思考。毛泽东这个英明论断，对射箭运动来讲是很实用的。现在我们在落实"术道并重"的修炼原则，这都是中国传统文化的具体体现，是唯物辩证法在运动训练中的具体运用。以前我们国家在运动训练中提出了反对"骄娇二气"，这非常重要，也符合运动训练的客观需求。人有了"骄"就不思上进，技术上会出现逆水行舟的局面；有了"娇"就不能吃苦耐劳。运动训练就需要吃苦耐劳的精

五、大道无垠——踏入中庸之境

神,健康的体魄、高超的射艺,是在苦练中煎熬出来的。有的射手成绩很好,说他是个"天才",我说这不是全部,只是一部分,运动员主要靠后天训练。我认为的天才是,别人悟不透他能悟透,别人吃不了的苦他能吃,别人受不了的罪他能受,别人达不到的标准他能想办法达到等,天才也是在苦练中煎熬出来的,光靠先天条件不能解决所有问题。新时代射箭运动的发展需要各方面能力和素质都必须是最优秀的人才。精神与体魄,是当代射箭运动员成长路上相互促进、不可偏废的两个方面。要做到既"文明其精神"又"野蛮其体魄",才能为新时代培养出更多人格健全、精神饱满、能力全面的新时代射手;能练、能比的全新射手。我这个愿望没能实现,第二年因病退出一线,几年不能正常工作,结束了我的执教生涯。

女子团体领奖照片

当3位姑娘走下领奖台时,我由衷地对她们说,也是对我自己说:"别忘了,是祖国人民把我们推上了这一神圣的领奖台!"

3. 从零开始

从巴塞罗那回到北京后，代表团和单位没组织总结会之类的会议。情况似乎和以往不大一样了，原来在运动队都是以教练员为中心组织活动。回来后，领导和得奖牌的运动员，成天忙的不得了。不是去庆功，参加宴会，就是去参加各种欢迎活动。企业家也来找得奖运动员赞助，有钱人都怀着不同目的找得奖运动员，一片繁忙景象。唯独教练员就像失业者一样靠边站了，无事可干。当时我想也好，赛前忙的不行，现在闲下无事了，干点我自己的事吧。赛前为争取奥运会能打个翻身仗，我和许永刚老师彻夜不眠，研究了不少问题，为奥运赛前的训练和比赛准备了若干套方案，奥运会就用了一小部分。把那些没用着的，借此机会整理一下；一方面这是我和许老师的劳动成果，另一方面这也是一部分珍贵的资料，有收藏价值。不论是对我个人，还是对对射箭运动训练有兴趣的同行们都会有用。这届奥运会我们圆满收官了，但是，运动训练计划的学习仍然在路上，也永远不会到终点，还有许多问题有待我们去探索、去悟。运动训练的规律是相同的，各有其借鉴的作用，整理出来，大家共享！

我们对于奥运赛前七周的时间安排了2个中周期，分别是准备期和比赛期。

分了3个阶段，一般准备阶段，专门准备阶段和赛前准备阶段。

分了8个小周期，分别是引入性小周期、发展性小周期、突出性小周期、恢复性小周期、发展性小周期和恢复性小周期，最后进入比赛性小周期。

五、大道无垠——踏入中庸之境

这样安排的主要原因是：

（1）冬训结束后进行了一系列的奥运选拔赛，这样的比赛很是费心力，也费体力，运动员的精力消耗也最大，必须安排一个休整期。调控训练必须坚持一条原则，就是不能把疲劳带到赛前训练中。利用这个休整期把疲劳消除掉，让运动员精神饱满的投入赛前训练中，向奥运会冲击！

（2）竞技状态的发展必须在可控的范围内，控制在最高水平的80%～90%，如果达到或超过自己的最高水平，到比赛的关键时刻可能走下坡路。奥运会我们5天的比赛越射越好，比赛实践证明，这种比赛的指导思想是正确的。在与独联体争夺决赛权时，表现出了最高的竞技水平。王晓竹第一个上场就命中中心10环，第二个王红上场仍是一个中心10环。对手独联体前两箭也都是10环，在巅峰对决的第三箭，马湘君果断起射又是一个中心10环。独联体射出一个8环，使我们登上金牌决赛的战场。

自从许老师指出我的调控训练做的不够后，我就在深深思考，作为射箭运动应该怎样进行调控训练。我也多次向许老师请教，共同研究这方面问题。当时认为这是射箭训练的一个大问题，我以前训练糊涂，就是没弄明白这个问题，这个问题搞清楚了，可以在训练中少犯错误，更加主动地掌控射箭训练的主动权。

经过一段时间的讨论和思考，有些问题逐渐明朗化了。首先我们搞清了调控的概念，它具体包括哪些内容和调控方法。射箭运动若是训练出了问题再调控那就晚了，调控要贯穿训练的始终，作为教练员要认真观察运动员的技术状况，准确做出"诊断"，防止出现误诊。

训练计划的制定是非常重要的，要详细、周密，但计划总是一个计划。在训练过程中要定期把训练的实际状况与原计划进行对照，看看训练的实际是否与设计的相符，如不符就出了问题，不是计划有出入，就是训练出了问题，要适时进行调控。

对训练过程进行不同的组合，是进行调控训练的重要保证。组合主要体现3个方面，一是量与强度的不同组合；二是训练方法与训练手段的不同组合；三是以周为单位的小周期类型的不同组合。既然是组合，就不是一成不变的，也不是千篇一律的。那就要有大、有小；有难、有易，大要大得上去，小要小得下来；难要难得上去，易也要易得下来，形成一个节奏鲜明的训练过程，千万不要平推，平推不仅训练效果不好，还易造成中枢神经系统的疲劳。

不同组合的依据是运动员的状态和比赛特点的需要。量与强度的不同变化是运动训练的永恒主题，它们的不同组合与变化真正反映了运动训练的真实过程。其余两点是手段或措施，通过训练方法和手段的不同组合，达成应达到的训练效果。

运动员的训练状态是教练员要把握的重中之重，要把握得准确，不为表面现象所迷惑，因为在训练中运动员会表现出一些假象，这些假象运动员往往自己也把握不住。这就需要教练员去深思熟虑，运用自己掌握的有关资料去分析、去研究、去伪存真，把握住真实状况，下决心。其实这是最难的，所谓训练的艺术性大于训练的科学性就表现在这里。搞好调控训练的前提条件是：对技术状况的准确诊断。

在运动训练中，赛前计划与训练调控，是两个不可分割的主要组成部分。没有赛前计划的训练，是盲目的训练；而没有训练调控的计划则是纸上谈兵。良好竞技状态的形成，既需要赛前计划，又需要计划实施过程的调控。计划是目标，调控是达到目标所采用的

五、大道无垠——踏入中庸之境

各种方法、手段与措施。中国女子射箭队之所以能在第25届奥运会上取得团体银牌，就是处理好了计划与调控的关系，做到了合理安排、科学训练、系统组合，使运动员在赛前以良好的竞技状态进入奥运比赛，从而使我国的射箭训练水平、比赛成绩进入了一个新的层次。

根据兄弟项目总结的经验、运动训练和比赛的实践我们得出：训练得好，赛前调控不好，整个训练就会前功尽弃；训练不好，但赛前调控得好，实力仍然可以得到反映；训练不好，赛前调控也不好，那就根本无法参加比赛。赛前计划是训练调控的基础，训练调控是赛前计划形成良好的竞技状态的反映。因此，抓住赛前计划与训练调控，是使射箭运动员进入最佳竞技状态的关键。

第25届奥运会上，在制定中国射箭女队的赛前训练计划时，我们考虑了以下几方面的因素：

正确认识项目的特点，是制订好训练计划、搞好运动训练的前提，是一种充分必要条件。因为训练计划的制订、训练手段与方法的选择，都是围绕着项目特点进行的。

有的专家把射箭运动项目归类为技巧类中的表现准确性的项目；按动作结构分，又把射箭项目归为单一动作结构的周期性项目；按运动成绩分，则把射箭项目归为测量类。

射箭运动的特点是在静止站立的情况下，在较长的时间里，通过协调用力来完成每次的拉弓、撒放等一系列的技术动作。射箭运动比赛的特点，决定了肌肉在长时间工作中的抗疲劳能力的重要作用；肌肉耐力的好坏，又直接影响射箭技术动作的质量，以及肌肉的用力感觉。射箭技术动作要求用力的一致性或对称性，而一致性或对称性的关键在于技术动作的协调性。射箭比赛的肌

射术与射道：
对中国射箭运动术与道的探索

肉耐力要求和射箭技术动作的协调要求，决定了射箭运动项目的性质。

任何运动项目，都有自身的项目特点。正是这种特点，才构成了它们之间的普遍性和特殊性。射箭运动除了与其他运动项目一样，具备共同的训练规律之外，也有其自身的训练特点，它是射箭运动在训练中必须遵循的训练原则。现在中国大地上开展的射箭运动，分两大类。一是现代射箭运动，是1958年4月，由国家体委举办的"现代射箭运动培训班"，正式将国际上普遍开展的现代射箭引入，成为我国正式主办的体育项目。从那时开始上从国家，下到省市县都成立了专门机构和专业队伍来从事这一工作，这是需要的。可传承上万年的中国传统的射箭再也无人问津，这是中国射箭工作的最大失误，损失惨重。20余年中国传统射箭的爱好者们和我认真学习和研讨传统射箭的射术、理论等，在恢复和弘扬传统射箭方面，取得了一定的进展，提出了以上18个训练周期，虽是初步的、不完全的，但却是积极的。供大家在训练中参考。

1992年巴塞罗那奥运会射箭比赛的成功，是全面落实"调控训练"理论的结果，是团队的成功。根据射箭运动的项目特点，"调控训练"是最具科技含量的训练方法。只要理解了调控训练的含义，对运动员技术状况进行准确诊断。运用准确、合理，训练中遇到的任何问题都可以解决。调控训练方法的运用，没有终点，永远在路上。调控就是不偏不倚，恰到好处。这与我国传统文化中的"中庸"是一致的。学者余秋雨提出，中国文化的特色在于三个道：人际关系中的"礼仪之道"、品性修养中的"君子之道"、为人处世的"中庸之道"。哲学家冯友兰先生在《中国哲学史》中提出中国

五、大道无垠——踏入中庸之境

传统哲学正所谓:"故君子尊德性而道问学,致广大而尽精微,极高明而道中庸"。子曰:"中庸其至矣乎!民鲜能久矣!"中庸是一种处世的方式,也是至高的境界。中国传统射箭文化终极境界在于"无过无不及"的"中庸"之境。

附录　丰富多彩的中国传统射箭

（一）古代礼射

礼射

孔子时代的礼射。进行礼射的露天广场称为"序"，图中两名射手正瞄准箭靶，另外两名则在后方候射。射礼仪式中有瞽师演奏磬、笙及瑟等乐器。射礼的主持和嘉宾坐在亭中台坐之上，而在广场中央，位于箭靶和瞽师之间的器皿是在射箭前作洁净之用。射箭完毕，射手会一同对饮，以示相互尊敬，然后一起参加盛大的宴会。（摘自谢肃方《百步穿杨》）

附录　丰富多彩的中国传统射箭

礼射，是中国传统射箭文化的重要组成部分。"轴心时代"，是以孔子为首的社会精英，"铸剑为犁"，即把射箭这个战争武器改造成以人为本、净化人们灵魂的礼射。象征着人类要求消灭战争，把毁灭人类的武器变为创造的工具，以造福全人类。它的意义在于警示全人类，不要再次把战争带来，保护和平才是真正应该去做的事，弓矢属性的转变使射箭从一门生存技能转化为人文内涵的礼射活动，并深深地影响着中国文化。这在中国传统射箭历史上是一次革命性的伟大幸事，除了中国，世界上没有哪个其他国家有。礼射，创造了文化与体育的有机结合，为我们后来这些射箭的传承人，开创了"术道并重，射以观德，立德树人"等科学性的训练理念。给射箭提供取之不尽、文化底蕴深厚的知识源泉。

随着全面复兴传统文化这一政策的出台，传统文化的教育价值被重新审视、发掘和应用。礼射作为君子六艺之一，自古便是教育体系中的重要一科，其教育价值为历代学者所肯定。礼射同时是一项集身体、内心、思想高度参与，融合了德育、智育、体育、美育、劳育且富有深厚文化底蕴的智慧型运动。在文化大发展的今天，礼射的教育价值被越来越多的学校认可，并将其纳入课程体系。围绕立德树人的教育价值，通过寓教于射开展礼射教学，以期达到"以射立德、以射修德、以射观德"的教育目标。

射礼是中华礼仪文化的重要形式，是民族气质、性格、思想重要的表达载体，是华夏独特的人文景观。尊重传统，捍卫文化的多样化存在，这些文明复兴的普适性要求同样适用于射礼。

彭林老师是清华大学历史系教授、博士生导师，中国经学研究院院长，清华大学首批文科资深教授；国家社会科学基金重大项目"《仪礼》复原与当代日常礼仪重建"首席专家。著有《周礼主体思

射术与射道：
对中国射箭运动术与道的探索

想与成书年代研究》《中国礼学在古代朝鲜的播迁》《中华传统礼仪概要》《文物精品与文化中国十五讲》《三礼研究入门》等著作，发表论文百余篇。他认为"礼"是对人性的合理节制。他是我学习和认识传统射箭的启蒙老师，当年我读了他大量的文章并逐步认识了中国传统射箭文化。我开始对中国传统射箭学习和研究，并将传统射箭在全国高校中推广。为在全国推广传统射箭，我写了一本有关传统射箭技术和训练的小书——《射艺》，我请他写序，他欣然答应。在这篇序中，他用精炼的简洁的文字写了一段"礼射"的简介，现引述如下，供大家学习。

  弓箭是人类最早发明的远射武器之一。学术界的研究表明，在旧石器时代与新石器时代之交，有一个中石器时代（或称细石器时代）。在这一时期，世界上不少地区开始发明弓箭，用于狩猎与战争。

  我国的弓箭，相传起源于黄帝之时。羿射十日的故事，表明夏代已经出现技艺高超的神射手。商代甲骨卜辞中已经出现弓、矢、射、引、至、雉、鳦（zhì）等与弓箭有关的文字。甲骨文的"侯"字，像箭矢射中靶子之形，当是古昔以射技抉择领袖——"射中为侯"的明证。周代是我国古代弓箭发展的全盛时期，射箭已成为最普遍的社会现象之一。天子与诸侯相见，相与比射，称为"大射"，是彼此之间最重要的活动。天子赐予诸侯弓箭，既是奖赏，同时也象征获得征伐一方的资格。《尚书·文侯之命》记载平王赏赐晋文侯的物品中，就有"彤弓一，彤矢百；卢弓一，卢矢百"，即红色、黑色的弓各一把，箭各百支。类似的记载，在青铜器铭文以及《左传》等先秦文献中屡见不鲜。射箭与民生的关系极为密切。《礼记·月令》说，每年

附录　丰富多彩的中国传统射箭

孟冬之月,"天子乃命将帅讲武,习射御角力",弓弩箭矢,骑射鸣镝,在征战中发挥重要作用。为此,弓箭与男子也就有了不解之缘。《礼记·王制》说,家里生了男孩,要在门的左边挂一张弓。如果是国君生了太子,三天后要让专人背到寝门外,"射人以桑弧蓬矢六,射天地四方",用桑木制作的弓,将六枝蓬草做的箭射向天地四方,象征孩子的远大志向。男子死后,家人治丧,要在他右手拇指套上扳指等射具。男子从来到这个世界与离开这个世界的仪式,都与射密切相关。

在冷兵器时代,弓箭是最重要的武备之一,所以制作极其讲究。我国第一部记载工艺技术的名著《考工记》中有"弓人"与"矢人"两职,记载弓箭制作的工艺流程与技术标准。例如,"弓人"详细谈及如何将干、角、筋、丝、胶、漆六种材料巧妙组合,制作出一张形制规整、力量均匀、射程遥远、穿透力强的反曲弓,既有操作技法,又有理论探讨,今人读之,无不惊叹!弓箭广泛使用的必然结果,是许多射艺超群的高手面世,其中最负盛名的莫过于《左传》《战国策》提到的楚国的养由基与潘党[①],两人臂力盖世,都能一箭射穿七副铠甲。养由基能"去柳叶者百步而射之,百发百中"。中国弓箭文化的最大亮点在于,西周以后,弓箭逐步转化为礼乐活动的器具,进入文化教育的层面,成为一个全新的发展方向。众所周知,周代贵族教育体系的主体是"六艺",即礼、乐、射、御、书、数,射居其一。地方各州也是如此,每年春秋,各乡下属的州都要在当地学校聚民习射,称为"乡射礼",旨在借由比射的形式,教民礼让、敦厚民俗。为了突出尊贤的色彩,

---

① 养由基与潘党:春秋战国时期楚国有名的神射手。

乡射礼的主持人不是州长，而是当地德行卓著的处士。

乡射礼的全部仪式详细记载在《仪礼》一书的《乡射礼》篇中。《礼记》有《射义》篇，阐发射艺背后蕴含的人文精神。读《乡射礼》可以知道，这是一种严格意义上的体育运动，射道的长度有三种，好比今天的重量级、轻量级和次轻量级；箭靶的形制与尺寸（格式）也有严格的规定，此外还有教练、裁判、记分员等。乡射礼的核心活动是三番射，就是在两队射手之间进行三轮比射。每轮比射，射手各射四支箭。

第一番射属于教练的性质，司射先在堂上作示范：提示步式、目光、弓矢的执法等射仪的要领，然后开弓，将四支箭全部射出。接着，六名州学的优秀学生分为两队，先后上堂，按照司射的指教，将各自的四支箭射完。由于是习射，不管射中与否，都不计成绩。

第二番射是正式比赛，要分出胜负。与射者分为两队，依序发射。比赛结果公布后，负方射手站着喝罚酒，并向胜方射手行礼。

第三番射的过程与第二番射基本相同，只是比射时有音乐伴奏，乐工演奏《诗经》中的《驺虞》，乐曲的节拍均匀如一，只有按照鼓的节奏发射，并且射中箭靶者才计分，否则即使射中也不算。

古希腊奥林匹克运动会诞生于公元前776年。中国的乡射礼盛行于春秋时代，而青铜器铭文记载的宫廷射礼的年代可以上溯到西周。据此可知，中国射礼出现的年代约略与古希腊奥运会同时，甚至更早。同为竞技运动，两者有相似之处，但差异也很显著。

附录　丰富多彩的中国传统射箭

古希腊奥运会最初与宗教活动有关，比赛项目只有短跑，后来增加跳远、掷铁饼、投标枪和角力，合称"五项运动"，几乎都属于军事运动。中国商代迷信鬼神，灼龟占卜成风。武王克商后，周人从鬼神的阴影下走了出来，民本主义迅速成为社会思潮的主流，渗透到了包括习射比武等社会各个层面。中华先哲的伟大之处在于，铸剑为犁，寓教于射，把原本是武器的弓箭转化为教化的器械，在保留竞技比赛流程的同时，植入鲜明的人文精神，在比射的每个环节都体现射手的道德修为，这是全世界范围内所仅见的，中华文明的成熟与智慧，于此可见一斑。以下我们对射礼的人文特色略作介绍。

首先，以"射以观德"为射礼主旨。上古时代的箭靶多用兽皮制作，以射中、射穿箭靶为目标的比赛，称为"主皮之射"。孔子认为这种比射有违"古之道"："射不主皮，为力不同科，古之道也。"（《论语·八佾》）主皮之射，比试的是射手的体能，而人的体能大体取决于先天因素，彼此差异很大，所以这种比赛不公平。而人的德性，则是后天修为而成，儒家主张"射以观德"，通过比射观察人的后天之德，赛事的重心已悄然转移，人文内涵骤然得以提升。

孔子喜欢射箭，经常与弟子一起比射。需要特别指出的是，孔子赋予了射礼太多的内涵，只有有德行者才配参加射礼；那些在国难当头贪生怕死，或者为了贪图财产而舍弃家庭的人，不许参与射礼。射礼中的宾，只有德行超群者，才有资格担任。这些要求，对于提倡正气，形成公众舆论，警世导民，具有重要意义。儒家以此重塑射礼的灵魂，可谓高妙。

其次，追求体态与心志的正直。儒家认为，无论身处何时

射术与射道：对中国射箭运动术与道的探索

何地，做人都要正直，内外兼修。射手要命中目标，首先要体态正直挺立、心志中正不偏，这是常识。贤哲巧妙地将这一习射要领与正直做人挂钩，要求射手站到射位上之后，先要检查自己是否做到"内志正，外体直"；继而进入深层思索，寻找自己的人生志向："射之为言者绎也，或曰舍也。绎者，各绎己之志也。"（《礼记·射义》）意思是说，射，是寻绎的意思。射者应该在射箭的过程中寻绎自己的人生志向，把箭靶作为自己的道德目标来瞄准，把发射的过程当作内省、存养、进取的人生体悟，以求终极的完美。所以孔子说："发而不失正鹄者，其唯贤者乎！"

再次，"进退周旋必中礼"。射礼是在学校举行的高雅文化活动，中国文化以"礼乐"为主要特色，因而要求射手展现礼乐教化的风范，例如"揖让而升"，两位射手出列，一起到箭架前取箭，然后并排前行、登阶上堂、开弓比射，中间的每一个步骤，射手都彬彬有礼，拱手谦让，请对方先行，以体现尊重对手的善意。这是东方文化的重要特色，是西方体育文化中所没有的。受中国儒家文化影响，今天日本的相扑、韩国的跆拳道等传统竞赛项目，在比赛前，选手都要彼此作揖或鞠躬，互致敬意，比赛结束时也是如此，这正是射礼的遗风。

最后，倡导君子之争。人与人相处，难免会有竞争，如果没有健康的心态，很容易引发恶斗，影响社会安定。孔子认为，人若能注重提升精神境界，自然就会淡泊名利，平心静气地对待竞争。他说："君子无所争，必也射乎！揖让而升，下而饮，其争也君子。"（《论语·八佾》）意思是说，君子以修身进德为本，不妄与别人争高低。如果一定要说有所争，那就是比射了。但即使在这种场合，也是处处尊重对手，彼此揖让升堂比射，发射完毕，降阶下堂，一起饮酒，这就是君子之争。

附录　丰富多彩的中国传统射箭

除了以上所说之外，我还想再强调一点，就是射礼对于射手心态的要求。我们看电视转播的现代体育运动赛事，射手几乎都会谈到如何调整自己临赛的心理状态，并且把胜负的原因归结为自己的心态正常与否。一般人都认为，心理学是西方人的创造，中国古人根本不懂。笔者不同意这种看法。西方心理学，其实是生理学，是从观察狗分泌唾液的条件反射开始的。中国古人最重视心性之学，我们读《中庸》就可以知道，如何使自己的性情处于无过、无不及的"中"的状态，是古人最有力的地方。范仲淹《岳阳楼记》说"不以物喜，不以己悲"，是说自己的心志始终如一，不随外物的变换而移，不为个人际遇的沉浮而动。《庄子·逍遥游》说"举世而誉之而不加劝，举世而非之而不加沮"，举世之人都在赞誉你，自己并不因此而多一分欣喜；举世之人都在非议你，自己也不因此而多一分沮丧。古人常说，要心如古井，波澜不起。这是何等的境界！我认为这才是真正的心理学。如今的许多选手，太在意胜负，太在意胜负背后巨大的物质利益，所以尽管想在比赛时放下，但由于缺乏强大的心力，终究放不下。

人强大的心力来自何处？我想无非有两条途径：一是通过读书明白事理，加强理论修养，把正确的心态作为人生的目标来树立；二是在生活中注重涵养，而古代的射礼，正是要为修身进德者提供一种场所。我们读《射义》，可知心态的第一条就是"心平体正"，心气不平和，其他何从谈起？在三番射中，开弓发射，还必须与乐队演奏《诗经》的鼓点配合，心志与乐曲高度融会，这是何等的境界！

《大学》把修身、齐家、治国、平天下作为社会进步的阶梯。修身做人，是人生第一要义，比赛仅仅是人生的一部分。两者的主次，一定要分清楚。人做好了，才有良好的心态，箭才能射好。这一道理体现在射礼中，就是《射义》所说的一连串的心态活动："射求正诸己，己正然后发，发而不中，则不怨胜己者，反求诸己而已矣。"先要"正诸己"，把自己的心态调正了再射，这就离不开平时的诚意正心的修为。人生不会一帆风顺，即使自己很努力，也还会出现"发而不中"的局面，这就有一个如何面对失败的心态问题。儒家要求"不怨胜己者"，不要从对手身上找原因，不要怨天尤人，更不要做贿赂裁判那样不光彩的事；根本的原因在自身，所以要"反求诸己"，反射观内省，进一步调整好心志与体态，以百折不回的毅力，从失败走向成功。

中国古代的射礼，早就超越了单纯竞技的层次，上升到了哲学层面。清代大学者阮元，号称乾嘉学派的山斗，他之所以能取得很高的学术成就，原因之一就是得益于古代射礼。阮元在功成名就之后，回忆少年时代母亲的教导。母亲对他说，为学好比为射，为射先要端正身心，目标始终如一，不受任何诱惑；气要下沉，不要心浮气躁；用要精猛，不要十分力气只用三分；发而不中，反求诸己。阮母真是一位高明的教育家，将为射与为学比拟，把道理说得如此透彻！今天每位爱好射箭的朋友，都能从中得到深刻的启迪，射好箭，射中自己的人生目标。

射之礼：君子之争

礼射有什么独特之处？

2008年奥运会时，举国都在议论开幕式怎么展现中国体育内涵的独特性。我认为乡射礼就是最好的代表。它历史悠久，是一种礼仪文化，也是一项体育运动。世界各民族几乎都有弓箭，但大多是用于战争、田猎的武器。诸子百家争鸣时期，孔子赋予了射箭礼

附录　丰富多彩的中国传统射箭

的色彩，赋予了射箭哲学内涵，它变成了教化修身养性的方式，这是别的民族没有的。

为什么射箭可以教化人？

拿着弓站在台上，先不是急于射出箭，而是要看有没有站对，站好，有没有做到"内志正，外体直"，有没有君子风度。扭头望目标时，要比心智是不是集中，气息有没有下沉，用力是不是精准。另外，如果射不中，能不能做到"不怨胜己者"，从自己身上找原因。这是一整套的规范动作，一种向内寻求改造自己心性的过程。西方人将德育、体育、美育、智育切成一块块，但中国人是一体的。所以中国人讲"完人"。乡射礼第三轮，旁边乐队要奏《诗经》，箭射出去时，必须跟音乐节奏一致，否则就不算中。敢问世界上哪一个国家，射箭是需要跟乐器结合的。古人认为音乐对心灵的影响最直接，所以射箭配上纯正、典雅的音乐，再加上得体的动作，形成了一整套礼化的过程。古人讲内外兼修，由内到外，也可以由外到内。常常保持外在的各种行为合乎礼仪，可以内化积累德养。

中国传统体育精神如何看待竞争？

古人认为在社会上，跟别人是有竞争的，但必须尊重对手。东亚凡是受到儒家文化影响的国家，体育运动中都强调"行礼"，比如跆拳道、柔道、相扑、围棋，到最后，一定要谢谢对手指教。西方比较没有这种规矩。这就是孔子强调的"其争也君子"，竞争不要搞恶斗，而是充分尊重对手，最终促成自己的提高。

《礼射初阶》是彭林和韩冰雪主编的礼射教材，2016年由人民体育出版社出版。礼射自古便是中国教育体系中重要一支，现在全国传统射箭开展得轰轰烈烈，开展礼射活动，正是礼射回归教育的大好时机。大家都在推行传统射箭进校园,这些年来的实践证明,学校是欢迎的,正好补了这些年来学校体育的短板。特别是中小学开展礼射活动,孩子热爱,家长支持,学校重视。成了学校的一道亮丽的风景线,学生们以参加射箭活动为荣,不论在教学,育人方面都收到令人满意的效果。

《礼射初阶》是国内第一本从理论上和体例设计进行了全面、系统的论述,是学校开展礼射教学的最好教科书。

(二)少林禅弓

2017年首届少林无遮大会少林禅弓邀请赛于2017年8月2—4日在中国嵩山少林寺隆重举行。少林寺还组织了八名武僧参加比赛,这一消息传开以后,全国传统弓射友都积极报名参赛,引起了全国各界的重视。少林寺举行传统射箭比赛,这可是第一回,名字还叫"少林无遮大会少林禅弓传统射箭邀请赛",什么意思大家都不甚明白。历史学家马明达老师出面给大家讲,"无遮"一词是从梵语译介过来的,本意是说佛祖彻底打开心境阐释佛法,引领大家完全抵怀,心灵通透,化解所有的疑谤。魏晋时参照儒家经典词语,译为"无遮"二字,从此"无遮"成为中国佛典中一个重要词汇。据说古代的印度经常举办"无遮法会",以此来破除人世间贤愚贵贱的等级与差别,让人们充分享受佛法的宏大与普惠。南朝梁武帝首先引入这种法会形式,创"四部无遮大会",后被延续下来,终于演化成具有中国特色的佛教文化形式。这是中外文化长时间交流融汇的结果,也体现出佛教入华后不断走的一条中国化道路。

附录　丰富多彩的中国传统射箭

2017 年 3 月第一届少林禅弓比赛筹备会

首届禅弓比赛为期 2 天，依照 3 个弓种分组。比赛那两天，尽管天气炎热，但比赛进行的有条不紊。裁判员和工作人员遵照"严格执法，热情服务"的要求全心全意为比赛服务。参赛选手聚精会神，认真对待每一箭。2 天比赛圆满结束，参赛选手都有了不同的收获，都得到了一次精神上的洗礼。

2017 年 8 月少林寺方丈释永信大和尚亲自检查比赛场地

射术与射道：
对中国射箭运动术与道的探索

2017年8月少林寺方丈释永信大和尚与全体裁判员合影

这次活动还有一个很有意义的收获，在少林寺的支持下，传统竹木弓被列入正式比赛项目。

2017年以前的全国传统射箭比赛，规程所规定的弓型主要有筋角弓、玻纤弓和层压弓。其中，角弓最为传统，但做工复杂，做成一张精品弓须数月甚至几年的时间，价格高，并不适合推广。玻纤弓和层压弓是对角弓形制的模仿。

射箭运动的发展与弓、箭的演变是分不开的。几千年来，弓、箭在原料、形状、大小、构造、制作工艺上都有很大的变化。

现在我们用的传统弓基本是明、清两代的仿品。都是几层粘合在一起的复合弓。有的筋角弓，因为主要用材是动物筋和角，特别是牛角，取材很难，处理也费工，费资金。做一张弓周期也较长，价格很高，因为它都是天然材料，受气候影响很大，维护也很难，不便推广。中国最古老的弓箭都是先人们用木竹加工而成。

附录　丰富多彩的中国传统射箭

考古发现，浙江省萧山城区西南约 4 千米的跨湖桥新石器时代遗址中出土的一张"漆弓"，这张中国新石器时期的"漆弓"不仅是中国最早的单体弓，还是世界上发现的最早的漆器。跨湖桥遗址经过 1990 年、2001 年和 2002 年 3 次考古发掘，发掘面积达 1 000 平方米左右，出土的这张漆弓经碳 14 测定和热释光测定，其年代在距今 8 000 ~ 7 000 年。

漆弓

单体弓在中国存在的时间相当长，到了春秋战国时期曾大批量地装备过单体弓，并逐渐在弓的设计上展现出"中国特色"。

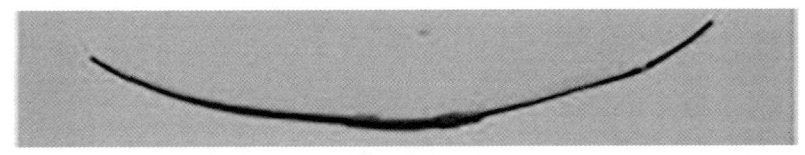

曾侯乙墓的单体长弓

出土自中国曾侯乙墓的单体长弓，和世界同时期的很多单体弓类似，都是宽阔而扁平的弓臂，窄而厚实的弓把造型。不同的是，中国单体弓"花瓣"式的挂弦方式已经开始流行，并在之后的历史中一直影响着中原弓箭的设计。

春秋竹弓

在中国人民革命军事博物馆"古代战争馆"里陈列着一件春秋晚期的竹弓，此弓由湖南省博物馆（今湖南博物院）提供，1971 年

射术与射道：
对中国射箭运动术与道的探索

2月于长沙浏城桥1号墓出土。这是目前所能见到的我国最早的弓的实物之一。弓呈黑褐色，弓干完整，做工精细。弓长1 120毫米，弣部宽27毫米，厚20毫米。弣部向两端走向渐细，至末梢有20毫米长的部分再收细。两端连线至弓弣的垂直间距为190毫米。弣部用三层竹片叠合而成，然后用丝线缠紧，外表髹漆，漆皮已松裂，脱落。据《考工记》说，做弓需要用"干、角、筋、胶、丝、漆"六种材料。该弓出土脱水后仍不变形，由此可证明制作系用优良材料，经过特殊加工处理而成。

而我国古代的弓在很长一段时间都是用竹与木这两种天然材料粘接制作的，一直到唐代以后仍然广泛存在。如果可以在筋角弓基础上，再把竹木弓恢复起来，那无疑是对中国弓箭文化传统更为深入的复原，更为传统。一方面，竹木弓很环保，材料来源充足，做工相对简单，价格自然也会更为适宜，这对于中国传统射箭的开展肯定是有帮助的。因此，2013年我就找优秀的传统弓箭制作人张利、张召羽、张明磊等前期做弓的朋友，请他们根据出土的样品，以及现在的规则，研制竹木弓。只要把箭射出50米，我们就可以推广，就可以在比赛立项，成为中国传统射箭正式比赛项目。因为它最便于传承，取材方便，造弓弓艺也最简单，造价便宜，老百姓能买得起。

大家都很支持，不久就将各自的竹木弓做出来了。我看质量很好，外观素雅古朴，国味儿十足，射60~70米毫无问题，这是2016年的事情了。接下来，我就想在比赛中立项推广，恰逢弟子廉祯向我汇报准备筹办"少林禅弓邀请赛"，我感觉这是一次很好的机会，少林寺是佛门法地，很讲究文化，也讲究环保。于是，我就命廉祯向大和尚建议在少林比赛中增加竹木弓。这一建议很快得到少林寺方丈释永信大和尚的支持，于是便有了2017年首届少林

附录 丰富多彩的中国传统射箭

无遮大会少林禅弓邀请赛上，中国竹木弓作为正式比赛项目的首次亮相。这是一个突破性的决定，自此后，竹木弓就成为少林禅弓比赛的正式项目，也成为少林禅弓段位考评的主要器材，许多其他传统射箭比赛也开始设立竹木弓组。这一趋势也得到了广大基层传统射箭热爱者的欢迎，竹木弓制造者也日渐增多。随后这几年，竹木弓发展很快，性能日益优良，工艺甚为精美，而且也成功走出国门走向世界。我相信，不久以后中国最好的传统竹木弓会成为最好的品牌，会成为全世界传统射箭爱好者的最佳选择。

少林禅弓比赛的成功举办与制度化建设，是传统射箭发展道路上的一件大事。借力于少林寺这样历史悠久、文化厚重的平台，中国传统射箭在当下和未来的发展又增加了内容，甚至补上了形而上的思想短板，这无疑是有助于中国射箭在更广的范围发展。我相信禅弓的比赛与段位制的试行仅仅是一个开始，少林寺将会根据自己的定位，进一步推动中国传统射箭的规范化发展，推动中国传统射箭文化走向世界。

2017 年少林禅弓比赛

射术与射道：
对中国射箭运动术与道的探索

少林禅弓修炼基地

（三）骑射文化

骑射

附录 丰富多彩的中国传统射箭

骑射，泛指骑在马背上进行射箭的活动。甲骨卜辞记载了商代狩猎中驱驰骑射的形式，说明殷商时代已经出现骑射。之后作为先秦四猎（春蒐、夏苗、秋狝、冬狩）的重要传统被后世所传延。赵武灵王胡服骑射使之逐渐取代车战，成为战场的主要形式。武举制度创立后，"取士选才，必先弓马"，骑射成为国家选拔人才的重要标准。"射柳仪"在辽代成为皇家祈福仪式。"策勋疆场"的中国传统骑射还包含着对骑射者品德、心境和意念进行历练的哲学内涵。练习骑射，可以使人不忧、不惑、不惧，可以延续中华民族积极进取、勇猛尚武的传统精神。

骑射是中国传统射箭重要组成部分。2014年8月19日在青海举行了中国射箭协会传统弓分会成立大会。传统弓分会专门设立了骑射委员会，以推动骑射运动的发展。但是这些年来骑射运动的发展并不理想，原因是多方面的，其中一条就是组织不落实。开展骑射活动是一个系统工程，仅靠个人单枪匹马去干，很难成功。从目前情况看，热爱传统射箭的朋友很多，全国各地都有。喜欢骑马的朋友，也很多。目前的情况是，会骑马，不会射箭；会射箭，不会骑马。这是一对矛盾，怎么样在矛盾中求统一。不是人人都会骑马，特别是在奔跑的马上，双手能撒开缰绳，很自如地拉弓射箭这可是一种很高超的技能。如果达不到这种骑术，从马上摔下来是很危险的。此事要慎重，不可贸然行之。

在青海的海东地区，历史上以湟水河为界，形成了"南山射箭，北山骑马"的传统。他们现在采取新政策，把骑马与射箭相结合，共同走骑射之路。这条结合之路，促进当地的旅游业得到更好的发展，为民造福。

湖南常德的桃花源景区，是个AAAAA级景区，他们新建了一

射术与射道：
对中国射箭运动术与道的探索

个"弓马骑射文化园"。把骑射与文化结合起来，会受到更多游客的欢迎，骑射是一个很有发展前途的项目。

北京著名骑射手陈良认为，射之术：大道至简。在马上射箭，马在高速运动中，有很大的不确定性，属于我理解的"不射之射"，即指在不利于射准的情况下去射中。其实，从某种角度来说，传统弓与现代弓相比也属于"不射之射"。现代弓着重对器材改造，比如开一个弓窗让箭搭在弓的中心利于直行，肯定更容易射准。传统弓则是需要通过人的训练去克服各种不利情况，我不认为它是一种简单的娱乐或运动，它是对人的身心高难度的修炼。

"更快、更准"是传统骑射追求的目标吗？传统射箭"准"的概念，不是追求中靶的结果，而是追求中靶的过程。就像照镜子，靶子是一面镜子，而我现在的能力、状态和水平才是真正的"主角"。咱们的乐趣在于不断修为的过程，"准"只是我在修为过程中，自然获得的"意外之射"。

最核心的运动理念是要表里如一，箭的指向和用力的方向一致。歪打正着，不是传统理念所追求的。传统射箭要求的是人怎样修正错误，先做到"正打"，然后必然"正着"。你觉得古人能造出那么复杂的工具，难道不知道在弓上面加个框什么的？它在指导你如何去做人做事。"大道至简"——这是前辈古人拥有的精神力量，是传统射箭的根，也是当今社会不应该抛弃的，最需要咱们传承下去的精神。如果你本来瞄准的不是那个地方，然后走捷径，让它落在那个点上，这不叫射箭。也许能拿一次冠军，但实际能力会越来越差。因为迷失了正确的动作，感觉没了。真正遵循传统理念的话，会越练越准的。若只顾眼前的利益，损失的恰恰是最宝贵的东西。

附录　丰富多彩的中国传统射箭

目前内蒙古地区，骑射开展得比较普及，原因首先是马多，草原广大，内蒙古朋友从小会骑马，射箭又是"男儿三艺"之一。骑射，就是从奔跑的马背上向左右目标射箭。参加骑射的人数不限，比赛不分男女老少，凡参加者都自备马匹和弓箭，弓箭的样式，弓的拉力以及箭的长度和重量均不限。马道一般宽4米，长85～100米，设3个靶位，每靶相距约25米，从第一靶开始依次在2米高的木架上挂一个彩色布袋。马道距目标有一定距离，每人每轮一马3箭，共射三轮为9箭，最后以中箭多少决定胜负。

（四）河湟射箭

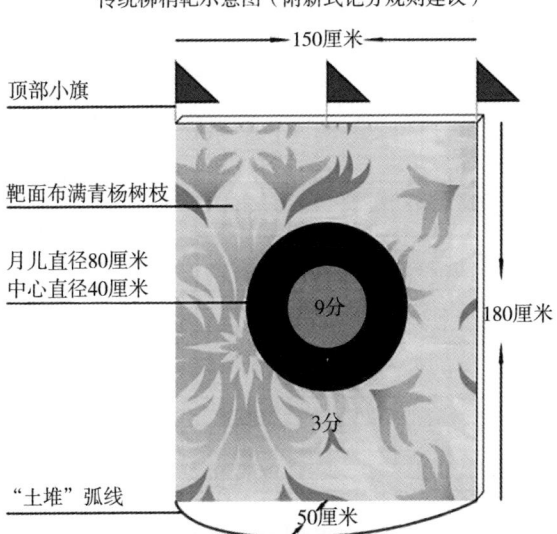

传统柳梢靶示意图（附新式记分规则建议）

备注：中心环记9分，外圈环记6分，其他部位记3分
（含靶头小旗、靶前"土堆"弧线内、靶边柳梢）

射术与射道：
对中国射箭运动术与道的探索

青海卓仓地区的"柳梢靶"　　　选手在比赛时载歌载舞

　　海东是青海省地级市，因位于青海湖以东而得名。海东气候属半干旱大陆性气候，矿藏资源和水能资源丰富。海东市人口相对集中，经济较为发达，是青海重要的农牧业经济区和乡镇企业较发达地区之一。

　　当代中国传统射箭的竞赛化发展始于青海。

　　得益于延续不断的射箭传统与地方政府的大力支持，自2009年起，青海每年都举办国际性传统射箭比赛，这不但促进了当地射箭团体的发展，更是为传统射箭的普及和中国传统射箭在国外的推广作出很大贡献。截至2014年时，青海已有超过834个民间射箭团队，仅乐都地区，其辖属的各个乡镇都有射箭团队，大部分都有专门的训练和比赛场地，各队经常切磋交流，共同提高。青海的射箭比赛也吸引了众多的国内外射箭爱好者前来参加，其中不乏慕名前来学习考察传统弓箭制作和使用技法的爱

238

附录 丰富多彩的中国传统射箭

好者。

射箭是流行于青海省乐都县的一项传统体育项目,明代时传入当地,至清代成形,历数百年而不衰。射箭比赛方式独特,内容丰富,深受当地汉、藏、回、土等各民族群众喜爱,是当地全民健身运动的主要形式。每到夏季,乐都南山地区各乡镇都举办射箭比赛,以乡村之间的比赛、擂台赛、邀请赛、集中赛、分散赛等多种形式进行,参加人数众多。南山射箭同时也是"花儿会"和物资交流会,每逢比赛日,各方商贩云集,观看的群众"漫"(唱)起花儿和"拉伊"(当地藏族情歌),整个赛场气氛热烈,每个观众都以不同方式参与其中,南山射箭成为当地人民的狂欢节。

南山射箭具有丰富的文化内涵,它既是历史上河湟地区各民族融合发展的见证,又是弓箭文化和青海少数民族历史的重要载体。这一活动形式对增强各民族之间的交流与团结起到了积极的推动作用,如今射箭在河湟地区十分普及,村村都建有正规的射箭场,设备齐全,有遮阳遮雨的棚子,有的还有简易看台,平时用来射箭,节假日举行友谊赛,看的人比射的人多得多。这种比赛还有一个特点,射手箭中靶,不分老幼都拥进场里载歌载舞,跳藏族独有的锅庄舞两三分钟,向射手表示祝贺。

海东市乐都区第四届国家级非遗项目"南山射箭"

射术与射道：
对中国射箭运动术与道的探索

比赛前都举行隆重"煨桑"仪式，射手们把弓箭整齐地摆在煨桑炉旁边，肃立在煨桑炉周围，祈福比赛顺利安全，给自己以精神上的洗礼。可以说，煨桑是藏族原始佛教与藏传佛教两层文化形态催化下，形成的祈愿礼俗保佑世间凡人事事如愿，平安幸福。参加这样的活动令人肃然起敬，是精神上的一次洗礼，是传统文化在射箭上的具体体现，值得射箭人的深思。当时我就想这就是中国的传统射箭文化，要好好学习，深刻理解。把现代射箭运动与中国传统射箭相结合，推动现代射箭运动的发展。以前我只是听说，如今在青海的大山沟里亲眼看到了，这是我对传统射箭研究的启蒙地，我真正学习和研究中国传统射箭是从这里开始的。我从事射箭训练与教学几十年了，我没入射箭的大门，只是单纯研究在技术上怎么射准。这些纯朴的民间射手，才是射箭的高手，他们已把射箭与传统文化联系起来了，他们对射箭的敬畏，对弓箭的敬畏，是值得我们学习的。

第一次与谢肃方先生等人参加青海基层的民间射箭活动，那是2006年在平安县成台乡的一个山沟进行的两个村的射箭比赛，他们射的是用树枝编成的柳梢靶，规定射程是30丈（1丈≈3米）。比赛射程因地形而定，70～80米不等。平常安静的小山村，活动

附录　丰富多彩的中国传统射箭

当日却是人山人海，热闹非凡。两队射手轮番上场比赛，射中靶的一方，载歌载舞，跳着锅庄舞，喝着青稞酒，非常热闹。

我仔细看比赛，虽然参赛的选手众多，好像有些乱，但我又体会到有一种说不出的熟悉感，整个比赛的流程像现代体育竞赛一样，但又貌似与文献中所描述的礼射有些像，有一定流程，射箭的同时载歌载舞。我与当地一位射手谈起比赛，他并无太多其他解释，只是说这是他们藏族世代相传的传统。当时我就想，这不但是藏族的传统，更是中华民族的传统！2 000多年前周朝的礼射就是这样。都说中国礼射已经消失，我则觉得在青海的民间射箭活动中仍然可以找到踪迹。那段时间，我每年去青海不同的地方看比赛，和他们结成了亲密的朋友。我也先后组织他们前往我国香港地区参加活动，受到当地观众的热烈欢迎。2007年由罗尖措[①]任团长，他们组队去韩国参加了首届世界传统射箭节（WTAF），从那时开始他们陆续派队到全国各地参加传统射箭比赛，他们走出大山，融入国际传统射箭的大家庭中。

河湟地区的射箭活动不仅在本地普及，也是全国传统射箭比赛举办最多的地方。不仅是国内的，还每年举办国际传统射箭邀请赛，其中规模最大的是"2012年国际传统射箭邀请赛"。当时邀请了28个国家和地区的传统射箭选手，加上国内各省市区及当地选手共2 000余人。在晚上举行隆重的开幕式，乐都体育场灯火辉煌，除各队入场式外，还组织了丰富多彩的本地文艺工作者呈现的文艺演出，有些北京奥运会开幕式的感觉。

他们还组建了青海第一支女子射箭队，据传以前在这个地区

---

① 罗尖措，藏族，原政协乐都县委员会主席。

是不准女子参加射箭活动的。我就找时任海东专员的陈兴龙先生商量,咱们能否打破女子不能射箭的规矩,男女平等。希望他能在老家村子里,组建一支女子射箭队,比赛中为她们立项,欢迎她们参赛。不久"青海省乐都县成台村女子射箭队"就成立了,成为中国少数民族地区第一支女子射箭队。她们不仅拿起了弓箭走出了大山,还到全国各地去比赛。之后各地陆续成立女子射箭队。出于对传统文化建设的重视,海东地区的各级领导对中国传统射箭的恢复和发展,起到了很大的引领和推动作用。

(五) 萨仁靶

萨仁靶

内蒙古射箭的选手

射箭,是蒙古族古老而久远的一项竞技运动。它源自蒙古族

附录　丰富多彩的中国传统射箭

早期狩猎时代,用弓箭自卫和猎获野兽的活动,后来在作战中被用作武器。在成吉思汗时代射箭比赛已经出现,成为蒙古族"男儿三艺"的一项,也成为竞技娱乐活动和蒙古族擅长的技能之一。

蒙古族素以善射而著称,射箭是蒙古族部落氏族到蒙元时期流传下来的特有的集娱乐性、健身性、民族性于一体的蒙古族传统体育项目之一,是蒙古族人民宝贵的体育文化遗产。根据社会的发展,蒙古族传统射箭比赛有多种多样的比赛形式,发展至今,各有独特的特点。在内蒙古地区目前流传下来的射箭比赛有"萨仁靶"射箭比赛、"同和"射箭比赛、"布隆"射箭比赛和"射远"射箭比赛等项目。其中"萨仁靶"射箭比赛为内蒙古自治区少数民族运动会、全区运动会、各盟市那达慕的主要比赛项目,其他则为地方特色项目。

内蒙古巴林右旗首届"格斯尔杯"传统射箭全国邀请赛于2013年8月14—15日,在内蒙古巴林右旗大板镇大草原上举行。这是内蒙古举行的第一届全国传统射箭比赛。

当年6月,巴林右旗射箭协会主席苏白格日乐与我联系说,右旗领导对射箭很重视,计划当年举办一次全国射箭邀请赛,请我帮助他们组织这次比赛。

内蒙古经常承办比赛,我年轻时都去参加,但那时仅限于呼和浩特地区。我与内蒙古的射箭有缘,20世纪内蒙古有两位射箭名将,分别是布和敖其尔和奥木拉希,那时举行全国比赛的冠军都是他们俩,目前还保持着全国纪录。1959年全国第一届射箭锦标赛,我们都参加了。以前我们不认识,赛前训练时,我们特意找到内蒙古队,看他们怎么射箭,向他们学习。9月,全运会安排在北京官园体育场,那时运动员参赛不住宾馆、招待所,住在体育场边上的

射术与射道：
对中国射箭运动术与道的探索

平房里。正好分配解放军队和内蒙古队住一起，原先这是一间仓库，房间两头各用木板搭了一个大通铺，一个队住一边。这样我们就成了朋友，他们还演示怎么用扳指拉弓射箭，邀请我们一起喝奶茶。现在老大哥家乡要举办传统射箭比赛，我当然要全力以赴。我就和苏白格日乐主席一起研究怎么举办这次全国性的邀请赛，他们的意见是用角弓和墩头箭，在30米射程上射"萨仁靶"，这是内蒙古传统射箭比赛。在内地，传统射箭刚恢复，角弓和墩头箭很少有人有。我建议把萨仁靶和圆环靶两种类型的比赛一起进行，这样可邀请各省市射箭爱好者都来参加。研究后我们统一了意见，他马上准备材料向全国发布，我也向大家宣传，欢迎都来参赛。

在内蒙古地区传承着各种类型比赛，他们这次选用萨仁靶，不仅把全区的射手团结了起来，也得到了全国传统射友的支持，是很成功的一次选择。

巴林右旗首届"格斯尔杯"传统射箭全国邀请赛于2013年8月14—15日如期开幕。赛场选择在平坦的大草原上，草原上彩旗飘扬，一派节日气氛。一边是萨仁靶，一边是圆环靶，整齐排列在大草原上，十分壮观。现场举行了隆重的开幕式，几十支射箭队和几百名射手先后入场。开幕式还举行了骑射表演，潇洒的骏马飞驰在草原上，成了一条亮丽的风景线。

这次比赛圆满成功，是各民族大团结的胜利，使内蒙古的传统射箭不仅走向了全国，也走向了世界。

赛后右旗领导对我说，希望我能帮助他们举办一次传统角弓制作研究会。2014年4月在巴林右旗巴林宾馆举办了"中国第一届传统弓、箭器材研讨会"。全国各地制作弓箭的高手都与会畅所欲言，这是我们国家第一次举办传统射箭器材的研讨会，达到了很好的效

附录　丰富多彩的中国传统射箭

果。从此传统弓、箭的制作进入一个新阶段，极大地推动了传统射箭的恢复和发展。巴林右旗本地原来只有几家角弓制造作坊，陆续发展成几十家，做弓的质量有了很大提高，成了全国制作角弓的基地，给全国各地的射友提供了角弓。角弓生产多了，更加促进全旗射箭水平进一步的提高。在之后各地举办的传统射箭比赛中，巴林右旗不论男女都是大奖的获得者。在近两年的"少林禅弓"比赛上，最后有一个9万元大奖的比赛，各路高手都参与竞争，两次得主都是巴林右旗射手，首次是女选手朝鲁门齐齐格，第二次是男选手斯琴孟和，彰显了巴林右旗传统射箭的实力。

（六）工布响箭

工布射靶

工布响箭

工布箭手

工布响箭已有1 500年的历史，在西藏的林芝地区有着坚实的群众基础，每一个行政村都有群众自发修建的射箭场，经常有人在射箭场进行工布响箭的训练和比赛。初步统计林芝工布响箭协会自1997年成立以来，射箭人数在2万人以上，村民们射箭的积极性非常高，林芝市县乡村在各级领导的带领下做了非常多的工作，对工布响箭的发展起到了很大的推动作用。不仅增强了藏族人民的自信心、自强感，而且加强了各民族间的文化合作与交流，丰富了工布地区人们的业余生活，促进了地区的稳定发展。

现阶段，从事工布响箭运动的年龄段基本为成人，也仅局限在林芝市的工布地区。林芝的工布响箭协会一直在积极开展工作，他们初步计划在林芝市范围内的中小学开设工布响箭课程，每年举办师资培训，让工布响箭走进学校的体育课堂；同时成立青少年射箭队，逐层选拔全区射箭运动员，把工布响箭推广起来。为了增加区外工布响箭人口，首先应选择全国高校，因为高校具有风向标的作用，现在全国有一百所以上的高校开设传统弓的课程，在传统射箭的基础上增加工布响箭项目，这样就可以借助传统射箭的发展之势来发展工布响箭。2019年林芝市举办工布响箭传统弓比赛，包括珞巴族在内的参赛队伍有14支，大大促进了民族间的团结与交流。

工布响箭比赛可以与传统射箭比赛、现代射箭比赛同时进行，增加比赛项目让工布响箭的青少年赛事也参加进来，让更多的传统文化爱好者走进这项运动中，工布响箭用的箭靶类似于内蒙古的萨仁靶。只有三种颜色，三个环。挂在靶围前的靶子，是由皮革制成的圆形靶，藏语称为"玛尔蒂"，共有三个环，里面的白红两环被箭击中后，会从外圈脱落出来，证明是正中靶心。工布文化是西藏地区的特色文化之一，自然资源丰富的谷地培育出了林芝独特的历史、文化和经济。工布地区有很多民间传统体育竞技活动，其中最有特色的要算射响箭。响箭藏语称为"毕秀"，意为"尖啸"。为了尽快使工布响箭走出工布地区，参加其他地区的传统射箭比赛，应积极扩大影响，将工布响箭融入全国传统射箭中。

（七）迪庆射箭

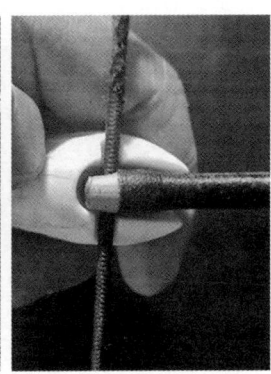

迪庆的手握扳指和木桩靶

云南迪庆传统射手载歌载舞

射术与射道：
对中国射箭运动术与道的探索

云南迪庆传统射手在训练

迪庆藏族自治州拥有悠久的民族文化历史，藏语意为"吉祥如意的地方"，是云南省唯一的藏族自治州。1959年2月，第二届全

附录　丰富多彩的中国传统射箭

军运动会的射箭比赛在武汉举行。赛后正式组建了解放军（八一）射箭队，准备迎战9月在北京举行的"中华人民共和国第一届全运会"。在武汉训练期间，分配我和余光龙住一个房间，他告诉我他是昆明军区的，老家是迪庆香格里拉，傈僳族人，他们那里的男人都喜欢射箭、射弩。他是老兵，我当兵还不到一年，他是一位正宗的传统射箭高手，性情很好，看我是个新兵，常常帮我。后来我们一起到北京，参加中国第一届射箭锦标赛。经过4天紧张的比赛，9月由我、段凤山、张淀武、余光龙等6人组成的解放军队，荣获了男子团体冠军，得了一个大大的金杯。如上页下图所示，比赛结束后全队的合影，最后一排从右数第二位就是余光龙。全运会结束后，射箭队去广州训练，他没有去，就回部队了。分别这么多年很想念这位老大哥。他应该是傈僳族射手中参加全国性比赛规格最高、获奖名次最高的人，是傈僳族人民的骄傲。

2015年10月28日，全国传统射箭公开赛在云南石林开幕，来自全国各地的44支队伍共214名运动员和教练员参加了此次比赛。迪庆市体育局的领导也带了6名传统射手来参赛，我见到他们时感到很亲切，他们身着民族服装，个头长相都像我当年的老战友余光龙大哥。赛前我和他们进行了多次交流，请教了他们的射法、弓箭器材等；他们还特别向我介绍了由格萨尔王传承下来的"手握扳指"，藏语叫"擦日"。这种扳指，当地射手都是用拇指粗的树枝加工而成，也有用其他材料的，最高级的是羚羊角，由手工加工而成，能很好地保护勾弦的拇指。当地产各种竹子，弓由竹子制成，最远比赛射程是50米。箭靶是木桩制成，他们说他们这套射法都是传承于格萨尔王，他是藏族的民族英雄，一位武将，射箭高手，在藏族地区有崇高的威望。迪庆地区每年举办格萨尔王射箭节，以此来纪念这位英雄。我看他们的拇指是和我们不一样,一般人拇指第一关节是扁平的,而他们的第一关节是圆形的,适合于勾弦。格萨尔王是古代藏族人民的英雄,直到现在这些射手仍引以他为自豪,充分展现了迪庆非遗文化风情和《格萨尔》民间传统文化艺术的独特魅力。

我和迪庆来的朋友讨论了好几次他们参赛的事,向他们简单介绍了传统射箭恢复的情况,介绍了能办成这样规模的传统射箭比赛的艰辛和规则的制定过程。全国传统射箭的朋友,为能促成这样比赛,大家一致认同基本要求。他们能来参赛,大家都非常欢迎。为保证此次比赛的顺利进行,只有提一个要求,这次请他们先不用这种"手握扳指"。这是我们第一次见,我很欣赏这种扳指,容我们研究一下争取在全国推广。迪庆的朋友们通情达理,接受了我的意见。

比赛后这几年每次想起这件事,我总感觉到做了件"亏心事",没有让他们用"手握扳指"参赛,因为我也感觉这个"手握扳指"是传统射箭的一种选择。这是格萨尔王的传承,是纯天然、纯手工、纯传统的精品。为此我还特地请教了青海卓仓地区的传统射箭传承人鲍本次仁老射手。他说,在他小的时候,他们那里好多藏族射手都这样射箭,那时弓箭很粗糙,都是自己造。以前藏民身上都带有刀,射箭时用刀在树上找一根似拇指粗细的树枝,砍下来修理一下,截成斜面,刻条槽就射箭。

我和他们成了朋友,建立了联系。其中有一位年轻射手名叫李建军,是位公务员,能歌善舞,手很巧,我请他做两个"手握扳指"寄给我。在以后几年里,凡是我参加的传统射箭研讨会上,总给大家讲这种扳指,把这种扳指展示给大家看。大家都围上来看,

附录　丰富多彩的中国传统射箭

称赞这是种好想法。

我有一个愿望，想办法请他们走出大山，融入全国传统射箭大家庭中。"手握扳指"是中国射箭文化的传承。日本朋友能把扳指做进皮手套中，解决了拉弓时手痛，指关节变形的弊端，使日本弓道在全世界推广。有人怀疑与复合弓撒放器相似，我说这不是同一概念的物品，复合弓撒放器是高科技机器制造，是高碳钢材料制成，拉弓时手不与弦接触。"手握扳指"是历史传承，纯天然、纯手工制作而成。不能因为用扳指的某些弊端，影响传统射箭的恢复和发展。我也向云南省传统射箭协会主席孔维忠建议，希望方便时能邀请迪庆传统射手来参加省里举办的传统射箭比赛，希望他们能按格萨尔王射法参赛，从而为在全国推广奠定基础。

（八）五彩神箭

尖扎县位于青海省东南部，黄南藏族自治州北部。尖扎县东

251

北部绝大部分以黄河为界,清澈的黄河水绕城而过。尖扎县宗教文化积淀深厚,是藏传佛教后期发祥地。其中的坎布拉国家地质公园以红色砂砾构成的"丹霞"景色而著称,园内有南宗寺、尼姑寺和南宗扎寺三大寺院,是青海省唯一的一处僧、密、尼并存的宗教法地。公园不仅是青海省继塔尔寺、青海湖之后的重要旅游景区,也是中国赛艇、皮划艇高原水上训练基地,更是全国唯一的"中国民族射箭运动之乡"。

2010年,尖扎县举办了第一届"五彩神箭"国际民间射箭邀请赛,特邀我们和孟繁爱、张国权、王刚等任这次比赛的顾问,积极参与他们赛前的筹备工作。

2018年9月18日上午,第五届"五彩神箭"国际民族传统射箭邀请赛暨达顿文化节开幕。赛事吸引了来自国内外170支代表队共2 254名运动员参赛,其中19支为来自澳大利亚、美国、法国、德国等国外参赛队;还包括来自中国香港、中国台湾在内的23支参赛队和101支内地参赛队,共设立8个靶场进行比赛。五彩神箭射的是"土堆靶",是农闲时在田地里堆一个高80厘米,底宽70厘米的三角形土靶。目前尖扎射友用的是现代复合弓、反曲弓和中国传统弓。虽然用的是现代复合弓和反曲弓,但都是裸弓,不装备任何附件。射箭的动作流程,完全是历史传承下来的射法,我们还是称为传统射箭。比赛分三个组进行,执行"中国传统射箭规则"。不同场比赛,分别记分,分别排名,体现体育竞赛公平竞争的原则。

五彩神箭最精彩,最具特点的还是达顿宴。在县城近200米长的一条宽敞的步行街上,路两旁搭起五彩帐篷,摆好桌、椅、板凳。桌面上摆满了当地的羊肉、各种肉肠,各种烤饼、油饼、酸奶、奶茶、白酒等。穿着五颜六色藏族服装的少女，端茶倒水服务。在路中央一个篮球场大小的广场，铺着草绿色地毯，各民族青年男女，拿着乐器载歌载舞。仪式包括说启门辞、献茶、上酒、神箭赞辞、对歌等，并融进青年男女的友情和爱情。比赛的当天中午，上千名射手还共尝"箭宴"达顿宴，以品尝本土美食为主，特别是来自外国的朋友，边吃美食边看文艺演出，兴高采烈，忘却了赛场对抗的疲劳，沉浸在一片欢乐的气氛中。"五彩神箭"比赛受到世界各国传统射箭爱好者的喜爱。

我认为"五彩神箭"比赛的成功举办为中国传统射箭的复兴提供了建设性启发。中国是一个地域性文化差异很大的国家，每个地区的射箭传统不尽相同。因此，发展地方性特色射箭，完全可以利用现存的或未完全消亡的民俗文化为基础，充分结合区域文化情感来进行传统射箭的宣传和推广，这样才可以接地气，使传统射箭更贴切民众的需求。

总之，从传统射箭这些年的发展来看，青海传统射箭的复兴从某种意义上推动了全国传统射箭的发展，也扩大了中国传统射箭在国际上的影响。

著者成绩

（一）徐开才射箭成绩汇总

1959年在第二届全军运动会中打破30米全国纪录，并荣立三等功。第一届全运会男子射箭全能冠军，1963年打破两项射箭世界纪录，1964年独占全部射箭个人项目的全国纪录，1959—1964年连续五年在全国射箭锦标赛中获得个人全能全国冠军。多次立功，授奖。1965年开始任解放军射箭队教练员。

1987年起，编辑过四本国家射箭教材；2015年，由广西师范大学出版社出版《射艺》专著。

2000年，国家体育总局授予其"中华人民共和国体育工作贡献奖"。曾3次获国家体育运动荣誉奖章，1次获国家体育运动一级奖章，享受国务院政府特殊津贴。

现任全国民族与传统射箭发展领导小组组长、中华弓箭文化保护委员会主任、中国射箭协会传统弓分会名誉主席、中国嵩山少林寺禅弓委员会总顾问。

退休后致力于从事中国传统射箭文化与技术的挖掘与复兴，是中国传统射箭运动的主要推动者，对这项运动的传承做出了极其重大的贡献。

1. 1959年全国射箭锦标赛5月2—29日在北京举行,男子单轮全能徐开才(解放军)558环获第四;男子单轮90米徐开才75环获第三;男子单轮70米徐开才167环获冠军;男子双轮全能徐开才(解放军)1 107环获第二;男子双轮90米徐开才(解放军)115环获第四;男子双轮70米徐开才330环获冠军;男子双轮30米徐开才(解放军)448环获第四。

2. 1959年波兰射箭队访问中国,5月27—28日在北京举行比赛,男子单轮全能徐开才(中国青年队)666环获第三;男子单轮90米徐开才(中国青年队)94环获第三;男子单轮70米徐开才(中国青年队)170环获第三;男子单轮50米徐开才(中国青年队)133环获第四;男子单轮30米徐开才(中国青年队)269环获第三。

3. 1959年9月14—21日第一届全运会射箭比赛在北京举行,男子单轮全能徐开才(解放军)857环获第二;男子单轮90米徐开才(解放军)128环获第六;男子单轮70米徐开才227环获冠军(打破全国纪录);男子单轮50米徐开才(解放军)222环获第二;男子单轮30米徐开才(解放军)280环获第五;男子双轮全能徐开才1 647环获冠军(打破全国纪录);男子双轮90米徐开才(解放军)250环获第五;男子双轮70米徐开才(解放军)445环获冠军(打破全国纪录);男子双轮50米徐开才(解放军)393环获第二;男子双轮30米徐开才(解放军)559环获第二。

4. 1960年5月28日至6月4日全国射箭锦标赛在内蒙古自治区呼和浩特举行,男子单轮全能徐开才(解放军)937环获冠军;男子单轮90米徐开才(解放军)172环获第二;男子70米徐开才(解放军)252环获冠军;男子50米徐开才(解放军)232环获冠

射术与射道：
对中国射箭运动术与道的探索

军；男子单轮 30 米徐开才（解放军）300 环获第二；男子双轮全能徐开才（解放军）1 854 环获冠军；男子双轮 90 米徐开才（解放军）314 环获第二；男子双轮 70 米徐开才（解放军）486 环获冠军；男子双轮 50 米徐开才（解放军）463 环获冠军；男子双轮 30 米徐开才（解放军）591 环获第二。

5. 1960 年捷克斯洛伐克射箭队访问中国，于 5 月 17 日至 6 月 7 日，先后在北京、上海、呼和浩特进行了比赛。5 月 17—18 日在北京比赛：男子单轮全能徐开才（解放军）989 环获冠军；男子单轮 90 米徐开才（解放军）188 环获第二；男子单轮 70 米徐开才（解放军）254 环获冠军；男子单轮 50 米徐开才（解放军）251 环获冠军；男子单轮 30 米徐开才（解放军）296 环获冠军；6 月 6—7 日在呼和浩特同中国青年队比赛：男子单轮全能徐开才（中国青年队）993 环获冠军；男子单轮 90 米徐开才（中国青年队）182 环获冠军；男子单轮 70 米徐开才（中国青年队）246 环获冠军；男子单轮 50 米徐开才（中国青年队）246 环获第三；男子单轮 30 米徐开才（中国青年队）319 环获冠军。

6. 1962 年 5 月 1—15 日在上海等七地举行七单位射箭通讯赛，男子单轮全能徐开才（解放军）1 056 环获冠军；男子单轮 90 米徐开才（解放军）221 环获第二；男子单轮 70 米徐开才（解放军）277 环获冠军；男子单轮 50 米徐开才（解放军）260 环获冠军；男子单轮 30 米徐开才（解放军）306 环获第四；男子双轮全能徐开才（解放军）2 088 环获冠军；男子双轮 90 米徐开才（解放军）434 环获冠军；男子双轮 70 米徐开才（解放军）534 环获冠军；男子双轮 50 米徐开才（解放军）509 环获冠军；男子双轮 30 米徐开才（解放军）611 环获第二。

著者成绩

7. 1962年7月22—26日在呼和浩特市举行六单位射箭锦标赛，男子单轮全能徐开才（解放军）1 016环获冠军；男子单轮90米徐开才（解放军）208环获冠军；男子单轮70米徐开才（解放军）254环获第二；男子单轮50米徐开才（解放军）273环获冠军；男子单轮30米徐开才（解放军）313环获冠军；男子双轮全能徐开才（解放军）2 018环获冠军；男子双轮90米徐开才（解放军）412环获冠军；男子双轮70米徐开才（解放军）462环获第三；男子双轮50米徐开才（解放军）529环获冠军；男子双轮30米徐开才（解放军）615环获冠军。

8. 1962年中国射箭队访问蒙古国，9月7—9日在乌兰巴托举行比赛，男子单轮总分徐开才749分获第二；男子单轮70米徐开才253分获第二；男子单轮50米徐开才240分获第二；男子单轮30米徐开才271分获第三；男子双轮总分徐开才1 476分获冠军；男子双轮70米徐开才491环获第二；男子双轮50米徐开才443环获冠军；男子双轮30米徐开才542环获冠军。

9. 1963年4月1—15日举行七单位射箭比赛，男子单轮全能徐开才（解放军）1 158环；90米徐开才（解放军）237环；70米徐开才（解放军）297环；50米徐开才（解放军）302环（打破世界纪录）；男子双轮全能徐开才（解放军）2 282环；90米徐开才（解放军）447环；70米徐开才（解放军）585环（打破世界纪录）；50米徐开才（解放军）590环；30米徐开才（解放军）660环。

10. 1963年7月18—23日在旅大市（今大连）举行六单位射箭友谊赛，男子单轮全能徐开才（解放军）1 074环获冠军；男子单轮90米徐开才（解放军）232环获冠军；男子单轮70米徐开才（解放军）294环获冠军；男子单轮30米徐开才（解放军）331

射术与射道：
对中国射箭运动术与道的探索

环获冠军；男子双轮全能徐开才（解放军）2 145 环获冠军；男子双轮 90 米徐开才（解放军）438 环获冠军；男子双轮 70 米徐开才（解放军）557 环获冠军；男子双轮 30 米徐开才（解放军）654 环获冠军。

11. 1963 年 9 月 14—22 日在北京举行第一届新兴力量运动会选拔赛（射箭部分），男子单轮全能徐开才（解放军）1 059 环获冠军；男子单轮 90 米徐开才（解放军）223 环获冠军；男子单轮 70 米徐开才（解放军）272 环获冠军；男子单轮 50 米徐开才（解放军）257 环获冠军；男子单轮 30 米徐开才（解放军）307 环获冠军。

12. 1963 年 11 月于雅加达举行第一届新兴力量运动会，射箭男子 90 米徐开才 410 环获冠军。

（二）李淑兰射箭成绩汇总

1963年11月在雅加达举行的第一届新兴力量运动会上获女子个人全能冠军并打破一项世界纪录，和两名队友一起获女团冠军。

1966年在金边举行的第一届亚洲新兴力量运动会上获女子个人全能冠军，和两名队友一起获女团冠军。

1965年举行的第二届全运会上获个人全能冠军、女团冠军并打破两项世界纪录。

1963—1966年先后17次（团体6次）打破7项射箭世界纪录，成为目前我国打破世界纪录最多的运动员。

在八一队当运动员时由于成绩优异，立特等功一次，一等功一次，二、三等功若干次。

1970年2月至1972年2月，由部队转业到沈阳市劲松机械厂当工人。

1972年2月，在周恩来总理的关怀下调回北京组建国家射箭队。

1972年任国家射箭队教练，1983年被评为国家级教练，培养的运动员主要有：

孟凡爱，曾两破世界纪录，1980年第一届亚洲锦标赛女子个人全能冠军，第31届世界射箭锦标赛70米金牌。女团第三名。

付红，获第31届世界射箭锦标赛60米金牌。

罗恒宇，获1996年亚洲锦标赛个人和团体冠军。

1989年被香港射箭总会邀请去任教一年。

1993年国务院颁发《政府特殊津贴》证书，享受国务院政府

射术与射道：
对中国射箭运动术与道的探索

特殊津贴。

七次荣获国家体育运动荣誉奖章。

一次荣获国家体育运动一级奖章。

1989年荣获"建国四十年以来四十名杰出运动员"荣誉称号。

1994年荣获"建国45周年，体坛45英杰"荣誉称号。

1964年被广州部队第三届团代会评为模范共青团员，当选为共青团全国第九次代表大会代表，在团代大会上被选为全国共青团中央候补委员。

1964年被选为全国青联委员、常委。

2000年国家体育总局授予中华人民共和国体育工作贡献奖。

1964—1984年连续任第三、第四、第五届全国政协委员。

曾任中国射箭协会常务副主席。

2009年8月29日荣获"国珍杯共和国60年体坛影响力评选"体坛名将奖。

个人世界纪录：

1. 1963年4月，323环打破美国选手迈恩哈特保持的321环30米单轮世界纪录。

2. 1963年4月，553环打破美国选手范德海德保持的530环50米双轮世界纪录。

3. 1963年4月，650环打破英国选手海伊伍德保持的623环的30米双轮世界纪录。

4. 1963年4月，327环打破美国选手迈恩哈特保持的321环的30米单轮世界纪录。

5. 1963年4月，1 148环打破捷克斯洛伐克选手保持的1 133

环的单轮全能世界纪录。

6. 1963年4月，2 269环打破美国选手范德海德保持的2 173环的双轮全能世界纪录。

7. 1963年11月，在印度尼西亚雅加达举行的第一届新兴力量运动会的射箭比赛中以628环打破了623环的30米双轮世界纪录。

8. 1965年4月，555环打破50米双轮世界纪录。

9. 1965年6月，559环打破50米双轮世界纪录。

10. 1965年6月，654环打破30米双轮世界纪录。

11. 1966年5月，282环打破70米单轮世界纪录。

团体世界纪录：

1. 1965年4月，李淑兰、王荣娟、王锡华3人组成的解放军女队，在三单位友谊比赛中以3 271环，打破美国女队保持的3 260环的单轮团体世界纪录。

2. 1964年6月，李淑兰、王荣娟、王锡华3人组成的解放军女队，以3 276环打破单轮团体世界纪录。

3. 1965年4月，李淑兰、王锡华、石林珍3人组成的解放军女队，以3 286环打破单轮团体世界纪录。

4. 1965年4月，李淑兰、王锡华、石桂珍3人组成的解放军女队，以6 559环打破双轮团体世界纪录。

5. 1965年9月，在第二届全运会上，李淑兰、王锡华、石桂珍3人组成的解放军女队，以3 321环打破单轮团体世界纪录。

6. 1965年9月，在第二届全运会上，李淑兰、王锡华、石桂珍3人组成的解放军女队，以6 574环打破双轮团体世界纪录。

大赛成绩：

1963年第一届新兴力量运动会个人全能冠军、团体冠军。

射术与射道：
对中国射箭运动术与道的探索

1966年第一届亚洲新兴力量运动会个人全能冠军、团体冠军。

1965年第二届全运会个人全能冠军、团体冠军。

1962—1966年全国射箭锦标赛个人全能冠军、团体冠军。

国内外比赛成绩：

1. 1962年5月1—15日在上海等七地举行七单位射箭通讯赛，李淑兰（解放军）女子单轮全能963环获第四；李淑兰（解放军）女子单轮70米210环获第三；李淑兰（解放军）女子单轮60米249环获第四；李淑兰（解放军）女子单轮50米225环获第三；李淑兰（解放军）女子单轮30米283环获第五；李淑兰（解放军）女子双轮全能1 892环获第二；李淑兰（解放军）女子双轮70米407环获第二；李淑兰（解放军）女子双轮60米474环获第四；李淑兰（解放军）女子双轮50米446环获第二；李淑兰（解放军）女子双轮30米565环获第五。

2. 1962年7月22—26日在呼和浩特市举办六单位射箭锦标赛，李淑兰（解放军）女子单轮全能1 064环获冠军；李淑兰（解放军）女子单轮70米257环获第二；李淑兰（解放军）女子单轮60米262环获第三；李淑兰（解放军）女子单轮50米263环获冠军；李淑兰（解放军）女子单轮30米301环获第三；李淑兰（解放军）女子双轮全能2 103环获冠军；李淑兰（解放军）女子双轮70米500环获冠军；李淑兰（解放军）女子双轮60米505环获第二；李淑兰（解放军）女子双轮50米507环获冠军；李淑兰（解放军）女子双轮30米591环获第二。

3. 1962年9月7—9日中国射箭队访问蒙古国，在乌兰巴托比赛，李淑兰（中国）女子单轮总分785环获冠军；李淑兰（中国）女子单轮60米255环获第二；李淑兰（中国）女子单轮50米227

环获第二；李淑兰（中国）女子单轮 30 米 303 环获冠军；李淑兰（中国）女子双轮总分 1 058 环获冠军；李淑兰（中国）女子双轮 60 米 502 环获第二；李淑兰（中国）女子双轮 50 米 423 环获冠军；李淑兰（中国）女子双轮 30 米 583 环获冠军。

4. 1963 年 4 月 1—15 日举行 7 单位射箭通讯赛，女子单轮全能李淑兰（解放军）1 148 环获冠军（打破世界纪录）；70 米李淑兰（解放军）267 环获冠军；60 米李淑兰（解放军）286 环获冠军；50 米李淑兰（解放军）285 环获冠军；30 米李淑兰（解放军）323 环打破世界纪录；30 米李淑兰（解放军）327 环获冠军（打破世界纪录）；女子双轮全能李淑兰（解放军）2 269 环获冠军（打破世界纪录）；70 米李淑兰（解放军）506 环获冠军；60 米李淑兰（解放军）560 环获冠军；50 米李淑兰（解放军）553 环获冠军（打破世界纪录）；30 米李淑兰（解放军）650 环获冠军（打破世界纪录）。

5. 1963 年 7 月 18—23 日在旅大市举办六单位射箭友谊赛，女子单轮 60 米李淑兰（解放军）295 环获冠军。

6. 1963 年 9 月 14—22 日第一届新兴力量运动会选拔赛（射箭比赛）在北京举行，女子单轮全能李淑兰（解放军）1 079 环获冠军；女子单轮 70 米李淑兰（解放军）264 环获冠军；女子单轮 50 米李淑兰（解放军）253 环获冠军；女子单轮 30 米李淑兰（解放军）307 环获冠军。

7. 1963 年 11 月于雅加达举办第一届新兴力量运动会，射箭女子团体（中国队）6 145 环获冠军；射箭女子单轮全能李淑兰 1 086 环获冠军；射箭女子双轮全能李淑兰 2 168 环获冠军；射箭女子 70 米李淑兰 479 环获冠军；射箭女子 50 米李淑兰 527 环获冠军；射箭女子 30 米李淑兰 628 环获冠军（打破女子双轮 30 米世界纪录）。

射术与射道：
对中国射箭运动术与道的探索

8. 1964年5月15—18日在广州举行6单位射箭对抗赛，女子单轮全能李淑兰（解放军）1 105环获冠军；女子单轮70米李淑兰（解放军）261环获冠军；女子单轮50米李淑兰（解放军）269环获冠军；女子单轮30米李淑兰（解放军）312环获冠军；女子双轮全能李淑兰（解放军）2 192环获冠军；女子双轮70米李淑兰（解放军）508环获冠军；女子双轮50米李淑兰（解放军）525环获冠军；女子双轮30米李淑兰（解放军）621环获冠军。

9. 1964年9月12—16日在济南举行19单位武术暨射箭锦标赛，女子单轮30米李淑兰（解放军）326环获冠军；女子双轮全能李淑兰（解放军）2 114环获冠军；女子双轮50米李淑兰（解放军）517环获冠军；女子双轮30米李淑兰（解放军）632环获冠军。

10. 1965年4月19—22日，三单位射箭比赛在广州举行，解放军女队（李淑兰、王荣娟、王锡华）以3 271环打破女子单轮团体世界纪录；李淑兰以555环打破女子双轮50米世界纪录。

11. 1965年5月26日—6月13日中国射箭队访问朝鲜，在平壤市举办比赛，女子双轮团体6 253环；李淑兰2 188环。

12. 1965年8月11—12日，三单位射箭比赛在北京举行，解放军队（李淑兰、王荣娟、王锡华）以3 276环打破女子单轮团体的世界纪录。

13. 1965年8月25—28日，3单位射箭比赛在北京举行，解放军队（李淑兰、王锡华、石桂珍）以3 286环、6 559环打破女子单轮团体和双轮团体的世界纪录；李淑兰以559环、654环的成绩打破女子双轮50米、30米的世界纪录。

14. 1965年9月12—15日第二届全运会射箭比赛在北京举办，李淑兰（解放军）女子单轮全能1 139环获冠军；李淑兰（解放军）女子单轮 70 米 275 环获冠军；李淑兰（解放军）女子单轮 60 米 291 环获冠军；李淑兰（解放军）女子单轮 50 米 279 环获冠军；李淑兰（解放军）女子单轮 30 米 325 环获第二；李淑兰（解放军）女子双轮全能 2 251 环获冠军；李淑兰（解放军）女子双轮 70 米 514 环获冠军；李淑兰（解放军）女子双轮 60 米 569 环获冠军；李淑兰（解放军）女子双轮 50 米 527 环获冠军；李淑兰（解放军）女子双轮 30 米 641 环获第二；解放军队（李淑兰、石桂珍、王锡华）以 3 321 环打破女子单轮团体世界纪录；又以 6 574 环打破女子双轮团体的世界纪录。

15. 1966 年 6 月 4—7 日在西宁举行全国射箭锦标赛，女子双轮团体赛解放军队（李淑兰、林淑华、石桂珍）以 6 224 环得冠军；李淑兰（解放军）女子全能 2 211 环得冠军；李淑兰（解放军）女子 70 米 523 环得冠军；李淑兰（解放军）女子 60 米 553 环得冠军；李淑兰（解放军）女子 50 米 499 环得冠军；李淑兰（解放军）女子 30 米 636 环得冠军；李淑兰（解放军）女子单轮 70 米 283 环得冠军（打破女子单轮 70 米世界纪录）。

16. 1966 年第一届亚洲新兴力量运动会，女子团体中国队（李淑兰、王锡华、孙春兰）6 088 环获冠军；女子个人全能李淑兰（中国）2 079 环获冠军。

17. 1972 年 9 月 5—15 日在呼和浩特市举行全国射箭邀请赛，李淑兰（北京体院）女子单轮全能 1 062 环获第三；李淑兰（北京体院）女子单轮 70 米 263 环获第二；李淑兰（北京体院）女子双轮全能 2 018 环获第二；李淑兰（北京体院）女子双轮 70 米 477 环获第三。

射术与射道：
对中国射箭运动术与道的探索

后 记

在一般人看来,射箭运动是我国开展的竞技体育项目中相对简单的项目,似乎老少皆宜。只要站在地上,身体稳定不动,拉开弓,把箭放出去就完成了射箭的过程。开始我也是这样认为,看似动作简单,深入之后,奥妙无穷。深厚的文化底蕴,复杂的起射过程,射箭的理念永远悟不到头,这就是射箭的最大特点。我在学习中国传统射箭的过程中,一转眼就用了20余年,功夫不负苦心人,对中国传统文化,特别是对中国传统射箭文化的认识在不断提高,因为我是带着问题去学、去找、去悟,收获更大。我初步认识到中国传统射箭文化底蕴深厚,历史源远流长,古人写的射书中什么都有,对射箭运动的性质和特点也有了较为全面和深入的理解。这和我年轻时跟外国老师学的有许多不同,现代射箭走的还是外国老师的路子。这大概就是东西方文化的差异,各有其特点。现代射箭追求的是结果,重视的是技术和器材;传统射箭重视的是过程,追求的是人格魅力,讲求射以观德,术道并重,还是以人为本等。全国各族人民能自发参与其中,代表着中国传统文化的魅力,势不可挡!

现在全国射箭有两种主流射法,现代和传统,总称为"射箭",

射术与射道：
对中国射箭运动术与道的探索

只是射法有所不同。因为器材差别太大，它们两个不可同场用二个规则比赛，但它们两个又不是对立的，是统一的，谁也不能代替谁，各有各的特点。如果把它们的理念融为一体，相互学习，会产生巨大的物质力量，创造出世界上最先进、最科学的训练方法。有人曾认为推广传统射箭冲击了现代射箭，这是无知的说法，既不懂现代射箭，更不了解传统射箭。我努力写此书的原因之一，是想抛砖引玉，希望大家了解和学习传统射箭文化。我费了这么大劲研读中国传统射箭，虽对中国传统文化还是一知半解，但结合我专业，目的总算达到了。当年缺失的那一半找到了，我悟到射箭运动的核心理念是"术道并重"，术与道组成了射箭运动，颠覆了我对射箭运动的认识。术与道是两个指向，"术"指射箭技术；"道"指"用心射箭"，称为道。"术"靠勤，"道"靠悟。我要找的那一半就是这个"道"。《学箭悟禅录》的译者，余觉中老师是这样理解这个问题的：不可道的是真空，可道的是妙用。两者相互依存，不可分割，这也是《心经》所说的"色不异空，空不异色"的道理。体现在技艺上则是道术一体，道是术之本，术是道之用。术无道不立，道无术不行，两者同样不可分割，这就是术与道的关系。"道"是我们修炼的短板，几十年以前就在寻找它，想了很多办法也没找到。我们射箭人常讲"技术训练"，当年我理解的技术训练是一个内容，但技术和训练是两个概念，技术是通过训练获得的，当年只是认识到此而已。现在认识到"术道并重"的意义，学射必须走"习艺进道"这条路，别无选择。箭靠用"心"，用心在入静。把身心安静下来，去除一切杂念。用"心"射箭是很难的，人们的思想习惯，大脑总是在不停地考虑问题，即使睡觉也会做梦，要它停止不动，很难做到。短时间内，射一部分是可以做到的，射多了就保

后记

证不了。师傅领进门，学艺靠个人。射箭需要静功，再难也得练，持之以恒是境界，这就是射箭宝典。

我编写此书还有个目的，就是总结我的学射之路，学射60余年了，有些比赛的失利是惨痛的，让人终生难忘。一路走来，国家为我创造了这么好的学习和训练条件，是祖国培养了我，我应该总结这些成功的经验和失败的教训，把它总结出来，请后来者参考。至于准确与否，那不是主要问题，重要的是我也写出来了，对得起我热爱的射箭事业。

这本书从年轻时是从写训练体会开始的，断断续续几十年，写了改，改了再写。我这辈子是幸运的，是从一个懵懂的中学生被选入部队，一直是在国家重视与培养下健康成长的：从济南军区队到国家队，从运动员到国家射箭队总教练。60余年的射箭生涯，辉煌过、失落过，经历多、教训多、体会也多，想总结整理出来，留给后人参考。虽然年至耄耋，仍学习思考不止，这是我的社会责任，也是报效这块生我养我土地的一种方式。此书稿写到最后，我反复看了几遍，这些年想的问题基本都写出来了，但想来想去写得还是不深不透。这一方面说明学习中国传统文化还是理解不深，同时也说明中国传统文化博大精深，源远流长，学习永远在路上。

我对传统射箭并不熟悉，这些年组织这些活动，主要有两个目的，首先是恢复断代的中国传统射箭，二是到传统射箭文化里去学习，去寻找我缺失的"那一半"。我在现代射箭里执教多年，但我的执教知识，赶不上修炼的需要。有时真感到走投无路，要补充我的知识，有老师指点称到传统射箭文化里去找，从此我就深入到传统射箭文化里去体悟，我一进去就是几十年，虽然难度很大，但收获满满。

射术与射道：
对中国射箭运动术与道的探索

在这漫长的时间里，我收获了技术知识，更大的收获是结识了一大批国学老师，有年龄比我大的，也有比我小的，都是我良师益友，是他们引领我走入中国传统射箭文化。清华大学彭林老师是我的启蒙者，他引领我认识了中国传统射箭，还传授我深入传统射箭中学习我能用得着的知识，是引领我找到我缺的"那一半"的导师。暨南大学的马明达老师和我是同时代的人，我们一同参加过1959年第一届全运会。他是武术世家，有丰厚的中国历史知识，常给我解答我不明白的问题。卢元镇老师是中国训练学大师，知识广博，年轻时不远千里到广西给我们讲课，帮我制定了"射箭运动规范动作"。前几年又提出了射箭运动的"哲学三秒"的射箭境界，帮我们解决了训练中的顽疾。许永刚老师是位年轻的学者，他提出的"调控训练"帮我走出了失败的阴影，在巴塞罗那奥运会上创造了优异成绩。余觉中老师曾多年在北京外国语大学讲授经典翻译，又长期从事国学教育，他翻译的德国哲学家欧根·赫里格尔的《学箭悟禅录》一书是东西方文化在射箭修炼上的经典，我看了近20年没悟透，他一语道破天机，使我长了见识。他深厚的国学功底在我写此书时帮上了大忙。谢肃方先生，原香港地区"知识产权署署长"，英国人，他热爱中国传统射箭，收藏了大量的中国射书，在我初学传统射箭时，给了我大量复印件材料供我学习。我还读了不少射书，听了许多国学讲座，学了不少知识，对提高传统射箭文化水平起了很大作用。对这些未谋面的老师，在此一并向他们表示感谢！他们都是各个领域的大家，我有幸结识他们是我的际遇和荣幸。我小时候，正遇兵荒马乱的年代，无力上学。新中国成立后，没上几年学，就入伍学射箭了，几十年过来只专注于训练，学识浅薄。学射几十年后，是这批良师益友，带领我走进了传统射箭这座

后记

大学之门，学习了中国传统文化的知识，使我一直走到现代，无论我在训练中遇到什么问题，他们都对我真诚相助，有什么问题想尽办法帮我解决，从不推诿，真是我的良师益友。还有一代一代我们可爱的中国射箭队队员，训练上的经验，都是从他们身上总结出来的，在此，一并向他们表示感谢，祝他们永远幸福安康！

年纪大了，疾病缠身。想把资料整理成书出版，已无能力，打算放弃。有两位研究中国传统射箭的好友说不成书可惜。一位是华南师范大学博士生导师马廉祯教授，一位是集美大学原教务处处长郑旭旭教授，他们愿意帮我编辑整理出版。这是我求之不得的，了了我多年心愿。他们都是武术专家，在中国历史上武术射箭本是一家，近年对传统射箭教学训练很用功，经验丰厚。他们个人都出版过几本武术方面专著，有能力、有水平、有热心。由他们帮我出书，一定是一本高水平的力作。在此向他们表示真诚的感谢，二位辛苦了。

徐开才

2023 年 8 月 25 日

代表论文著作

《固势与撒放动作的初步探讨》刊载于《山西体育科技》（1981.4）

《我国射箭运动动力重心、箭巢位置的测定与分析》刊载于《山西体育科技》（1984.4）

《射箭瞄准时间与命中环位的观察研究》刊载于《山西体育科技》（1984.2）

《合理安排训练节奏使高水平在奥运会中出现》"第一届亚洲（大洋洲）射箭训练研讨会"（1993.7，汉城）

《射箭技术动作分析系统的研制和运用》荣获"备战第26届奥运会科研攻关与科技服务三等奖"

赞助单位

（按拼音排序）

惠州市羿龙体育用品有限公司

2004年，羿龙公司在广东东莞成立。其成立初衷源于创始人Ian对箭术运动的热爱及追求！羿龙公司成立初期，箭术产品主要为国际品牌OEM及ODM提供服务。同时，也一直致力于中国射箭运动的推广与发展。羿龙ELONG弓箭的"羿"取自中国古老神话"后羿射日"的典故，寓意着不断挑战极限、超越梦想；"龙"有民族精神的含义；"羿龙"寓意不断创新与超越自我的民族弓箭品牌。

为了弘扬中国传统射箭文化，推进中国传统射艺活动开展，惠及更多层面的射箭爱好者。羿龙ELONG弓箭与国内资深射箭学者、专职教学人员、传统射艺推广先驱、传统弓箭制作名家等共同进行传统弓箭设备的研发和生产。集各大名家之大成，从传统弓箭的形制划定、材质选用、教学应用、推广普及等方面用心发展。历经数载风雨，羿龙公司因品质过硬的口碑赢得了很多射箭伙伴们的赞赏！

初心未变，热爱未减。

"用心造就品质，我们有所追求！"未来与你同行！

射术与射道：
对中国射箭运动术与道的探索

浙江省兰溪市卧龙羽毛工艺品厂

浙江省兰溪市卧龙羽毛工艺品厂由诸葛建辉创办于2002年，以生产孔明羽毛扇为主，生产经营规模位居全行业首位。

2010年，是中国传统弓射箭运动发展萌芽期，卧龙厂偶然机会接触到羽毛箭羽，传统弓箭爱好者手工制作的真羽箭羽无法满足当时传统弓射箭运动的需求，制箭用羽只能以进口为主，且价格昂贵。

卧龙厂在得到中国传统射箭泰斗徐开才老师的指导以及张国权、张召羽、张利、吕小龙等传统弓箭制作大师的支持下，把真羽毛箭羽从手工生产制作升级为机械化生产，产品的质量和一致性得到很大提升，填补了国内制作羽毛箭羽市场的空白，无形中促使我国传统弓箭得到了迅猛的发展。发展至今，卧龙厂的羽毛箭羽生产规模及质量达到世界前列！

鸣谢单位

（按拼音排序）

安达传统弓协会
安徽阿利弓箭制作有限公司
北京弓矢道体育文化发展有限公司
福建风飞体育发展有限公司
哈尔滨聚士射艺文化工作室
黑龙江省鸡西市鸡冠区龙之武竞技馆
湖北荆楚射艺
淮南市蓦然体育用品有限公司
吉林市射箭运动协会
辽源市龙晟体育用品有限公司
淄博文统弓箭体育用品有限责任公司